彗星と飛行機と幻の祖国と

ミラン・ラスチスラウ・シチェファーニクの生涯

ヤーン・ユリーチェク
長與 進❖訳

成文社

シチェファーニクの足跡(ヨーロッパ)

シチェファーニクの足跡（世界）

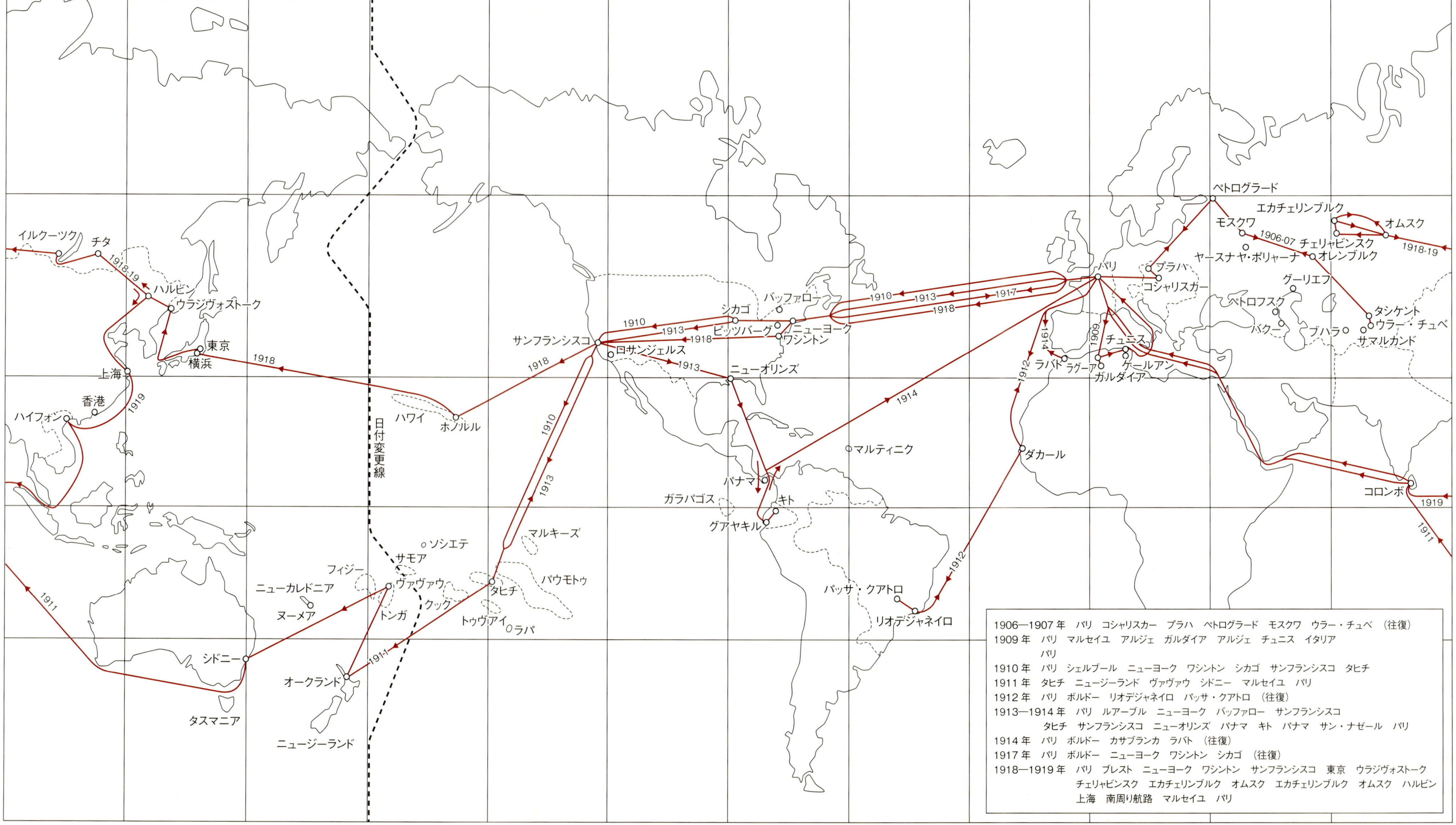

1906—1907 年　パリ　コシャリスカー　プラハ　ペトログラード　モスクワ　ウラー・チュベ　（往復）

1909 年　パリ　マルセイユ　アルジェ　ガルダイア　アルジェ　チュニス　イタリア　パリ

1910 年　パリ　シェルブール　ニューヨーク　ワシントン　シカゴ　サンフランシスコ　タヒチ

1911 年　タヒチ　ニュージーランド　ヴァヴァウ　シドニー　マルセイユ　パリ

1912 年　パリ　ボルドー　リオデジャネイロ　バッサ・クアトロ　（往復）

1913—1914 年　パリ　ルアーブル　ニューヨーク　バッファロー　サンフランシスコ　タヒチ　サンフランシスコ　ニューオリンズ　パナマ　キト　パナマ　サン・ナゼール　パリ

1914 年　パリ　ボルドー　カサブランカ　ラバト　（往復）

1917 年　パリ　ボルドー　ニューヨーク　ワシントン　シカゴ　（往復）

1918—1919 年　パリ　ブレスト　ニューヨーク　ワシントン　サンフランシスコ　東京　ウラジヴォストーク　チェリャビンスク　エカチェリンブルク　オムスク　エカチェリンブルク　オムスク　ハルビン　上海　南周り航路　マルセイユ　パリ

彗星と飛行機と幻の祖国と――ミラン・ラスチスラウ・シチェファーニクの生涯――――目次

凡例

① 本書はヤーン・ユリーチェク著『ミラン・ラスチスラウ・シチェファーニク　学者・政治家・外交官・飛行士・将軍・大臣・人間』（Q一一一出版社、第四版、ブラチスラヴァ、二〇〇六年）（原文タイトルは巻末の「参考文献」80を参照）の本文の全訳である。構成と写真・イラストの使用については、一九九〇年に刊行された第三版（「参考文献」65）に依拠した個所もある。

② 原書には（第三版も第四版も）章別のタイトルは付けられていないが、シチェファーニクの活動範囲と時期を把握しやすくするために、内容を勘案して訳者が補った。各章内の小見出しについては、第三版を参照しつつ一部は訳者が補った。

③ 原書の巻末に添えられた三ページ分の注は、適宜選択して傍注として組み込み、〔原文注〕と表示した。それ以外の傍注はすべて、訳者が作成あるいは引用したものである。引用した場合は文末に出典を明記した。第四版の巻頭に添えられた序文と、表表紙と裏表紙に掲載された著名人たちのシチェファーニクへの賛辞は、訳者の判断で割愛した。

④ 本文中の〔　〕内は訳者による挿入注である。

⑤ 著作や新聞・雑誌名は『　』で示し、論文名には「　」を使用した。本文中の引用個所を表示する場合も「　」を用いた。

⑥ 訳語について若干コメントしておきたい。――

(1) národ（とその派生語 národný など）は原則として「民族」と訳した。例― slovenský národ（スロヴァキア民族）、Národnie noviny（民族新聞）、kongres porobených národov Rakúsko-Uhorska（オーストリア＝ハンガリー隷属諸民族会議）他。しかし一部の固有名詞は、慣用を考慮して「国民」と訳した。例― Slovenská národná strana（スロヴァキア国民党）、česko-slovenská národná jednota（チェコ＝スロヴァキアの国民的統一）、Žurnál La Nation Tchèque (Český národ)（フランス語雑誌『チェコ国民』）他。

(2) 歴史的事情によりスロヴァキア語（とチェコ語）では、Uhorsko（一九一八年以前の歴史的ハンガリー王国）と Maďar, maďarský, Maďarsko（エスニックな意味でのマジャール人、マジャール（人）の、一九一八年以後のハンガリー）を区別する。本書では原則としてこの使い分けを踏襲し、前者を「ハンガリー」、後者を「マジャール人、マジャール（人）の」と訳したが、国名については一九一八年以前も以後も「ハンガリー」と表記した。

(3) rada（英語の assembly, council にあたる）は「評議会」と訳される場合もあるが、本書では「会議」の訳語をあてた。例― Národná rada československá（チェコスロヴァキア国民会議）、najvyššia vojnová rada spojeneckých mocností（連合国側列強の最高軍事会議）

(4) minister vojny, ministerstvo vojny は直訳すると「戦争大臣、戦争省」になるが、慣用に従って「陸軍大臣、陸軍省」と訳した。

⑦ 明らかな事実誤認や誤記は、訳者の責任においてとくに断らずに訂正したが、全体でその数はごくわずかである。

彗星と飛行機と幻の祖国と——ミラン・ラスチスラウ・シチェファーニクの生涯

ミラン・ラスチスラウ・シチェファーニクが何者だったかを、学校で習わなかった私の娘ヤナへ

Japanese translation published by arrangement with the heirs.
Japanese edition Seibunsha Ltd., Publishers, Yokohama, 2015.

第一章　コシャリスカー村・プレシポロク・ショプロニ・サルヴァシ（一八八〇—九八年）

彼はこの地でタカとなって巣立った
精神の翼に乗って大空のもとへ、
星々の世界のなかに
目的を探し求めつつ……

　　パヴォル・オルサーク＝フヴィエズドスラウ[1]

故郷コシャリスカー村

ドブラー・ヴォダ城、ブラニチ城、チャフチツェ城という中世の城に三角状に囲まれたこの独特な僻村の地方は、昔はビエラ・ホラ〔白い山〕地方と呼ばれて、全体がうっそうとした森に覆われていた。モハーチ近郊の運命的戦い〔一五二六年〕の後で、十六世紀中頃に、マジャール人貴族が大勢の臣下とともにオスマン・トルコの脅威を逃れて、ハンガリー王国の南部地方から、北方のトルナヴァとフロホヴェツまで避難して、その地から土着のスロヴァキア系住民を押し出したとき、〔彼らは山中に逃れて〕ビエラ・ホラ地方のあちこちに住み着いた。

　マレー・カルパティ山地の連なる尾根は、花輪状のブレゾヴァーの山々で終わっているが、なかでも際立っているのが、半円弧状のクレノヴァー山、孤高のオストリエシ山、禿山バラニェツである。コシャリスカー村のすぐそばの広くて浅い谷間と、広大なブラドロ山からは、一幅の絵画のような僻村と、周囲の山々やはるかな峰々への見事な眺望が開けている。北方には、モラヴィアとスロヴァキアの国境にそびえる灰色のヤヴォリナ山

シチェファーニクの故郷コシャリスカー村。左手の尖塔のある建物が実家の教会（1900年頃の写真）　出典：Štefánik vo fotografii. Praha 1936.

が、かろうじて見て取れる。南西には、山の若者フライノハ[2]の山賊武勇談に彩られたビエラ・ホラ山が青ずみ、東方ではヴァーフ川の銀色の帯が陽光のなかにきらめき、その向こうでイノヴェツ山のシルエットが霞のなかに浮かび上がる。眼下の麓には、まるで足元にあるように、ブレゾヴァー村からヴルボヴェーの町まで延びている狭い谷間のなかに、一筋の街道と、散在する農家の上にそびえるコシャリスカー村の教会堂が白んでいる。

　コシャリスカー村は一八七〇年までブレゾヴァー村の一部だった。これらの僻村の名前そのものがすでに物語っているように、ブレゾヴァーの村人は昔ここに、周辺で飼っていた羊のための囲い場（コシアル）を持っていた（近隣の別の僻村集落は「放牧する」（パースチ）という言葉にちなんで、プリエパスネーと呼ばれる）。コシャリスカー村の住民は何度か試みた後で、とうとうブレゾヴァー村からの分離に成功して、その後で隣接した僻村と一緒に独自の教会組織を立ち上げた。初代の教区牧師として、ミヤヴァの牧師パヴェル・シチェファーニクが招かれた。

シチェファーニク家の家系図

一八四四年生まれのパヴェル・シチェファーニクは、古いスロヴァキアの教養人家庭の出身で、小地主貴族起源の伝統を守って、独身時代は貴族の衣装をまとっていた。彼の父親は同じくパヴェルという名前だったが、クライネー村の教区牧師で、署名には紋章とモノグラム〔組み合わせ文字〕のついた蝋の印章を添えた。紋章には、一頭のライオンが後足で立ち、五角の王冠の上のヤシの木を前足で支えていた。紋章の下側と右側は、平野と木々に覆われた丘に縁どられ、いちばん下には、川に注ぎ込む小川が描かれている。老パヴェルは貴族的な伝統を維持して、晩方には四本のロウソクのもとで読み書きし、汽車に乗ることをがんとして拒んだ（その時期にはすでに鉄道がトルナヴァとプレシポロク[3]を結んでいた）。彼に言わせれば貴族は、四頭立ての馬車以外で旅行すべきではなく、鉄道などは、せいぜいが商人とユダヤ人のための乗り物だった。とはいえ貧しいクライネー村の教区は、彼に貴族社会のなかで余暇を過ごさせなかったし、教養人として、この社会層の時代の終焉をすでに予感していた。

シチェファーニク家はその昔は貴族として、セニツァ〔西部スロヴァキアの町〕周辺に領地を持っていたという。家族の伝承によれば、一六二〇年にチェコ人を助けるために、西部スロヴァキアから数家族がビーラー・ホラの戦いに出陣したが、シチェファーニク家の七人兄弟も含まれていて、そのうち六人が悲劇的戦いのなかで倒れた。戻って来たのは一人だけで、彼の財産も没収された。とはいえシチェファーニク家の貴族的出自は、歴史的に確実な記録があるわけではない。

まちがいなくもっと美しくて重要なのは、この一族の民族的伝統である。クライネー村の教区牧師であった老パヴェル・シチェファーニクは、リュドヴィータ・シュレコヴァーを妻としたが、彼女の兄ヴィルコ・シュレク[4]は、一八四八年革命の時期にスロヴァキア蜂起に参加して、命を落とした。彼が処刑台の下で、紙切れに鉛製ボタンで手早く書き込んだ最期の数行を、シチェファーニク家の人々は貴重な形見として、敬虔の念をこめて扱った。リュドヴィータのもう一人の兄リュド[5]は、コマールノでコシュート派に殺された。息子のパヴェル・シチェファーニクの名付け親が、ヨゼフ・ミロスラウ・フルバン[6]その人であったことは驚くにあたらない。〔一八四八年に〕ミヤヴァとブレゾヴァー地方で反ハンガリー革命が勃発したとき、パリコ〔パヴェルの愛称〕は四歳だった。彼がはるかクライネー村の向こうまでフルバン派の兵士たちを出迎えに行ったこと、そこの掘割のなかで眠っているのが見つかって、晩方に抱きかかえられて、気をもんでいた母親のもとに連れてこられた顛末が、家族のなかで長いあいだ語り草になっていた。プレシポロクのリツェウム〔中等学校〕の学生時代に、民族的信念の表明をためらわなかったために、友人のシチェファン・ファイノル、ヤーン・モツコ、パヴェル・ベブラヴィーと一緒に中等学校を放校された。その後バンスカー・シチアウニツァで中等学校を終えて、ウィーンとロストックで神学を学んだが、そこに留学できたのはフルバンのおかげだった。ウィーン留学中に、彼が地質学者ディオニース・シトゥール[7]とスロヴァキアの接触を仲介したことに触れておく必要がある。ドイツへの道中では、スロヴァキア人学生の当時の習慣に従ってプラハに立ち寄った。勉学を終えると、義理の兄であるミヤヴァのラジスラウ・ヴァンナイのもとで牧師になった。ここでブレゾヴァー村の公証人サムエル・ユレンカの十七歳の娘、アルベルティーナと出会って、一八七一年に結婚した。教区牧師夫人のお輿入れを祝って、コシャリスカーの村人は民衆祝賀会を催し、ミヤヴァの町中を陽気な行列で驚かせた。先頭を行くのは勇壮な若者たちの歌声と音楽、着飾った馬に乗った晴れ着姿の独身者たち、純白のプリーツ・スカートとブラウス、空色の胴着をまとって馬車に乗った初々しい乙女たち。彼らの後に続くのは、やはり馬車に乗った謹厳な教会関係者。教会堂での挙式の後で、ミヤヴァの住民は自分たちの牧師と花嫁を、二人きりでは行かせなかった。〔途中の〕ポリアンカ村まで見送って、そこで二人と華々しく別れを告げた。ミヤヴァの住民との別れが終わるとすぐに、道中半ばまでコシャリスカーの村人が、総出で新郎新婦を迎えに出て、歌声と叫び声と音楽の伴奏つきで二人を家まで案内した。高位聖職者の祝辞と友人たちの歓迎の辞の後で、やっと披露宴がはじまったが（大人のためには学校のなかで、若者のためには中庭で）、それは三日間続いたと言う。

アルベルティーナ・ユレンコヴァーは町人貴族の家庭で育った。彼女の父親サムエル・ユレンカは、スロヴァキア人蜂起軍の司令官として一八四八年革命に参加した。最初トゥラー・ルーカ〔ミヤヴァ近郊の村〕の公証人になり（貴族のヤーン・デ・ホシューの跡目を継いで、その末娘を妻に迎えた）、その後ブレゾヴァー村の公証人を務めた。アルベルティーナは姿が良くて陽気な娘で、栗色の髪と表情豊かな青い目をしていた。彼女はブレゾヴァー村で初等教育を受けて、マジャール語を学ぶために一時期シャモリーン〔プレシポロクの南方にあるマジャール人の町〕に寄宿し、プレシポロクの四年制の福音派ドイツ語学校に通いはじめたが、父親が急死したので学業を中断した。彼女の穏やかさ、優しさと愛に満ちたまなざしはすぐに見て取れて、夫パヴェル・シチェファーニクの精力的で恐れを知らぬ性格と鋭いコントラストをなした。

パヴェル・シチェファーニクは父親から、印刷された

ミランの父親パヴェル・シチェファーニク。コシャリスカー村の福音派教区牧師
出典：Štefánik vo fotografii. Praha 1936.

ミランの母親アルベルティーナ・シチェファーニコヴァー（婚前名ユレンコヴァー）
出典：Štefánik vo fotografii. Praha 1936.

言葉への愛着を受け継いだ。書籍以外に（家族の古い蔵書を利用できた）『スロヴァキア展望』、『民族新聞』、『スロヴァキア週刊新聞』、『教会新聞』、『花々』を定期講読した。自分でも『民族新聞』と『教会新聞』に何編かの論考を投稿し、少しは詩作もした。主観的な調子が強い詩編を公表するつもりはなく、長年手帳のなかに留めておいた。彼にとっては、妻が理解してくれるだけでじゅうぶんだったのだろう。P・シチェファーニクの詩（一八六四年の「民族へ」など）には、ストレートな愛郷主義と、強力なスラヴの兄弟（ロシアを暗示）が、我が民族（スロヴァキア人）を滅亡から護ってくれるという揺るぎない信念が表明されている。コシャリスカー村の牧師館の壁には、ロシアとその他のスラヴの偉人の肖像が多数かかっていた。

　スロヴァキア的でスラヴ的な雰囲気のなかで、コシャリスカー村では十九世紀の最後の三十年間に、ブレゾヴァー出身のシチェファン・ファイノル[8]のような優れた民衆啓蒙家が力を蓄えていた。彼はセニツァで弁護士を開業して、スロヴァキア問題の闘士ならだれでも、偏見に満ちたマジャール司法当局に対抗して、喜んで無料で弁護した。ファイノルは、民衆が生き延びて、スロヴァキア人の全特質をなかば無意識に培っているかぎり、恐れることはないと確信していた。コシャリスカー村の牧師館にはブレゾヴァー村の教区牧師ヤーン・レシカもしばしば訪れたが、彼は女性作家リュドミラ・ポドヤヴォリンスカー[9]の文学上の師で、ロシアの作家A・S・グリボエードフを翻訳して、L・N・トルストイの注意深い批評家だった（スヴェトザール・フルバン＝ヴァヤンスキー[10]は長編小説『根っことつぼみ』で、教区牧師リポウスキーの形象のなかに、理想化されたレシカの姿を投影した）。民衆のなかで民族意識を維持しなければ、という思いに駆られていた他の者たちも訪れた。クライネー村のミハル・ボールとミハル・ボジツキー、コストルネー村のヤーン・トロカン、ブコヴェツ村のユーリウス・ボドナールらがそうだった。訪問客との語らいが、この地方のスロヴァキア知識人の社会活動のほぼすべてだったが、ここではマジャール語は、過酷な当局の干渉にもかかわらず浸透していなかった（あるときクライネー村の教区牧師が、スロヴァキア人の町と村にはスロヴァキア語の自治体印章があってもいいのではないか、という大胆な意見を述べると、反逆罪の咎で一年間の投獄と、五百九十ズラティーの罰金が科せられた）。当然のことだが、コシャリスカー村の牧師館でもっとも重んじられたのはJ・M・フルバンの訪問で、彼はときおりここに数日間も逗留した。

ミランの子供時代

あらゆる路地がフルバン派（スロヴァキア人の民族的自由のための最初の闘士たち）の足跡によって刻印されたこうした環境のなかで、一八八〇年七月二十一日にミラン・ラスチスラウ・シチェファーニクがこの世に生を受けた。彼が生まれたとき、すでに三人の姉と二人の兄がいた。シチェファーニク家には全部で十二人の子供が生まれたが、そのうち無事に成人したのは九人（四人の娘と五人の息子）だった。父親は息子たちに、生まれたときにもう世界観を刻印して、通常用いる名前に加えて、我らの祖先の栄光ある過去を想起させるスラヴ風の名前を付け加えた。こうして長男イゴルはブラニスラウというミドルネームを、パヴェルはスヴェトプルクを、ミランはラスチスラウを与えられた。ミランの名付け親（洗礼式に立ち会って、父母の代わりに子供の宗教教育を保証する男性）はシチェファン・ファイノルだった。もっともこれだけの数の子供がいると、牧師館では乳母なしにはすまなかった。ミランも幼い頃から、世話好きなクボヴィチカばあさんが面倒を見て、民話を語って聞かせてくれた。

ミランの子供時代は、大きな庭と近くの森の美しい環境のなかで過ぎた。その森のざわめきをそよ風が牧師館まで運んで来た。教会堂からほんの一足のブレゾヴァーの森には、さわやかなロプシナーの谷間伝いに入ることができて、そこの小川に紙と樹皮で作った小舟を流した。谷間の入り口を護っているのは、円錐状のウーボチとコペツの丘。反対側の牧師館から北西の方角には、長方形のブラドロ山がそびえて、ミヤヴァの僻村への見晴らしを遮っている。教会堂の塔の上からは、はるか彼方のクライネー村への眺望が開けていた。

少年時代のミランは庭土を掘り返すのが好きで、専用の花壇を持っていた。手伝いの少年たちと友だちになったが、彼らは教会の鐘を鳴らすことと、ブレゾヴァー村から郵便を運ぶことを仕事にしていた。羊飼いたちとも仲良くなったが、彼らは日当たりの良い荒れ地を駆けまわって、ロプシナー川に「アメリカ航路の船」を流した。日が暮れて夕食の準備ができる頃、ミランはときおり窓辺に椅子を引き寄せて、またたく星々を驚きをもって眺め、長い冬の晩には、暖炉の焚口の雲母状の小窓越しに、パチパチ音を立てる炎を見つめた。

ミランは兄弟のなかでは年下のフェドルコ〔フェドルの愛称〕を可愛がったが、忠実な兄弟愛を長く享受することはできなかった。五歳のミランは水疱瘡（当時は難病だった）に罹り、長いあいだ高熱を出して横臥したが、クボヴィチカの前で「おばあちゃん、きっとがんばれるね」と自分を励ました。ミランはがんばったが（もっとも彼の顔には生涯あばたが残った）、続いてフェドルコも発病し、彼の方は病気に打ち勝てなかった。身体の弱ったミランの前で、家族は長いあいだ弟の死を隠していた。だが遅かれ早かれ知らなければならず、最愛の弟の喪失は、彼の人生の最初の打撃になった。

一八八六年秋に水疱瘡を克服した後、ミランは民衆学校に通いはじめた。彼を教えたマルティン・コスチェルニーは、ヴェリカー・レヴーツァのスロヴァキア語ギムナジウム〔高等学校〕の卒業生だった。子供たちの教育には「アペンコ〔父さん〕」も一役買って、おもに歴史を教えたが、フランス皇帝ナポレオンについて語るのを好んだ。彼は全欧州を征服したけれど、ロシア侵攻の際にしくじったのだ……。一方シチェファーニチカおばあちゃん〔リュドヴィータ・シュレコヴァーをさす〕は子供たちに、兄のヴィルコが絞首台の下で末期の願いを訊ねられたとき、彼女に宛てて最後の挨拶を書いた様子を物語った。

まだ一年生のときにミランは、太古の冬の女神モレナの埋葬の儀式の際、同級生に葬儀の説教をしたと言われる。

コシャリスカー村のスロヴァキア語学校には三年間しか在学しなかった。一八八九年にマジャール語を学ぶために、ジトニー・オストロウ地方のシャモリーンに赴いたのは、両親が一年後に彼を、プレシポロクの中等学校で学ばせたいと望んだからである。自分の息子たちをマジャール人の中等学校に送り出すときの、パヴェル・シチェファーニクの言葉は有名である。——

「おまえたちの父親が何者で、おまえたちが何者であるかは承知しているな。心のなかではつねに良きスロヴァキア人であれ。自分の母語を恥じるな。教師たちを怒らせるような真似はするな。スロヴァキア人であることを恥じているとわかったら、そいつはもう家に戻って来るな。さもないと犬みたいに撃ち殺すぞ」

　こう語った彼は、神の言葉の説教者〔牧師〕で狩猟愛好家だった。彼の仕事部屋には猟銃が掛かっていて、その時代のスロヴァキア知識人にとっては、二つの道しか残されていないことを痛感していた。強まる一方のマジャール化政策の圧力に屈して、生活上でマジャール人教養層のあらゆる特権を享受するか、それとも抑圧された〔スロヴァキア人の〕同胞を裏切らず、抵抗し、そうすることで一生涯の貧困に直面するか。我が子たちにこの二番目の茨の道を指し示した父親の精神力は、なんと驚くべきものであったことか。コシャリスカー村の小さな牧師館の貧困の重荷のすべては、パヴェル・シチェファーニクの両肩にのしかかって、息子たちに旅費を工面する必要があった学期初めの前は、とくにそうだった。その時はつかのま養蜂の仕事の手を休めて、パイプをかたわらに置き、為替手形の保証人を求めて外出した。

ハンガリー王国南部での勉学

　一八九〇—九三年のプレシポロクの福音派中等学校では、ミランの兄イゴルとミラン・トロカンは放校される恐れがあったが、ほっそりして色白で金髪で、なみならず生き生きした目を持った少年ミランは、当地での三年間の勉学中、いかなる厄介事も起さなかった。逆に成績優秀な貧しい生徒として、学生食堂でアルムネウムと呼ばれる無料の昼食を取っていた。そのうえM・インスティトリス＝モショウスキー基金からの奨学金として、第二学年は十コルナ、第三学年には十六コルナを受け取ったが、当時のコルナは今日よりもはるかに高い価値を持っていた。現存するミランの最古の文書である両親宛ての手紙（一八九三年三月三十日付けの詫び状）はこの時期のもので、堅信礼の折に両親に宛てて、施されたすべての善行に感謝の念を述べている。ミランに影響を与えた教師のなかで言及する必要があるのは、プレシポロクの中等学校のスロヴァキア人学生の庇護者で、コメニウス学者のヤーン・クヴァチャラ[11]（宗教と選択科目のスロヴァキア語の教師）、担任教師のサムエル・マルクショウスキー（筋金入りの民主主義者で、旦那方には理性は無用だが、その代わり貧乏人はみな理性を持たなければならない、が持論だった）とフェルディナント・ヒルシマン（ミランに得意科目の数学に対する関心をかき立てた）である。

兄のパリコ〔パヴェルの愛称〕の成績が芳しくなかったので、ミランは彼と一緒に、さらに二つのハンガリー王国の中等学校を転々とした。第四学年はショプロニで終え（一八九三―九四年）、そこの学費はプレシポロクよりも安かったが、鉄道駅までの道のりは遠かった。

ミランは続く年々を、マジャール人の地のプスタ（大平原）にあるサルヴァシの町で過ごし（一八九四―九八年）、ここで初恋を経験した。素朴な詩（長い詩の第一節）がそれを証言している。――

ぼくは君を、君を見た、
それもまだ去年のうちに。
ぼくは君に魅せられた
そのまなざしのゆえに。

（E・Ch・へ、サルヴァシ、一八九七年五月六日）

この娘（エミーリア・ホヴァノヴァー）が、若い七年生に文学創作の試みへの霊感を与えたことを、知る機会があったかどうかは定かでないが、彼女の日記は相思相愛の証拠になっている。ミランのほうも後年にときおり「自分の最初の理想像」を思い起こした。

もっとも恋愛のモチーフだけで、駆け出しの詩人の多彩なレパートリーが尽くされたわけではない。その一年前に詩「良き母の名の日に寄せて」を執筆し、姉エレンカの婚約の際には「一輪の花」（一八九七年）を贈り、ペテフィ風ではじまる戦闘的愛郷詩も試みた。――

立ち上がれ、スロヴァキア人よ、
武器を手にして、
これ以上の辛酸をなめることを
望まないならば。

（一八九七年五月三十日）

ミランがサルヴァシのギムナジウムに転校したのは、その地の教師でブレゾヴァー出身のサムエル・シャシカの勧めもあったからである。シャシカ以外にここには、他のスロヴァキア人教師陣もいて、彼らはスロヴァキア人学生をマジャール化するつもりはなかった。それにもかかわらず、ここサルヴァシの地でシチェファーニクは、マジャール人同級生といざこざを起こした（おそらく一八九六年に、マジャール人がハンガリー王国の建国一千年祭を祝ったとき）。彼らはシチェファーニクの両手両足をつかんで、二階建ての建物のバルコニーで手すり越しに揺さぶり、「コシュート万歳」と叫ばなければ下に投げ落とすと脅かした……。ミランは屈しなかった。マジャール人の熱狂的愛国者たちは脅しを実行しなかったが、この事件についての査問があり、シチェファーニクはあやうく放校されかけた。幸いなことに、校長ユーリウス・ベンコと数学教師アルフレート・ノイマンが、みずからの権威のすべてをかけて庇ってくれた。

サルヴァシのギムナジウム卒業時のシチェファーニク（1898 年）
出典：Štefánik vo fotografii. Praha 1936.

　この年の休暇にミランは、寄付金徴集学生としてリプトウ県中を歩きまわった。プリビリナ村で当地出身の卒業生ヤーン・ライチアク[12]と会って（彼も後年、ソルボンヌで神学の博士号を取得するためにパリに滞在した）、一緒に魚釣りをし、荒々しい西部タトリ山地の谷間に狩りや遠出に出かけた。

　中等学校の最終学年もミランにとってうまくいった。際立った勤勉さに対して、七十ズラティーのテレキ奨学金が授与され、何人かの教師は彼をとても可愛がって、日曜に自宅の昼食に招いてくれた。

　サルヴァシからの最後の帰省の旅は陽気だった。ピエシチャニの鉄道駅でパパーニェクおじさんが、セニツァとミヤヴァとブレゾヴァー村の学生たちを荷馬車で待っていた。少年たちは馬車に、トランクと荷物と羽根布団の包みを山盛りに積みこんで、最後に自分たちもその上によじ登った。スロヴァキア語の歌声と無邪気な笑い声に包まれて、ヴルボヴェーの町を通りすぎたが、そこでは人々が御者に向かってこう叫んだ。——

「おじさん、なにを運んでいるんだね」

「なにね、スロヴァキアの最後の若木だよ……」

第二章　プラハ・コシャリスカー村（一八九八―一九〇〇年）

ワインに酔いしれたようにぼくはさまよう、
両目のなかには火花が散り、言葉を失って、
魂のなかにあるは表象、また表象
あたかも夏に蜜蜂の群れが変身するように。

そう、君が担う運命は重いけれど、
それでも君のくびきは軽い。
感じていることを、表現することができるから。
ぼくは、と言えば、空しい努力を重ねているよ……。

マハルに宛てて（一九〇〇年十月二十六日）

プラハの工科大学へ進学

ミラン・ラスチスラウ・シチェファーニクは、工科大学での建築技術の勉学を選んだときは、父親の言葉に従ったが、ブダペシュトとプラハのあいだでチェコの首都の方に決めたときには、彼の助言を無視した。チェコスラヴ統一協会[13]の奨学金申請書のなかで書いているように、「みずからの心臓の内なる願望の声に従って」、スロヴァキア民族のために、自分の全能力を捧げたく思うと約束した。プラハでは、旧ヴァーヴラ通りに住む食糧税の主任監督官フランチシェク・フロン宅に寄宿先を見つけた。到着するとすぐに、家主の娘の十五歳のマジェンカ〔マリエの愛称〕に心を惹かれたが、彼女は椅子の上に立って窓を洗っているところだった。ミランは長旅で

しわくちゃになった灰色の洋服を着て、だぶだぶのズボンと全体を紐で結んだ靴をはいていた。頭には丸い灰色の帽子をかぶり、民族主義的信念を裏付けるかのように、シャツには刺繍が施されていた。使い古された灰青色のアコーディオン式トランクのなかには、何組かの下着以外に、小さな真鍮製の望遠鏡、ピストル、ボット[14]の『歌集』、コラールの『スラーヴァの娘』[15]、ヴァヤンスキー詩集とクラリツェ版聖書が入っていた（この聖書を買うためにテレキ奨学金を節約した）。彼が家主の息子エド〔エドヴァルトの愛称〕と共用していた小部屋の真ん中には、長円形の重い樫のテーブルが置いてあり、格子のはまった窓からは晩方の空を眺めることができた。この部屋は控えの間に通じていて、直接に店内に出ることができたが、そこでは母親のフロノヴァーが食糧品を商っていた。ミランは家主一家と食事も共にした。フロン家の昼食には他のスロヴァキア人学生も通っていた。イゴル・クトリーク、ジグムント・ジグムンジーク、エミル・ラーニ、イヴァン・ファイノル、イヴァン・クラスコ、ヤーン・ブンダラ、サムエル・クプチョクらで、全員がプラハのスロヴァキア人学生団体ジェトヴァン[16]の会員だった。

学生団体ジェトヴァンでの活動

ジェトヴァンは、一八八二年にプラハのカレル大学がチェコ語部門とドイツ語部門に分離した直後に結成された。伝統的に一般聴衆のための文化プログラムの夕べを催したが、ときとして主催者は特別の講演者として、スロヴァキア人の一流作家を招待する機会を設けた。こうしてフルバン一家は父親〔J・M・フルバン〕も息子〔S・フルバン＝ヴァヤンスキー〕も、チェコ人聴衆に自己紹介することができた。彼らの演説はチェコ＝スロヴァキア兄弟関係の線で締め括られた。一八八〇年代のことだったが、この時期にとくにチェコでは、詩人ルドルフ・ポコルニーとアドルフ・ヘイドゥクが、踏みつけられたスロヴァキアに対する関心を喚起した。シチェファーニクがプラハにやって来た時期、ジェトヴァンの議長は医学部学生ヴァヴロ・シロバール[17]だった。彼はT・G・マサリク教授[18]の直接の影響下で、最初は十人から十二人程度の学生の小さなサークルのなかで、後には雑誌『フラス〔声〕』誌上で、スロヴァキアにおける政治活動と文化活動の再生構想を育んだ。

覚書の時期（一八六一年）以降のスロヴァキア民族組織の発展の未熟さについては、スロヴァキア国民党[19]というひとつの政党しか存在しなかったことが物語っているが、同党の綱領を表現したのが覚書だった。同覚書は、ハンガリー王国の枠内で一定の自治を持った、いわゆるオコリエ〔スロヴァキア人地域〕を提唱した。だが一八八〇年代中頃にはマジャール人支配層の容赦のない圧迫が、スロヴァキア国民党に消極的抵抗を強いたので、強化されつつあるマジャール化政策への防衛手段として、スロヴァキア人政治家の手中に残されたのは、トゥルチヤンスキー・スヴェティー・マルティンで刊行されていた機関紙『民族新聞』だけだった。この新聞に論調と路線を与えていたのはだれよりも、情熱的な編集者スヴェトザール・フルバン＝ヴァヤンスキーで、みずからの被抑圧民族スロヴァキア人の利益を大胆に擁護して、無条件にツァーリ・ロシアの援助に依拠した。だが十九世紀末には若い世代の隊列のなかで、スロヴァキア国民党の消極策に対する不満が表明されはじめ、生まれつつあった労働運動以外に、スロヴァキアの政治活動は三つの潮流に分化した。――ヴァヤンスキーとM・ドゥラをはじめとするマルティンの保守派、A・フリンカとF・ユリガを指導者とするカトリック系の人民党運動[20]、V・シロバールとP・ブラホ[21]が指導したフラス派で、彼らはマルティンの指導部に対する明確な反対派を形成した。

ヴァヴロ・シロバールは、スロヴァキア政治の活性化と民主化、宿命論的で無批判な親ロシア主義と、受け身で民族の救済を待ち受ける態度からの脱却、より現実的な親チェコ主義と、人々のあいだでの積極的な仕事に努力を傾注することを強調した。講演、朗読会、批判的発言と議論――当時のジェトヴァンの集会プログラムは、簡潔にこのように特徴づけることができる。ジェトヴァン派は日曜と祭日には、タバコの煙の立ち込めた喫茶店よりも、プラハ近郊の自然のなかを散策して、熱のこもった議論を続けるほうを選んだ。後年シロバールはプラハでの学生時代の最後の日々を、人生最良の時期と回想している。

ミラン・ラスチスラウ・シチェファーニクがはじめてジェトヴァンの会合に出席したのは、一八九八年十月十五日のプラハのクラーロヴェー・ヴィノフラディ地区の

学生団体ジェトヴァンの仲間たちと。向かって前列右から4人目の青年がシチェファーニク、その上のメガネをかけた人物がヴァヴロ・シロバール、シロバールの左隣がヨゼフ・グレゴル＝タヨウスキー（プラハ、1905年）　出典：Štefánik vo fotografii. Praha 1936.

フラヴァの喫茶店においてで、他の三人の新入会員（ヨゼフ・グレゴル＝タヨウスキー[22]、親友のジグムント・ジグムンジークとヤーン・プロハースカ）と一緒だった。シチェファーニクは二か月もたたないうちに、ボットの長編詩『ヤーノシークの死』第五歌を朗読した。次の会合でミランはグレゴルの喜劇「コナチカ」を分析したが、ミランの批判はヨゼフ・ドゥルジーク教授[23]の原則に基づいていた。喜劇の作者グレゴルは自己弁護して、自分はいかなる理論にも依拠していないし、なによりの問題は現実を表現することだと述べた。グレゴルはクリスマスの後で、シチェファーニクにしっぺ返しをした。「物語」と「秘密」というミランの二編の小詩を批評しつつ、詩人としてことさら注目すべき才能は認められず、あるのは作詩する才能だけだと断じた。シロバールは、グレゴルの好意的でない批評を和らげようとして、詩を雑誌『フラス』に投稿するようにミランを励ました。だがシチェファーニクはその時も、後になっても投稿しなかった。父親の例にならって、詩作は自分のためだけだったようだ。おそらくさらにマジェンカのためにも。彼女の名の日には花束以外に、ハーレクの『夕べの歌』もプレゼントした。どうやらグレゴルの批判はシチェファーニクの癇に触ったようで、ジェトヴァンにふたたび登場したのは、三か月も後のことだった（『ヤーノシークの死』第六歌とクラーリの「鷲」の朗読）。だが休暇直前の会合では、心霊術についての講演で聴衆を魅了した。

シチェファーニクは大学在学の一年目に、ヒエロニムス協会と呼ばれるプラハの福音派系学生団体の集会にも出席した。会員の多くはT・G・マサリクの支持者で、体系的にチェコ兄弟団の歴史を学んでいた。引っ込み思案で謙虚なミランをヒエロニムス協会に連れて来たのは、モラフスケー・スロヴァーツコ地方出身の医学部学生ヤン・クライチだった。

プラハでの学生生活

プラハでの貧乏学生の状況は羨ましいものではなかった。ヒエロニムス協会の支援金も、チェコスラヴ統一協会の月額十ズラティーも、実家からまったく仕送りを受けていなかったミランの出費をカバーするには足りなかった。そのため一八九八年末には絶望的状況に陥った。家主の主婦は毎日、シチェファーニクが家賃を払わないと言って責め立て、不充分な食事のために（食べるものがない日々もあった）発病した。タヨウスキーは「九十グライツィアルの冬物コート」というエッセイのなかで、その愛すべきユーモアによって、当時のプラハのスロヴァキア人大学生が陥っていた状況を巧みに描き出している。

あるとき（春はもう終わっていた）友人のジグムント・ジグムンジークとJ・ルマンとミラン・シチェファーニクが同席したラドホシチ協会での昼食の席で、グレゴルは、ジェトヴァンの議長団のだれかがチェコスラヴ統一協会に出頭するように、という伝言を受け取ったと自慢した。みなは、ジェトヴァンの会員が共同でやっていたマジャール語への広告翻訳に対する報酬のことだろうと考えて、まともな夕食を楽しみにした。副議長グレゴルが統一協会に赴くと、秘書のG・N・マヤルホフェルが、スロヴァキア人学生のだれかに、冬物コートを譲りたいと願っているヴィノフラディ地区の某弁護士の住所を渡して、午後五時から六時のあいだに彼のところに行かなければならないと付け加えた。門の前でいまかいまかとグレゴルを待ち受けていた友人たちは、事の次第を知って少しがっかりしたが、それでも陽気に喫茶店に急いだ。弁護士の冬物コートは、少なくとも十ズラティーの値打ちがあることを疑わなかったからだ。

「ぼくたちは冬でも冬物コートなしで済ませたのだから、夏にそんなものは必要ないよ」と、ミランがみなを代弁して意見を述べた。

質素な昼食しかとれなかった彼らは、空腹を紛らわすためにコーヒーとチーズケーキを注文した。だれ一人として現金を持ち合わせておらず、明日支払うと言い訳して姿をくらますのは恥ずかしかった。シチェファーニクが、弁護士宅に赴くグレゴルに同行することに合意したのは、学生から質草を買い上げる質屋を知っていたからだ。

慈善心に富んだ弁護士は、苦学生が着ることになると信じ切って、保管していたビロードの襟と絹の裏地のずっしりとしたコートを譲ってくれた。冬物コートは重くて、華奢なミランだけでなく、グレゴルにとっても大きすぎたので、二人は交代に羽織ったが、裾をたくしあげなければならなかった。汗まみれになったシチェファーニクは、質屋のカウンターにコートを投げ出して涼むために外に出たので、交渉はグレゴルに委ねられた。老商人は近づきつつある夏の季節を考慮して、コートに二ズラティー半の値を付けた。グレゴルは、冬物コートをこんな捨て値で無駄にするのが残念だったので、ミランと相談するために外に出た。ミランは、コートを三ズラティーで売るようにと彼を追い返して、友人たちの待つ喫茶店に駆けていった。だが質屋はもう冬物コートを引き取る気をなくしてしまったので、グレゴルはやっとのことで、近くの街灯の下をうろついていたポーターに、九十グライツィアル〔一ズラティー＝百グライツィアル〕で売りつけた。こうして貧乏学生たちはとにかく一度だけでも、喫茶店で心穏やかに座って語り合い、夜遅くまで読書に耽ることができた。チップの分の金もあったから。

「冬物コートは、夏だってとにかく冬物コートにすぎない。なにかを覆うものだ。このコートはぼくたち四人も

プラハ滞在期に民族衣装をまとった仲間たちと。前列中央のヴァラシカ（手斧）を持った青年がシチェファーニク（1900 年）　出典：Štefánik vo fotografii. Praha 1936.

覆ってくれた。一晩だけのことだったけれど」とタヨウスキーは話を締め括っている。

クライチの勧めもあって、最悪の貧困状態にあったシチェファーニクの面倒を見たのは、チェコ語工科大学の教授アントニーン・ヴァーヴラ技師だった。彼の家族、とくに息子のヤロスラフと、ミランはじきに親友になった。ときおり日曜の昼食に招待されたミランは、（サルヴァシのギムナジウム卒業後はじめて）社交の才能を発揮する機会を持った。プラハの小市民家庭の型にはまった会話を、生まれ故郷スロヴァキアの魅力についての、自然で新鮮な語り口によって活気づけた。彼が、故郷とマジャール人の地の中等学校での勉学体験を、彩り豊かに描写すると、聞いている者たちはたちまち魅了された。情熱をこめて語ったことを、活字にして発表するように、というヴァーヴラ教授の勧めに、彼はしばらく考え込んだが（招待主の励ましの提案を、無視したように見せないためだったのだろう）、それが彼がしたことのすべてだった。

ミランはしばしばフラヴァの喫茶店に陣取って、

ジグムンジークと果てしない議論を交わし、ビリヤードとチェスもやった。フェンシングも学び、射撃の腕を磨いた。込み入った数学の問題を、暗算で解く能力で人々を驚かせた。プラハ城やマラー・ストラナ地区や、プラハの旧市街中をさまようのを好み、古い教会と記念建築物を訪れた。家主の息子エドの手本にならって、顎ひげを伸ばしたままにしたのは、ヤン・フスに似せるためだったという。定期的に劇場に通ったが(無料入場券で)、ダンスができなかったので娯楽場にはめったに足を運ばなかった。だが演奏者に一ズラティーを与えて、マジェンカの大のお気に入りの「ロココ風ワルツ」を繰り返すように命じることは差支えなかった。この乙女のなかに、すでにこの世で出会うはめになった多くの見せかけの後で、「無垢な優しい真心」が見つかったように思えた。一八九九年の休暇中に、コシャリスカー村の実家から家主の娘マジェンカに宛てた手紙には、愛について率直に書いている。人類全体に関わるような愛だけが、人間を幸福にできると心から信じていた。十九歳の彼のエロスを、「人、母、父、同級生、友人への、同郷人への人間愛が……」抑えていたのだろう。

マサリクとの出会い

工科大学在学の二年目にシチェファーニクはジェトヴァンで二回報告し、学生向け雑誌『学生の方向』で、新聞『時代〔チャス〕』の支持者であるリアリストたちの政策に共感を表明した。彼らは一九〇〇年にT・G・マサリクの指導下でチェコ人民党を創設し、後にチェコ進歩党と改名した。シチェファーニクはスロヴァキア語の作詩法についての講演のなかで、『民族新聞』に対して論争を挑み、スロヴァキア民謡のリズムについて分析した（その作法は明らかに彼自身の詩に影響した）。その後で『ヤーノシークの死』第四歌とヴァヤンスキーの「パックス・デテスタタ」の朗読に立ち戻った。ヤクプ・グライフマンの詩「天文学者と詩人」を選んだのは、彼の人格形成にとって特徴的と言える（一人は天の空間を計り、もう一人は天国の美を開示するのだが、二人とも輝いているのは天空でだけで、この地上では塵にすぎない）。文芸批評の講演では、今回はグレゴルの詩「単純なモチーフ」を肯定的に評価し、同時に執筆した自作の

T・G・マサリクの肖像画（1901 年、マックス・シヴァビンスキー作）
出典：Juríček J.: M. R. Štefánik. Životopisný náčrt. Mladé letá, 3. vydanie, Bratislava 1990.

小詩を朗読した。お気に入りの詩人（ボットのことか？）の高みに昇りたいのだが、しかし散文が「重い足かせのように」飛翔を妨げた、と自分の手帳に書き留めた。

一八九九年秋にプラハの通りは、リアリストの主要な代表者T・G・マサリクに反対する大学生青年の、抗議デモの波で揺れていた。ドヴール・クラーロヴェー手稿とゼレナー・ホラ手稿[24]の真偽をめぐる論争（一八八六年）は、完全には収束していなかった（マサリクは学問的真理のために、〔両手稿に対する〕批判的姿勢によってその論争を呼び起こした）。マサリクはユダヤ系市民レオポルト・ヒルスネルを弁護することで、チェコ民族運動の展開にふたたび断固として介入したが、ヒルスネルは儀式殺人とやらの容疑で、クトナー・ホラの陪審団によって不当にも有罪判決を受けた。この稀有な事件を目撃したシチェファーニクは、すでに以前に何冊かのマサリクの著作に惹かれ、彼の講義に直接に魅了されたが、この大学教授は、重要な焦眉の世界観的問題設定を意図的に提起することによって、聴講生の思考のなかに不安と認識への渇望を持ち込んだ。さらに、マサリク家の友人ヤン・クライチと、マサリクの息子の画家ヘルベルトの親友だったヤロスラフ・ヴァーヴラを介した時折の個人的接触の影響もあって、シチェファーニクはじきにマサリク哲学の熱狂的信奉者になった。家主のフロンとの会話のなかでも、自分の師を断固として擁護した。もっとも友人たちの前では、L・N・トルストイも自分の師だと語ったが、根拠のないことではなかった。『戦争と平和』からのシチェファーニクの抜き書きから判断すると、彼を惹きつけたのはとくに宗教問題だった。偉大なロシアのリアリズム作家・思想家トルストイはシチェファーニクにとって、この問題に対する自律的アプローチを意味したようだ。ヒエロニムス協会でプロテスタント神学のさまざまな問題について議論した際に、キリスト教を非正統的にも理解できることを、つまりコシャリスカー村の牧師館で叩き込まれたのとは違った風に理解できることを、驚きをもって認識した。だが彼が教会宗教からの一定程度の逸脱を表明したのは、マサリク哲学と出会った後のことだった。マサリクの著作と講義は、実証主義的に理解された問題設定を持ち、教会の教義と対立して、道徳的行為、愛と人間性（フマニタ）の原則を強調することで、神と世界と人々に対する人間の個人的態度としての敬虔さに、個別に決着をつけることを余儀なくした。だが（マサリクの著作と講義は）概して懐疑的な調子で（マサリクにとって、神についての教義は学問的仮説だった）、ミランのなかに、神の存在についてのますます強まる疑念を引き起こした。良心的な自然科学研究と哲学研究は、こうした疑念をひたすら強めて深めた。

二十歳のシチェファーニクは、失われた精神的均衡を見出す手がかりになりそうなあらゆる新思想に、貪るように手を伸ばした。W・シェークスピア、ナポレオン、M・コペルニクス、A・デューラーの伝記にはじまり、J・ワット、R・トレビシック、G・スチーブンソン、R・フルトン、J・ラッセルら発明家と、B・パスカル、F・ニーチェ、F・W・J・シェリングのような哲学者の著作を経て、人間の起源、目的論、決定論と自由意志[25]、家族の問題を扱った論文と著作にいたるまで（エンゲルスの著作『家族と私有財産の起源』も知った）、すべてが内面的に彼の関心を惹いて、心を騒がせた。

一九〇〇年春にシチェファーニクは手帳に、ミツキエヴィチのコレージュ・ド・フランスにおけるスラヴ文学講義[26]から、二つの段落の内容を書き留めた（ちなみに同じ頁の数行上には、「付き合いは十四日に通りではじまった」という簡潔な書き込みが見出される）。――「天才とはなにか。天才とは、より発展した精神を、生命のより高い段階の精神を持った人間のことで……他人よりも良く、たくさん働いた人間のことで、かの「聖なる炎」を自分のなかで培い、熱狂した精神の内面の仕事の、最終的で完全な結果である……」

すぐそれに続いて――

「教養規律――これは生命なき形式であり、空虚な公式であり、実を結ばない真理であり、人間精神の堕落だ……」

シチェファーニクが一九〇〇年三月に、ジェトヴァンの秘書の役職を引き受けたとき、彼の広い視野がたちまち団体活動のなかで発揮された。チェコとスロヴァキアの接近の道を求めつつ、彼はモラヴィアのスロヴァーツコ地方出身の学生と接触して、しばしば彼らと友好的討論を行った。ジグムンジークと一緒に、ジェトヴァンの会員の関心を、プラハに住むスロヴァキア人徒弟に向けさせようとも試みたが、彼らは当地でまったく打ち捨てられていた。あるときチェコスラヴ統一協会とジェトヴァンに寄付された金で、学生と徒弟の共同ピクニックを催したが、ジェトヴァンの会員の多くは、こうした民主的な企てに理解を示さなかった。そのためこうした提案がうまくいかなかったとき、ミランはジェトヴァンで、ふたたびヴァヤンスキー、ヤンコ・クラーリと、自作の詩（「愛」、「クレーター」、「リンゴ」）を朗読した。今ではもうヨゼフ・グレゴルも、そのなかにとにかく詩的な才能の閃きを認めた。

父親との葛藤

二年も経たないうちに、息子に対するプラハのリベラリズムの環境の危険性についての、パヴェル・シチェファーニクの予感が裏付けられたことが判明した。シチェファーニクの大学在学一年目に、スロヴァキア社会の比較的穏やかな表面を波立たせた激しい世代間論争のなかで、プラハの文化活動と社会活動に魅せられたミランは、同世代人のフラス派のあいだにしっかりと身を置いて、彼らとともに戦術を変更する必要性を、その時期にはもう保守的だった伝統的なスロヴァキア政治の理念的方向性を見直す必要性を、機会あるごとに強調した。

マサリクの思想（統一されたチェコスロヴァキア民族という政治的概念もそのひとつだった）に熱中した息子と、イエスとノーのあいだに存在しうるのは偽りだけだ、が口癖だった非妥協的な民族主義者の父親が、公然とした衝突にいたったのは、一九〇〇年の休暇中のことだった。ミランはコシャリスカー村に、友人のヤロスラフ・ヴァーヴラを連れて来て、二人は道中のセニツァで、ミランの名付け親シチェファン・ファイノル宅に立ち寄った。ファイノルはその年の一月にジェトヴァンの会合の賓客として、スロヴァキア人の若者はプラハの自由な雰囲気のおかげで、長足の進歩を遂げたと述べたが、いまはミランとの論争のなかでマルティンの民族派を弁護して、フラス派のスロヴァキアへの愛情は冷淡だと非難した。

学生たちはブレゾヴァー村からコシャリスカー村に徒歩で到着して、ヤロスラフは、ミランと父親と家族全員の真心のこもった感動的なまでの歓迎ぶりを目撃した。そのあと父親と息子は何日間も座り込んで議論したが、アペンコ〔父さん〕は、ミランが伝統的な民族的方向性だけでなく、明らかに宗教信仰からも遠ざかってしまったことを知って愕然とした。父親の前に立っていたのは、自室の壁に「オラ・エト・ラボラ」（祈って、働け）というラテン語の標語を張り付けていたサルヴァシのギムナジウムの従順な生徒ではなかった。ルターの教理問答書の条項を、開示された神の真理だと心底から信じていたパヴェル・シチェファーニクは、息子の近代的見解を覆そうとしたが、無駄だった。ミランはもう教義上のドグマをまったく認めず、キリストの神性を否定して、そもそも神の存在も、宗教全体の意味も疑っていて、信じていたのは学問だけだった。駄目押しのように、家族みなが驚愕するなかで、彼は日曜に教会堂の代わりに、お気に入りのウーボチの丘に出かけた。

父親と息子のあいだの緊張関係は休暇のあいだ中続いた。それを中断させたのは、故郷コシャリスカー村、コストルネー村のトロカン家、クライネー村のボジツキー家でのときおりの狩猟と、長短の遠出のときだけだった。

休暇の終わり頃には、激しやすい性格の父親と、若者らしく頑固な息子のあいだの衝突は、公然たる諍いにいたり、コシャリスカー村の教区牧師は、「神を蔑ろにする見解」を捨てる気配をいささかも見せない息子を、家から追い出した。もっとも彼はすぐに自分の軽率な行為を後悔したが、しかしミランは、「アレア・アクタ・エスト」（サイは投げられた）という言葉とともに、すでに故郷に別れを告げていた。当てのない目的地に向かってではなく、一九〇〇年九月二十三日付けの記録詩のなかで述べているように、ルジョムベロクのヴァヴロ・シロバール宅へ急いだ。ポドザヴァージエの丘の上から、コシャリスカー村の教会堂の塔の方角に最後のまなざしを向けて、その上に「天使が、暗い運命が舞っている」ような予感を抱いた。数日後に、荘厳なタトリ山地の自然のただ中のシトルプスケー・プレソで、自分の精神状態を反映するアフォリズム〔箴言〕を書きつけた。――

天の神よ、
地の神よ。
ぼくは汝がいるようにも感じ、
いないようにも感じる。

第三章　プラハ・スイス・イタリア（一九〇〇―〇四年）

自分の理想と一致しないことを自覚して愕然とした。身分を保証された建築技師の単調な家庭の幸福が、いまそれをめざして、かくも粘り強く闘っている生活の内実なのだろうか。毎日どこかの会社の事務所に通うこと、金を稼ぐこと、家事、アペンコ〔父さん〕が期待しているような妻と子供が、自分の宿命となるべきだろうか。いや、断じて違う。シチェファーニクは一九〇〇年十一月七日の手帳に、二人の若人の大恋愛についての顛末を「この世界と同じほど古い」韻文形式で書き留めた。彼らの最初の接吻、ハネムーン、その後にやって来た幻滅、大空にかかる最初の暗雲、いがみ合い、和解、子供たち、その子供たちと一緒に幸せな（！）――シチェファーニクの感嘆符――夫婦生活のなかで、「神と民族のために」生きること。妻は毎日「亭主」の帰りを待ちながら家事

ああ、
なんと恐ろしいことだろう
現実を知るということは
ぼくを待っていなければならないのは生活で、
無為徒食などではない……

進路変更

ミラン・ラスチスラウ・シチェファーニクは新しい世界観を求める闘いのなかで、自分の存在意義についても検討を加えて、工科大学での勉学が準備している将来は、

にいそしみ、夫の方はと言えば――

パイプとビールが
なによりのお気に入り、
退屈なときには
ついでにニュースも

こうしてある秋の日にミランは、天文学の研究に専念するために大学に移籍したという知らせで、庇護者のアントニーン・ヴァーヴラ教授を唖然とさせた。教授は、学問の領域と人生において彼が選んだ分野の特殊性について、論拠を挙げて説得しようとしたが、若い熱狂者は聞く耳を持たなかった。この学問分野に専念できるのは、特殊的な才能を備えて、物質的に保証され、卒業後どこかの天文台にポストを獲得できる見込みのある学生だけだ、と親身で忠告したが無駄だった。チェコに天文台は存在せず、ドイツの天文台に食い込むことは想定できず、ハンガリー王国に戻るつもりは毛頭ない。残された選択肢はフランスとイギリスとアメリカだけだった。

驚いたヴァーヴラ教授は、「そこに食い込めるのかね」と執拗にミランに問いかけたが、本書の以下の諸章がその問いに対する答えになっている。

雑誌をめぐる試み

プラハの友人たちは大学在学の初期に、ミランがある種の感覚的混乱に陥ったことに気づいたが、それは外見上は、秘められた憂鬱さに看取された。おそらく父親との痛ましい別離を、辛く耐え忍んでいたのだろう。休暇中はもう故郷に戻らなかったが、秋になお、和解しようという主旨の手紙を父親に宛てて書いた。シチェファーニクは自分の原則から一歩も退こうとしなかったが、他ならぬこの時期にフラス派は明らかに危機に見舞われた。雑誌『フラス』の出版者パヴェル・ブラホは、より幅広い政治運動を組織できるように、同誌のために最大限の読者を獲得したいと望んだが、ヴァヴロ・シロバールの方は、自分の理想は「かくも遠くかつ高いので、今日も、明日も、百年後にも、それを達成することはできないだろう」と見なした。実務的なブラホは、生活への現実的展望を持たない空論家だとシロバールを非難した。二人のあいだの不和はひじょうに深まったので、シロバールは『フラス』誌への寄稿をやめてしまった。それによって雑誌の出版が脅かされたのは言うまでもない。こうした状況下でシチェファーニクの詩が生まれた。――

天は涙した
フラスの子供たちの上に。
しかり、良き種子が蒔かれたのに、
実ることなく朽ちてしまった。
（スカリツァ、一九〇〇年七月十五日）

フラス派の指導者のあいだの不和は、ジェトヴァンの会員の活動の弱体化にも影を落とした。だがシチェファーニクが秘書として、団体の衰退を公然と口にすると、会合は彼の報告を採択せず、彼を新しい委員会に選出しなかった。それにもかかわらず数か月の中断の後で、シチェファーニクは哲学的テーマの講演（J・スチュアート・ミルの自由論とストア派哲学[27]について）によって、ジェトヴァンの活動に復帰した。自分の学生用の小部屋では専門の天文学著作以外に、ダーウィンの進化論の学説にも親しみ、小説ではククチーンの農村物語、ディケンズの『ピクウィック・ペーパーズ』、プーシキンの『エウゲーニイ・オネーギン』とフロベールの『サラムボー』を読み、ドフナーニ[28]の『スロヴァキア蜂起の歴史』を学んで、この時期〔一八四八―四九年〕をテーマにした詩作に向けた構想を書き留めた。スロヴァキア民族活動におけるJ・M・フルバンの役割を軽視するマサリクの見解を、（他のフラス派と同様に）受け入れなかったことは、シチェファーニクの書き込みから明らかだ。

この時期に彼は、雑誌『フラス』の小説付録を出版する構想にも真剣に取り組んだが、それは隔月刊で別冊として出版される予定だった。『若き鷹』（彼は雑誌のためにこんな名称を提案した）はスロヴァキア知識人に、厳密に美的基準を適用した読み物を提供するはずだった。この難しい仕事に、彼自身と同じように未経験な二、三人の友人とともに、「いかなる党派的思惑もなしに、善に対する純粋な志向と愛情から」大胆に取り組んだ。最初に支援を依頼した人物はパヴォル・オルサーク＝フヴィエズドスラウだった。ミランの不注意な言葉遣い（「我々はおもに外国語の優れた作品の良質な翻訳に依拠します。スロヴァキア国内での成果は多くが不適当だからです」が祟って、ヴァヤンスキーとシクルテーティの雑誌『スロヴァキア展望』の定期的寄稿者である優れたスロヴァキア詩人フヴィエズドスラウは、皮肉っぽい返事のなかで舌鋒鋭く抗議して、スロヴァキアにおける独自の発展と自己流の活動をめざしていないと、「若者の党派」全体を非難した。疑いなく詩人フヴィエズドスラウの作品を重んじていたシチェファーニクは、すぐに謝罪して、「この精神から我々は全力を尽くして、親愛な我が民族の向上のために働きたいと望んでいますが、意志が行為になるためには、忍耐強さと霊感と努力と多くの者の協力が必要です」と説得した。

だがこの当時、現実に問題だったのは、『フラス』誌の拡大ではなくて救済だった。ジェトヴァンの会員、とくにジグムンジークとニェラートとシチェファーニク自身は、フラス派の二人の指導者（P・ブラホとV・シロバール）の見解上の不和を調整しようとする努力のなかで、一九〇一年の休暇中に、長い延期の後で『フラス』誌友の会を組織した。ブラホの活動拠点スカリツァで招集されて、結局シロバールとブラホは雑誌の共同編集に合意した。ミランは、スカリツァの会合の席での『フラス』誌の再編についての議論のなかで、プラハ在住のスロヴァキア人学生の教え子たちが成長していると述べて、雑誌が論説と論考以外に、文芸と学校と学生生活の展望も掲載するように提案した。

プラハ滞在四年目に、シチェファーニクはジェトヴァンの議長になったが、続いて発病したために、この役職に就けなかった。盲腸の手術を受けて、回復するとじきに、ジグムンジークやニェラートと一緒に団体ジェトヴァンを脱退したが、その理由は彼の言葉によると、「反動的精神が支配していた」からだった。続いて自分の活動舞台を、自由な団体であるチェコスラヴ統一協会の学生部門に移したが、そこでは彼のおかげもあって、チェコとモラヴィアとスロヴァキアの学生が緊密に交流した。

集中的な団体活動のなかで示された活動ぶりにもかかわらず、シチェファーニクの内面的葛藤は止んでいなかった。哲学よりももっと無条件に天文学の研究に専念して、太陽を写真撮影する際には、お気に入りのカロル・ゼンゲル教授をしばしば手助けした。新発見の方法で夜間にアルプス山岳帯を写真撮影した優れた天文学者ゼンゲルには、果てしない宇宙の神秘への扉を開いてくれたことで、この上なく感謝した。厳密な自然科学の研究は、シチェファーニクの宗教上の懐疑をひたすら裏付けた。星々の研究と観察の際にますますひんぱんに、宇宙を統べているような、いかなる至高の存在もないと考えるようになった。言うまでもなく彼の根本的変化は、苦悩の状態なしにはすまなかった。どれほどの痛みが、探究の恐怖のなかでの叫びから発していることか。――

もう一度、最後に。
聞いているのか、世界の統治者よ。
汝がぼくの青ざめた貌を見上げてくれなければ、
ぼくはもう一巻の終わりだ。

（一九〇一年三月三十一日）

スイス滞在

ミランの精神的葛藤を知っていたのは、いちばんの親友のジグムンジークとヴァーヴラとクライチだけだった。だがいつもは助けてくれたクライチも、今回は彼を理解できなかったようで、会話のなかで、夢想家、自惚れた人間と呼んだ。大きな危機を体験しているときのこうした発言が、シチェファーニクには耐えがたかった。彼自身、自分に満足しておらず（「ああ、ぼくの人生の経歴の何行かを消し去ってしまえたら、どんなにうれしいことか」）、ペシミズムから抜け出るための大きな努力を、あるときはロマンチックな恋愛に、あるときは個人的に面識を持った指導者に対する崇拝に、最後には学問に傾注してみたが無駄だった。弱気に捉われて、はじめて運命の重みを感じ取ったこの環境からの逃亡に、救いを見出した。

「君の住居から辞去したときほど憂鬱で不幸だったことは、ぼくのこれまでの記憶にない」と、一九〇二年七月十五日から十六日にかけての夜半に、チューリッヒからクライチに宛てて書いた。――「ぼくは見捨てられたと感じて、実際にそうだった。プラハに留まることは精神的な死を、恐らくは知的な死も意味した。そこではすべてがぼくを圧迫して、大地は足元で燃えていた。ぼくは君たちを捨てたけれど、陰鬱な思いはぼくを捨てず、孤独になるやいなや、逆にますます強く渦巻いた。

　列車はティロル＝フォーアアルルベルクの谷間に走り込んだけれど、そこではイン川が荒々しく流れている。新緑に覆われて何百万の花々がまき散らされた岸辺は、力強い頭を誇り高くもたげている。花咲く木々の林は、高度が高まるにつれて疎らになり、針葉樹林に居場所を譲る。観察者のまなざしは切り立った岩山の上とはるかな高みに、小さな山小屋を、人間の支配の最後の痕跡を認めるけれど、そこから先を支配しているのは氷と雪崩だけ。なんというコントラストだろう。ここ下界では、ロマンチックに配置された村々とスマートな尖塔がほほえみ、大気は魅了するような香りに満ちあふれ、春を告げる鳥と蘇った若者たちの歌声で沸き立っている。これらすべてが、いとも愛らしく優しい調和のなかで溶け合っている。ぼくの精神の枷は音を立てて割れた。暗黒の支配から解き放たれて、ぼくは未来に向かって飛翔した。

　甘く愛らしい感覚に捉われて、ぼくは自然と渾然一体になった。

　ぼくはスイスで探し求めていたものを、平安と励ましと仕事を見出した」

チューリッヒ滞在中のシチェファーニク（1902 年）
Štefánik vo fotografii. Praha 1936.

　シチェファーニクがスイスに半年間滞在できたのは、建築技師アントニーン・ドヴォジャークの援助のおかげで、技師は絶えざる財政難の折に、いく度も救いの手を差し伸べてくれた。ミランは当地で天文学科目の枠内で、数学と物理学も勉強した。天文学では、チューリッヒ天文台のアルフレート・ヴォルファー教授のもとで実技にも磨きをかけた。個人的にフランス語を学びはじめたのは、すでにその当時からパリが、彼の心を騒がせ惹きつけていたからだ。七月初頭にコンスタンツを訪問して、おざなりに準備された祭典を目撃したが、フス死去の記念祭にちなんで祭典を催したのはスイス在住のチェコ人団体だった。そのため『時代』紙に掲載されたヘルベン宛ての公開書簡で、コンスタンツでフスの記念碑がしかるべく祝われるように具体案を提出した。学期終了後イタリアに立ち寄り、その後ジュネーヴに一か月滞在して、天文学者エミル・サエルの光学の作業場でレンズを磨く訓練を積んだ。スイス留学の終わり頃、フィーアヴァルトシュテッテ湖近くの、ライン河の水源にちょっとした遠出をした。

社会活動への復帰

スイスから戻ったシチェファーニクは、揺るがされた自信を取り戻したようだった。ふたたび団体活動に取り組み、改めてジェトヴァンの会員に登録して、続いてその議長になった。この役職に就任する際の彼の演説の結論は、卒業後、自分の民衆に有益でありたいと願う社会活動家の道を、真剣に準備していたことを証言している。

「ジェトヴァンが以前のように、文化センターと進歩的努力の競技場になるように。ふたたび我々の将来の社会活動のための、学びと訓練の場になるように。今日では蔑ろにされているけれど、効果が確認されたあの古い手段に立ち戻ろう。ぼくが念頭に置いているのは、宣言や詩や小説や報告などを書くことで、それによって我々上級生は、正しく話し、書き、感じ、考え、行うすべを学んだ。こうして、人類と我が民族の権利と義務の認識に向かって、着実な歩みで進もう。時とともに激情は消え去り、情念は静まり、旧友としての努力が我々を結びつけることだろう」

本当にジェトヴァンは前代未聞の開花期に入った。新議長シチェファーニクはこの団体を、綱領の論理的な明瞭化から具体的行為へ、ささやかなものでも、とにかく行為へと導いた。会員間の論争は、団体活動の拡大によって克服される。会合にはモラヴィアのスロヴァーツコ地方とチェコの学生が出席し、ときおりヤクプ・アルベス、アントン・ビエレクのような作家とジャーナリスト、スイスのスロヴァキア人の友ヴィリアム・リッターも顔を出した。

シチェファーニクはこうした企画の中心人物だった。同時に彼はスロヴァキア文章語のための闘いについて、コラールの相互交流について、チェコ＝スロヴァキアの国民的統一に関係したツァムベルのパンフレット〔後述〕について、L・N・トルストイの宗教観について、スロヴァキア文学におけるボットの韻文の意義について講演し、太陽の宇宙物理学的研究についても講義した。フスの家建設の寄付金を募るために、火星の画像の映写付きの公開講演会も催した。だが彼にとってこれでじゅうぶんではなかった。生来の社交感覚と才能を、週一回の定期的な社交パーティー（水曜にクペツ家で）を組織する際に発揮した。歌と踊りと音楽にあふれた催しで、チェコ人名士の家族を魅了した。だがこれでも全部ではない。ヤン・ヘルベンの呼びかけに答えて『時代』紙上に、スロヴァキア問題を扱う毎月曜の社説を体系的に執筆しはじめたが、この新聞を理念的に方向づけたのはT・G・マサリクだった。このようにシチェファーニクは多方面で活躍した。

『時代』紙上のシチェファーニクの記事は、概して情報提供の性格を帯びている。とくに重要な使命は、チェコ世論のなかにスロヴァキアに対する関心を喚起することだった。シチェファーニクは、ブダペシュト政府の力ずくのマジャール化政策を公然と批判し、フラス派の原則に従って国内のスロヴァキア政治や、マルティンの代表者にも苦言を呈した。ハンガリー王国に住む少数民族は暮らすことはできるが、しかし息をすることができないと皮肉を込めて断言した（「マジャール人の論理」、一九〇三年一月三日）。だがこの国における発展は遅かれ早かれ、現実的で民衆的で進歩的な政治の方向に進むだろうと予測した。プラハのリアリストはスロヴァキアの民族主義者を侮辱しているだけでなく、国内の容赦のない敵〔マジャール人を暗示〕との闘いを妨害しているという『民族新聞』の非難に対しては、「我々の闘いは『民族新聞』に対する闘いではなく、道徳面と物質面での進歩をめざす闘いだ」と答えている。シチェファーニクによると、この旗幟のもとでのみ勝利できることを、スロヴァキアはじゅうぶんに理解していない（「政治ニュース」、一九〇二年十二月九日）。シチェファーニクはほぼ無限の啓蒙の力を信じていた。マジャール化政策に対してスロヴァキアを護れるのは、経済的自立性と一体化した教養だけだ（「狼の穴のなかで」、一九〇二年十一月二十四日）。

フラス派の論客として

一九〇三年一月十八日に彼は、ルドルフ・ポコルニーの故郷へジマヌーフ・ムニェステツの、スロヴァキアの夕べで講演したが、それは彼にとって「現実の相互交流、スロヴァキア問題に対する積極的で意識的な愛情の片鱗」を意味した。シチェファーニクはその当時の政治状況のなかでチェコ＝スロヴァキアの国民的統一を、なによりも文化的統一として理解した。彼とジェトヴァンの同時代人にとって問題だったのは、教養の基盤を提供しはするが、彼らの愛郷的感情を危険なまでに脅かすマジャール文化を、チェコ文化、スラヴ文化によって置き換えることだった。

それゆえシチェファーニクは、サモ・ツァムベル[29]の見解を言葉鋭く拒否した。ペシュトの内務省官僚だった文献学者ツァムベルは、一九〇二年にマジャール語でパンフレット『チェコ＝スロヴァキア統一の過去と現在と未来』を出版して、〔ハンガリー〕政府筋とマジャール人世論に、スロヴァキアにおけるチェコ文化とチェコ語の普及という大きな危険が、ハンガリー王国を脅かしていると警告した。シチェファーニクに言わせると、このパンフレットを執筆したのはスロヴァキア人としてのツァムベルではなく、ブダペシュトの政府官僚ツァムベルだ。ミランの記事はビエレクの『民衆新聞』紙上で論争を呼び起こし、ツァムベルは自分の行為を浩瀚な著作（『スロヴァキア人と彼らの言葉』）で弁明すると約束した。

シチェファーニクのフラス派としての立場がもっとも鮮明に示されたのは、スロヴァキアのジャーナリズムについての報告（一九〇三年三月二日）である。彼は誇張して、スロヴァキアにおける『民族新聞』の独裁体制と恐怖支配はすでに打破されて、雑誌『フラス』はスロヴァキアのジャーナリズムと活動一般における新時代を意味すると主張した。彼によると、雑誌『フラス』はスロヴァキア人に、現実的に思考することを教え、偶像を打破している。呼び起こされた運動は若者だけでなく、年長世代にも影響を与えて、近年の選挙〔一九〇一年のハンガリー議会選挙〕へのスロヴァキア国民党の積極的参加もそれを証言する。

一九〇三年五月にジェトヴァンはミランを、国際学生組織コルダ・フラトレスの大会代表としてパレルモに派遣した。イタリアから帰国して、会員に自分の旅行について報告したとき、シチェファーニクはコルダ・フラトレスについて、娯楽で時を過ごす金持ちの道楽息子たちの組織だと表現し、おまけにこの組織では、ロマンス人のスラヴ嫌いの精神が支配的だと述べた。

休暇中に彼は、大学生やチェコスラヴ統一協会とジェトヴァンの会員を率いて団体旅行を企て、最初にルハチョヴィツェの温泉保養地の専属医師パヴェル・ブラホのもとに赴き、その後でジリナに行ったが、そこではちょうどハンガリー在住スロヴァキア人画家グループの第一回展覧会が開催中だった。当地の医師ドゥシャン・マコヴィツキー[30]の診察室で、ヴァヴロ・シロバールの司会で進歩的なスロヴァキア青年の懇談会が開かれた。

こうした組織的成功にもかかわらず、シチェファーニクの「スロヴァキアの印象」（『時代』、一九〇三年十月二十五日）は概して悲観的な調子である。シチェファーニクは、スロヴァキアには大衆が住んでいるが、しかし民族的にほとんど無自覚で、その上経済的に敵対分子に依存していると認識した。国中にまき散らされた一握りの知識人はたがいにいがみ合っている。組織も軍隊も指導者もいない。明確に表現された綱領も存在しない。否定しがたい進歩性にもかかわらず、フラス派も綱領を持っていない。――「一方には無秩序なスロヴァキア人の烏合の衆、彼らと対峙するのは、ファナティズムと暴力とマモン〔富と強欲の神〕の旗を持ち、強力に武装されたマジャール人の正規軍の群れ。闘いはどのような結果をもたらすだろうか。言うまでもなく真理は勝利するが、しかし精力的な擁護者を持つときに限られる。こうした擁護者を創り出すことがスロヴァキア知識人の課題だ。民衆の方へ、民衆のために。これがスローガンであるべきだ」。シチェファーニクはチェコ＝スロヴァキア相互交流も醒めた目で見ていて、『時代』紙への最後の寄稿（一九〇三年十二月二十一日）のなかで、実務的な実現のためにいくつかの指示を与えている。その論考は「言葉多くして、行い少なし」というサブタイトルで、自社の新刊出版物を何部か、トゥルチャンスキ・スヴェティー・マルティンの博物館付属図書館に定期的に送るように、チェコの出版者に呼びかけた。一方企業家には、スロヴァキアの雑誌に広告を掲載して、チェコ資本のスロヴァキアへの投資を恐れないように励ましている。そうすれば資本の所有者に有利な利益をもたらす可能性があり、抑圧された者〔スロヴァキア人をさす〕の生命力を強化する。

　特別の注目に値するのは、巧みな身のこなしと社交感覚を習得しようとするシチェファーニクの意識的努力で、とくに、チージェク家でのスロヴァキアの夕べで明らかに発揮された。そこでは「ツィンバロ奏者」ミクラーシ・シネイデル[31]がピアノを弾きながら、何十もの情熱的なスロヴァキア民謡によって、歌と踊りに誘った。ミランは歌い手でも踊り手でもなく、酒を飲まずタバコも吸わなかったが、しかし巧みな社交家だった。醒めていて、冷たくて、無愛想なプラハの環境のなかで、スロヴァキア民謡は奇跡を呼び起こして、チェコ人のあいだに無意識のうちに、スロヴァキア人への関心をかき立てた。この関心は、ミランがチェコ人名士の家族（作家F・X・スヴォボダ、詩人ヤロスラフ・ヴルフリツキー[32]、歴史家ヤロスラフ・ゴル、画家アドルフ・リープシェルら）と近づきになることを助けた。

精神的危機の克服

ヤン・ヘルベンはミランを次のように記憶のなかに留めた。――「若いシチェファーニクには、なにか尋常でない驚嘆に値するものがあった。美青年とは言えず、とくに栗色の顎ひげをぼさぼさに生やしているときは、醜い顔つきと言ってよかった。肌はくすんで青ざめ、水疱瘡の痕があった。背の高さはめだたず、しなやかだったが角ばっていた。だがシチェファーニクの柔らかくて優しい両目が、見かけ全体に生気を与え、その両目は炎に燃えて、興奮したり怒ったりした瞬間には、まぶたは炎でぶるぶると震えるように見えた。それは消えることのない彼の内面の炎だった。話しはじめると、顔つきは急に心地よく愛らしくなり、ほほえむと存在全体が豊かな感じになり、顔は輝いて美しくさえなった」

上述の人気のある夕べには、ヤロスラフ・ヴルフリツキーの娘たちも、スロヴァキアの踊りを学ぶために定期的に通って来た。ミランが最初に年下のエヴィチカ〔エヴァの愛称〕に気づいたとき、彼女から目を離すことができなかった。育ちざかりの乙女が示した儀礼的な好意は、合意と愛情への憧れに沸き立つ彼の心のなかに感情の火を灯したが、片思いに終わった。十五歳の乙女は、スロヴァキア舞踊の酔わせるようなリズムの後で、ミランに手にキスされても、社交儀礼以上のものとは思わなかった。彼女は何年か後になって、「その場に居合わせただれにも理解できなかった将来の、生まれつつある炎によって照らされた、暗い憂鬱さを漂わせた」少年の、驚くべきまなざしを思い出した。

ミランは自分の熱い感情も痛々しい興奮も押し隠せなかった。こうして、疑念によって引き裂かれた彼の内面を、もうひとつの厳しい打撃が襲って、ほとんど悲劇的結末にいたった。女性作家ルージェナ・スヴォボドヴァーは人間心理の複雑さを熟知していたので、みずからの存在意義への信頼を捨てかけている幻滅した若者と、長いいく晩かを過ごした。シチェファーニクの飽くことを知らない認識への渇望は、魂の苦悩を深めるだけだった。論拠づけられた意識的人生を追い求める粘り強い努力のなかで、「私は何者なのか、どこにいるのか、なぜ存在するのか」という太古からの問いかけを行って、学問と哲学のなかに貪るように答えを求めた。情熱的に見つめていた宇宙の無限の闇のなかには、もうなんの光も見出せなかった。人間のせわしない営みを抱え込んだ地球は、避けがたい消滅と滅亡を運命づけられた天体のひとつに見えた（若いシチェファーニクが、こうした見解を形成する際に役割を演じたのは、疑いもなくフランスの天文学者カミーユ・フラマリオン[33]の著作、とくに『世界の終焉』である）。同時にミランには愛情のない生活など想像できなかった。死んで宇宙と一体化しなければならないと、熱っぽく証明して、スヴォボドヴァーは反論できなかった。結局彼は、おそらくは相思相愛になるだろう新たな大恋愛と出会う奇跡に期待する思いと、心のなかで苦々しく和解した。

ミランの精神的危機のもう一人の証人である作家F・X・スヴォボダは、プラハ郊外の野原を散策した折に、シチェファーニクの苛まれた魂に触れる機会を持った。スヴォボダは感嘆の念を込めて、シチェファーニクを非凡な語り手、「密かな思い出の詩人」と認めたが、その思い出はウィットに富んだ物語のように聞こえた。ミランは夜半に長いこと、ヴィノフラディ地区のセイドロヴォの野を一緒にさまよったとき、奇跡的な満天の星空（彼らの頭上にはその蒼穹がかかっていた）についての魅惑的な語り口だけでなく、傷ついた自分の心の詩的描写によっても、友人の画家アロイス・カルヴォダの心を捉えた。

多分こうしたひとときに、民謡を模倣したシチェファーニクの詩が生まれたが、もっとも成功した作品のひとつは――

ぼくは広い野原で
想いにかなうスミレを見つけた。
スミレを――ぼくの想いにかなう恋人を。
愛する恋人は
喜んで結婚したがった。
ねえ君、結婚しないで、
一、二年我慢してくれ、
君の頬が色褪せることはなく
ぼくの方は――世の中に出なければ。

ミクラーシ・シネイデル＝トルナウスキーがこの詩にメロディーをつけたが、シチェファーニクは彼とアロイス・カルヴォダを、ジェトヴァンとの協力関係に誘った。シネイデルは何編かのスロヴァキア民謡を採譜して、後にジェトヴァンは、カルヴォダの表紙を添えて別冊の歌集として出版した。出版物販売の売上金によって、団体のなかに助成基金が設けられた。

ミランは雑誌『芸術の声』を編集する際にも、同郷人のカルヴォダと協力した。シロバールが二年間の中断の後で、ルジョムベロクで『フラス』誌の復刊を決めたとき、雑誌に文芸付録を添えたいと望んだ。編集をシチェファーニクに依頼したが、彼は芸術への関心を、プラハの芸術サークルのマーイとマーネスへの定期訪問によっても示していた。ミランはカルヴォダと一緒に、熱心に本文とイラストを手配して、雑誌の支持者を獲得した。カルヴォダは『芸術の声』の口絵として、タトリ山地の上空を舞う力強い鷲を描き、シチェファーニクは巻頭言を書いて、いがみ合うスロヴァキア社会に呼びかけた。――「……ささいな諍いの舞台を捨てよう。かの高みでは、鋭い武器の轟きはつかのま静まることだろう。芸術よ。神の秘密の鍵である汝は、我々に聖なる国への扉を開いてくれ。美が愛とともに歩み、真実の方に寄り添う。そこでは低劣さは、おのが暗い墓場に落ちていく」。シチェファーニクはスロヴァキアでの成果を宣伝する以外に、「兄弟民族〔チェコ人を暗示〕のたがねと絵筆が創り出した世界を」読者に紹介するとも約束した。

UMELECKÝ HLAS

ROČNIK I.　　ČISLO 1. a 2.

ÚVODNÉ SLOVO.

Smútok sa v horách našich rozhostil, smútok vanie širym polom. Nesvary, zloba stavia hranice, by brat brata do nich metal. A on divokou vášňou vzrušený vrhá sa celý v zúrivý boj. Dobru chce slúžiť, málo však lásky; národ náš týmto hyne.

A to zreť okom, ktoré sa zrosí, i keď rez mitný šibne telom! A to zreť stále! — Oj, preč z tej chmúrnej dusivej sféry, preč ta, kde sála teplejší lúč. —

Vznesme sa z rumov, opusťme drobných sporov javište a snaď v tej výši na okamžik zatíchne brinkot ostrej zbroje.

Umenie! Božstva tajnosti kľúč ty, otvor nám dvierce k ríši svätej, Krása kde s Láskou vinie sa k Pravde, Nízkosť kde klesi v temný svoj hrob.

雑誌『芸術の声』創刊号の巻頭ページ
出典：Juríček J.: M. R. Štefánik. Životopisný náčrt. Mladé letá, 3. vydanie, Bratislava 1990.

校正面ではイヴァン・クラスコ[34]がミランを手伝った。だが『芸術の声』は資金不足のために数号で廃刊になった。じきに『フラス』誌も同様の運命を辿った。

卒業前後

シチェファーニクは自作のある詩のなかで、自分を「ファンタジーの息子」と呼んだ。本当に、彼の想像力は限界を知らないように見えた。秋の長雨や湿った冬の悪天候のなかで、カレル広場を横切って講義に急ぐときはいつも（そこには寒さに凍えた転轍手が立っていた）、どうしたらこの労働者の仕事を代行できるだろうか、という思いに頭を悩ませた。やがて物事の根源を突き止めたような気がして、自動転轍機のアイディアが思い浮かんだ。建築家のドヴォジャークに、閉じる鉤のような装置のスケッチを描いて見せたが、その助けによって市電自体が転轍機を動かすのだという。特許のズボン吊りの提案を持って来たこともあった。もっとも、他人の援助に頼っている貧乏学生の身では、こうした大胆なアイディアによって大きな信頼を引き起こせなかった。彼の研究を、なにか常軌を逸して投機的だと思っていた者も多かった。友人のボフダン・ハルジツキーのように、国家試験を受けて中等学校教師のポストを求める代わりに、ミランは博士号を取得するための口述試験の準備をしていた。それでも、せめて準備を進めていればいいのだけれど――さしあたりは社交に時間を浪費しているだけだ。

　いちばん身近な親友たちでさえ、謎めいていて人を驚かすのがミランの特徴だと断言していたが、その彼が突然、プラハの学生の社会活動から姿を消した。小部屋の扉に「留守中」という張り紙をして、研究だけに専念した。住居からほとんど一歩も出ずに、やはり天文学を勉強していたオットー・セイドル以外の、だれの訪問も謝絶した。

　一年も経たないうちに、シチェファーニクは本当にみなを驚かせた。「一五七二年のカシオペヤ座における新星について」という卒業論文を書き上げて、口述試験に合格し、一九〇四年十月十八日にカレル大学哲学部の副学部長ヤロスラフ・ヴルフリツキーから、哲学博士号を授与されたのだ。卒業論文のための資料を、スイスだけでなくイタリアの図書館でも収集した。口述試験の席で、研究テーマである天文学の分野からは、なにひとつ質問が出なかったことがミランを驚かせた。

　卒業後の一時期、彼はプラハからパリに行くという計画が正しいかどうかに疑念を抱いたようだった。ジシコフ〔プラハ市内の一区域〕の実業学校校長フランチシェク・ビーリー[35]宅の訪問が、それを証言していて、その家族とはもう以前から面識があったが、校長に補助教員のポストを求めたのだ。だが天文学の若き大家ミランは、授業を担当する際にひじょうに大きな自由を要求した。学則と教育学的見地（校長は善意からこの見地に注意を促した）によって定められた授業時間と、現実のあいだの矛盾はあまりに明白だったので、学問だけに専念したいというシチェファーニクの決意はひたすら強まった。

　ミランは最初ビーリー家に、友人のボフダン・パヴルー[36]と一緒に行ったが、その家のリドゥンカ〔ルドミラの愛称〕が気に入ってからは定期的に通った。彼女は、彼の愛の告白が拒まれた現場を目撃した。エヴァ・ヴルフリツカーが居合わせた社交陣の面前で、ミランの花束を投げ捨てたのだが、こうした社交儀礼をわきまえない拒否に男らしく耐えたことで、彼に好意を抱いたのだ。リドゥンカも育ちざかりの娘で十六歳だった。彼女はミランの天文学への熱中をまったく理解できなかったし（それによって彼は、彼女の母親の好意をますます確かなものにしたのだが）、求婚者の顎ひげにも我慢がならなかった。どうしてミランのような真面目な若者が、こんな未熟な娘たちに惹きつけられたのかを、若さの開花以外によって説明するのはむずかしい。もっともこの時期には、乙女に求婚する際には母親の意向も同じように大事で、ミランは自分の魅力によって疑いなく母親を惹きつけて、成功を勝ち取った。彼がリドゥンカとの関係をいかに真剣に考えていたかは、母親と娘がミランの学位授与式に出席し、続いてミランが、父親をビーリー家に連れてきた事実が物語る。息子の選んだ娘と知り合って、リドゥンカの両親とまじめな意図について話し合うためだった。母親は、折り目正しい求婚者の願いに同意したが、ミランが生活の糧を確保して、リドゥンカが分別をつけるまで婚約を待つように助言した。

それは差し当たりの拒絶であり、将来への延期だった。だがどのような将来だろうか。彼は自分の力強い手で、みずからの運命を統率したいと願い、社会的圧力に屈するつもりはなく、人生のチェス盤の上の、他人の手で動かされるコマでなく、何者かになりたかった。それも他ならぬパリで、世界一高名な天文学者フラマリオンのもとで達成したいと決意したのだ。外国で日々の糧を稼ぐことは、移民の波がほぼスロヴァキア全土を覆っていた二十世紀初頭には、なんら特別なことではなかった。だが欧州の首都パリに、ささやかなフランス語の知識と、さらにささやかな資金を持って赴くこと、しかも無名の初心者の分際で、世界レベルの学問において頭角を現わしたいと意図するのは、並外れた蛮勇であり、前代未聞の大胆さだった。ポケットのなかにゼンゲル教授のフラマリオン宛ての推薦状と、ヤーヒモフ鉱山のウランの見本を持ったこの若い熱狂者の成功を、だれも本心では信じていなかった。だがミランを思い留まらせることはできなかった。シロバールがなにがしかの金額を、ルジョムベロクの銀行で工面してくれて（かなりの額だったが、学生時代の古い借金を支払った後には、シチェファーニクの手元にはあまり残らなかった）、建築家ヴァーヴラもいささか援助してくれたが、当座の生活を開始できる分だけだった。それでも列車は若い哲学博士をシトラスブルク〔ストラスブール〕に運んだ。彼の耳には、「ぼくは有名になるだろうし、そうならなければならない」という言葉がいまだにこだましていたが、彼は学位授与式の後で、この言葉によって同輩たちの祝辞の乾杯に応えたのだ。

第四章　パリ・モンブラン・スペイン・イギリス・コシャリスカー村（一九〇四—〇五年）

ぼくは驚嘆の念をもって
宇宙のなかに身を沈め
そのなかで学び取ろうと努める
ぼくの魂の座標軸を……

困難な第一歩

シチェファーニクが友人と後援者の輪のなかで、パリで学術研究を続けるという大胆なプランを洩らしたとき、彼が当てにしていたのは、カレル大学の組織学と胎生学の教授である医学博士J・V・ロホニの支援だった。スロヴァキア人の彼は、ミランが博士号を取得したら面倒を見てあげようと鷹揚に約束してくれた。だがその間にこの老独身者は結婚して、息子が生まれたので、ミランはロホニの財政的支援ではなく、精神的励ましで満足せざるをえなくなった。それにもかかわらず彼は、明るい展望が待っている旧知のもとに赴くような喜びを抱いて、フランスに出発した。健康そうに見え、高揚感と決意にあふれていた。高名なフラマリオンの弟子になって、パリの天文台で働けるものと考えていた。

その当時の世界の政治的・文化的中心地である憧れの街には、一九〇四年十一月二十八日に彫刻家ボフミル・カフカと一緒に到着した。カフカはすぐさま彼を、パリ遊学中のチェコ人芸術家のサークルに連れて行った。サンミシェル大通りに面した安いレストラン「アミオット」にあって、画家のルドヴィーク・ストリムプル、タ

パリのモチーフ（T・F・シモン作）
出典：Juríček J.: M. R. Štefánik. Životopisný náčrt. Mladé letá, 3. vydanie, Bratislava 1990.

ヴィク・フランチシェク・シモン、フゴ・ベティンゲルと、彫刻家オタカル・シパニエルが昼食を取りに通っていた。シチェファーニクはボヘミアン芸術家の仲間になって（自分でも冗談で彼らを「与太者」と呼んだ）、彼らと一緒に、モンマルトルの喫茶店とレストランで晩ごとに語らい、大通りを散策し、自分の学問と、ハンガリー王国とプラハでの学生生活について、表現豊かに物語った。芸術家たちは、シチェファーニクの情熱的な語り口のなかに、興味深くて謎めいた人物であろうとする努力を読み取って、ときおり疑惑の念を、皮肉とからかいによって表現した。

　天文学について言うと、パリでシチェファーニクを待っていたのは不愉快な驚きだった。カミーユ・フラマリオンは彼を、ジュヴィジー＝シュール＝オルジュにある自分の天文台に招き入れて（その入り口には「アド・ヴェリタタム・プレ・スツィエンティアム」（学問を通じて真理へ）という標語が輝いていた）、ジュール・ジャンサン[37]に紹介すると約束してくれたが、ジャンサンはイタリアに長期旅行に出かけていたので、忍耐強く待つ以外の道は残されていなかった。こうして、活動に憧れる若者の無為の日々が、一日また一日と重苦しく過ぎていき、財政的にも精神的にも彼を疲労させた。

ちょうどその頃、新聞は露日間の軍事紛争〔日露戦争〕について詳細に報じていたが、戦局の展開はロシアにとって芳しくなかった。シチェファーニクは驚くべき想像力によって（スラヴの兄弟であるロシアを助けたかった）、軍艦用の装置を発明するというアイディアを思いついた。遠距離からも、接近する敵の船舶を厳密に確認できて、ありうる危険を事前に回避できるような装置だった。友人の芸術家たちの前では、自分の発明について既成事実として語った。同時に、彼らとの付き合いの渦中に巻き込まれるのを恐れるかのように、パリの通りを一人でさまよった。

大都会の孤独

「ぼくは、小高い丘の上のテュイルリー公園のオベリスクに沿って立ち止まり、押し寄せる何千人もの行楽客の波を観察しました。乗合馬車、箱馬車、自動車の騒音、陽気な若者たちの一群の笑い声、通行人のざわめき、売り子の叫び声――これらすべてが空気を震わせて、神経に響くような強力な和音を、群衆の音楽を作り出しています。

ぼくの目の前を、山高帽の、労働者服の、華麗な衣装の軍団が、化粧を施した頬の、人間という名前を持った何千もの二本足の生き物が行進していました。

ほら、どこかのブルジョアが、まるで自分のふくらんだ財布に、世界の半分の運命がかかってでもいるかのように、真面目くさって歩いています。向こうでは、自分の魅力を意識した若い淑女が、つんと頭をもたげて歩みを進めます。彼女の周囲には、一群の穀潰しが蠢いているけれど、彼らが抱く願望といえば、それはただひとつ。レースで飾られたスカートの下から、かくも密やかにのぞいている愛らしい足元に跪くことだけ。

見物人のなかには痩せこけた顔も見受けられますが、そこには貧困と妬みに満ちた両目が光っています。この日雇い労働者は、あそこの紳士のような外套と金鎖を持つことができたら、どれほど幸せなことか。その紳士は、と言えば、ちらりと時計に目を走らせてから、御者の卑屈なお辞儀を鷹揚に受け流しつつ、辻馬車に乗り込みます。

かたわらをエレガントな自動車が走り去りました……」

この大都会の喧騒のなかで、疾走する乗合馬車の騒音のなかで、晩にはあふれるような光の洪水のなかで、ミランは打ち捨てられた孤児のように感じた。とくに、はじめて最愛の人々との団らんのなかで過ごすことができなかったクリスマスには、故郷と友人たちへの郷愁の念に捉えられた。遙かな外国にいて天涯孤独だった。どれほどの詩情とクリスマスの魅力が、L・ヴルフリツカー夫人宛ての手紙（一九〇五年一月八日付け）から発していることか。――

「……クリスマス・イヴの晩にはことさら憂鬱でした。湿った冷気が、パリとぼくの魂の上にのしかかりました。ぼくは孤独で、それを丸ごと感じていました。少しでも忘れるために午後まで働きましたが、でも周囲が暗くなりはじめると憂鬱に捉われました。もう耐えられない、はるか遠くのぼくの暖炉の方に行かなければ、と考えました。小さなクリスマス・ツリーを買って来て、キャンディーとおもちゃとリンゴと、遠方に残した親愛な人々の数だけのロウソクをかけました。晩の鐘の音が鳴り響くと、ぼくのささやかなツリーが小さな部屋を照らし出しました。あたりはすっかり静まり返り、炎だけが赤く燃えて、思い出が心を騒がせました。コシャリスカー村で、身近に一人の娘しか残っていない打ち捨てられた両親を慰めてから、ぼくは貴女方友人の方に飛んで行って、集まった貴女の子供たちのあいだで、心の底から幸多かれと願いました。その後でぼくは、守護天使のスヴォボドヴァー夫人を訪問し、プラハ城のふもとの年老いた教師の、打ち捨てられた小部屋を覗き込み、貴女方みなに呼びかけました。陽気であってください、幸せでいてください、ぼくの親愛な友人たち……」

この時期にシチェファーニクはリドゥンカ・ビーラーにも、みずからの苛まれた魂をさらけ出している。より良い将来を待つ長い日々に、人間の運命を、巨大な自然の力に弄ばれ、火打石から飛び散るはかない火花にたとえている。――「ぼくたちはつかのま光り輝くけれど、続いて、無限の暗闇のなかに消え去ってしまいます」。ふたたび、世界とはなにか、みずからの徳と罪を兼ね備えた人間とはなにか、と問いかけて、天文学の知識に影響された懐疑的回答を与えている。しかしこの認識の結果はすでに絶望のかたちを取らない。――

「少なくともぼくにとって人生は、もう呪われた者の憂鬱な谷間ではありません。ぼくには草地が、花咲く野原が見え、それらの香りを嗅ぎ、歌声に耳を傾け、リスの素早いダンスに見とれ、敬虔な尊敬の念を持って調和の前に額ずきます……。

ぼくたちのまわりには平安と美が流れて、それらは君の心のなかにも染み透ります。真心からの愛情をこめてひたすら歓迎してください。

愛のなかに目的があり、愛のなかに幸福があり、愛のなかにぼくたちの永遠があります。ただ無限の愛のなかだけに」

こうしてシチェファーニクは仮借ない厳しい現実の影響から、主意主義哲学によって救われたが、その哲学のなかにはもう画然と、楽観主義の要素が顔を見せている。リドゥンカにとって、こうした形而上学的な愛の概念だけでは不充分だったことは、驚くにあたらない。ミランの広く理解された愛を、自分に関係づけていいものかどうか、彼にとって問題なのが、本当に自分への愛情なのかどうかに確信が持てなかった。シチェファーニクのその次の手紙が説明を与えている。――ぼくは、二人の若人の相互の散文的束縛から逃れたいと望んでいるけれど、ふつう彼らには人生の道程で苦い断念が待ち受けている。幸福な生活を築くことができなかったら、自分の親愛な人を道連れにしたいとは望まない。愛の問題とは自分にとって、名誉の、義務の、人生の問題なのだから。

「ぼくが自分の心を、鉄の桎梏のなかに置いていることを許してください。星々がぼくを懐疑的にし、ぼくの人生を見つめて、こう呼びかけてくるのです。美に仕え、幸せを広めなさい……。ぼくの人生は嵐さながらで、闘いに満ちていることでしょう。幸せを分かちあいたいものです。でも倒れるなら、一人で倒れたいのです……」

一九〇五年初頭パリに、外交官勤務を準備中だった若いハヌシ・コロヴラト伯爵が姿を現した。ミランは芸術家たちを介して彼と知り合い、すばやく友人になった。ある日二人はお忍びで、毎年開かれるティール・オ・ピジョン（鳩打ち大会）のためにモンテカルロに出かけたが、そこでは熱狂した観客が、最良の射撃手になった二人に花束を投げかけた。

シチェファーニクは、パリが外国人にあらゆる機会を提供すると確信していた。しかしこの街にはモルグという忌まわしい建物もあって、連日、身元不明の自殺者と不運に見舞われた者たちの遺体が展示されている。ミランはチェコ人女子学生たちをそこに案内して、この破滅した人間のための場所には、幻滅した若い外国人もときおりたどり着くと述べた。人間が憧れていることと達成できることのあいだの深淵は、ひじょうに大きいのだから。

三月末に同郷人女性の輪のなかで、パリで最初の「精神性に満ちた」すてきな午後を過ごした。彼女たちにマダム通りでのお茶に招待されたのだ。マリエ・ノイマノヴァーがパリに持参したトルストイの民話を読んで議論した。こうしてシチェファーニクの人生に、もう一人の女性が参入した。彼女は彼と最初に出会ったとき、自分の前に立っているのが、微笑みによってだれをも武装解除してしまう非凡な能力を備えているが、決して他人を傷つけることのない人間だと悟った。

チェコの女子学生たちは、この当時ミランがどれほどの貧困に喘いでいたかを察知できなかった。二月にはヴルフリツカー夫人宛ての手紙で、自分を励まして、有名な格言によって彼女の前にふたたび魂を広く開いた。――「ぼくのエネルギーは、現れる障害が大きくなるにつれて増大します。ぼくは自分を貫きます。なぜならそうしたいと望むからです」。しかし生存上の苦闘に満ちた二か月後に、耐えがたい状況が、ヤロスラフ・ヴルフリツキー宛てに電報で、至急の借金の依頼を余儀なくさせた。病気がちになり、資金はすでに底をつき、最悪だったのは未来への魅力的展望が開けないことだった。

一九〇一年十一月のプラハの外科病院での盲腸の手術の直後から、不愉快な胃の病気がシチェファーニクを苛みはじめて、その後人生の終わりまで止むことはなかった。病院から自宅療養のためにコシャリスカー村に戻って来てからも、長いあいだ傷口の痛みを訴えた。何週間も全身をかがめて座り込んでいた。手術が胃の病気に影響を与えたのか、それとも栄養失調だったのか（プラハ留学時代にはしばしば干しイチジクしか食べなかった）わからないが、彼が胃潰瘍を患っていたことは疑いない。すでにチューリッヒで友人にこの病気のことを訴え、パリでは健康状態がひじょうに悪化したので、胃から吐血しはじめた。

ムードン天文台のジャンサンのもとで

結局もうミランにも、自分の全エネルギーが、果てしない障害によって汲み尽くされてしまったように思えたとき、それでも転換と待ち焦がれた瞬間が訪れた。ムードン天文台への扉が開かれたのだ。

カミーユ・フラマリオンは、ジュール・ジャンサンがイタリアから帰国した直後に、シチェファーニクを紹介してくれた。一九〇五年四月初めのことだった。

フラマリオンは同時代人の意識のなかに、詩人肌の天文学者として刻み込まれて、みずからの学問の最新知識を、魅力的かつ高尚に解釈する非凡な才能によって秀でていたが、著名な学者ジャンサンの方は芸術と旅行を愛していた。彼は一八九八年にスペクトル分析[38]という新たな方法の助けを借りて、成功裡の日蝕観測によって有名になり、こうして太陽の分光学的研究のパイオニアになった。普仏戦争の時期（一八七〇年）に、敵プロシアの前線の上空を、大胆不敵にも気球に乗って飛び越え、一八九三年には、汚染されていない大気層のなかで観測できるように、アルプス山塊の最高峰モンブラン山頂に観測所を開設した。

はじめのうちジャンサンとシチェファーニクの会話は、ミランのもたついたフランス語のために手間取ったが、しかし二人は理解しあった。シチェファーニクのために天文台の内部を案内した助手は、たまたまの訪問客かなにかを扱うように、手っ取り早く天文台の施設を説明しようとした。だがミランは、ムードンに何度も通うつもりだったので、真空ポンプ[39]のそばでわざと立ち止まった。なにかの不都合があるように見えたのだ。その装置を入念に点検し、欠陥を突き止めて指摘したが、同時にどうしたらその欠陥を除去できるかを仄めかした。こうして彼は訪問を引き延ばすことに成功して、助手はこの外国

ムードンの仕事部屋で（1905 年）　出典：Štefánik vo fotografii. Praha 1936.

人が、天文台の残りの施設の見学は次回まわしにしたいと望んでも、訝しく思わなかった。一方ジャンサンは、自動的に空気を汲み出すというシチェファーニクの真空ポンプの改良案を知ると、彼に指示して機械の修理を試みさせた。ミランがそれに成功すると、自宅に招いて胸襟を開いて話し合い、最後に、自分の指導下で働くつもりがないかという質問で、彼を驚かせた。シチェファーニクの両目は潤み、感動のあまり答えることができなかった。高名な天文学者は彼の手を握って、すぐに自分の協力者G・ミロショ[40]に紹介してくれた。

それはシチェファーニクの生涯のなかでもっとも幸せな瞬間のひとつだった。天文学の分野で、この学問のパイオニアたちとともに想起される人物、宇宙物理学の創始者ジャンサンのもとに辿り着いたのだ。これ以上の僥倖が訪れることはまずありえなかった。学問研究を続ける機会が提供されたことに、この上なく感謝して、いきなり足元に堅固な土壌を感じ取り、決然としたエネルギーを持って仕事に臨んだ。ミロショと一緒にヴェスヴィアス火山のガスの分析に取りかかり、最初の一週間ですぐに、特殊なスペクトロスコープ〔分光器〕[41]を完成させた。光線がガラスのプリズムを通過する際に、白色光の分解によって虹色の帯が生じるさまを、嬉しそうに観察した。貸与されたテレスコープ〔望遠鏡〕にも修理を施したが、適切な措置だった。一言でいうと、シチェファーニクの生涯の新たな時期がはじまったのだ。

1905 年の肖像写真　出典：Štefánik vo fotografii. Praha 1936.

彼は持病を意識することを望まず、ムードンでは病弱であることを悟られないように気を使った。朝早く天文台にやって来て、晩遅くに疲労困憊してパリのアパートに戻った。とうとう美しくて鮮明な光のなかに姿を現しはじめた自分の将来を、危険に晒さないように、休息については聞く耳を持たなかった。自分の仕事を人類の業績への貢献だと理解して、社会的応用の必要性を痛感した。意識を持つ自覚した存在としての人間が、つかのましか存在しないことは、本当に不幸なのかどうか、という問いに対して、どれだけ長く生きるかではなく、私が何者なのかが問題だ、と答えた……。五月二十一日に自分の支援者に宛てて、過酷な生存闘争における援助に謝意を述べつつ、「ぼくたちはせっかく生きているのですから、本当に生きるように努めましょう」と書いた。

生い茂った古い菩提樹の美しい並木道を通って、小道はムードン天文台に続いている。天文台の丸天井はベルヴューのテラスの上にそびえていて、そこからはパリ市街への見事

ムードンの天文台で太陽を観察するシチェファーニク（1905年）
出典：Štefánik vo fotografii. Praha 1936.

な眺望が開けている。パンテオン、廃兵院、モンマルトルのサクレ・クール寺院、エッフェル塔と、この大都会をほぼ二等分する幅広いセーヌ川——これらすべてを掌の上にあるかのように望むことができる。天文台は広々とした公園に囲まれて、そこからの眺望もテラスからに劣らず見事だ。シチェファーニクは構内の小部屋に引っ越して、部屋をスロヴァキアの刺繍で飾った。四月末に祖母のユレンコヴァーに、復活祭のあいさつを添えて絵はがきとして送った肖像写真には、穏やかで自信に満ちた表情がうかがわれる。ミランは顎ひげと鼻ひげをたくわえ、当時のパリの流行に従って、長い黒いコート（カイザーロック）をまとい、頭には山高帽、左手には黒手袋、右手は植木棚に当てて、小さな暗色のネクタイと固い襟。

モンブランへの初登頂

じきに、シチェファーニクのなみならぬ勤勉さと、天文学への専念を確信した老師ジャンサンは、五月末に駆け出しの天文学者を自宅に呼んだ。――「私が生きているかぎり、貴方の努力を支持しましょう。でも私のような八十一歳の老人は、これからの人生よりもこれまでの人生の方が長いものです。貴方は素早く行動しなければなりません。ミロショと一緒にモンブラン遠征隊に参加したければ、そうしてください……」

「行きます」――疲労して弱っていたが、シチェファーニクは言下に答えた。パリからジュネーヴへの旅路ではひじょうに体調が悪かったので、車室のなかで横になっていなければならなかった。見知らぬ女性の相客が、彼の頭の下に自分のまくらを押し当ててくれた。登頂前の三日間にも体調は回復しなかったが、それでも出発した。出発しなければならなかった。（彼の表現によれば）「固い決意と忍耐力を持った人間にとって、不可能は存在しない」からだ。

モンブラン登頂　中央の人物がシチェファーニク（1905年）
出典：Štefánik vo fotografii. Praha 1936.

　ヨーロッパ最高峰の山頂で、太陽と火星を観測する予定の学術遠征隊は、六月十七日朝に、サヴォワ地方の小さな町シャモニーを出発した。天文学者のミロショとシチェファーニク以外に、経験豊かなアルプスの山岳ガイドであるエードゥアルト・ラヴネル、A・クラレット＝トゥルニエ、機械と食糧品の蓄えを運ぶ十八人の男たちから構成されていた。カスカド＝デュ＝ダールの滝から、切り立った斜面沿いの曲がりくねった道をラバに乗って、あるときは黒雲の上を、あるときは下を進んだ。昼食前に万年氷の境目に着いた。隊員たちはフバから下りて食事を取り、ボソン氷河に沿って、氷の樹皮に覆われた岩と、切り立った氷壁のあいだを、クレバスの上の危険な

モンブラン登頂の途中で休息する一行　座っている白い帽子の人物がシチェファーニク（1905 年）
出典：Štefánik vo fotografii. Praha 1936.

雪の橋を避けながら登頂を続けた。このとき彼らの背後二百メートルのところで巨大な雪崩が発生し、耳を聾する轟音を立てて膨れ上がりつつ、目の前にあるすべてを破壊しながら落下していった。隊員たちの血管は恐怖で凍りついた。

標高三千九百メートルに位置する穏やかに傾いた巨大な斜面グラン・プラトーでは、霧に飲み込まれて、方向づけが難しくなった。酷寒のために一人の運搬人の両足が凍傷にかかった。翌日は、雪からの太陽光線の激しい照り返しのために、遠征隊の参加者の外気に露出した部分の皮膚が剥けはじめ、続いて化膿と腫れがつけ加わった。もちろん全員が黒メガネをかけて両眼を保護した。目的地に近づいて高く登るほど、大気は薄くなり疲れやすくなった。氷河の上の、板で手早く準備された屋根の下で三泊した。グラン・ボスで過ごした夜がもっとも不快だった。夕方近くに標高四千メートルのところで猛烈な吹雪に襲われ、静電気に満たされた大気のなかを歩み、ピッケルだけでなく帽子からも火花が散った。疲労困憊して（だれにも食欲がなかった）、仮小屋のなかで隣りあって身を寄せたので、身動きさえ取れなかった。四日目にとうとうモンブラン山頂に着いた。

「高名な天文学者ジャンサンは、モンブラン山頂に小さな天文台を設置しました。木造の建物でかなり高かったのですが、今日ではもう一階の部分まで雪に埋もれています。設備はさしあたりひじょうに簡素です。ベッドも

モンブラン　グラン・ミュレの尾根の山小屋　出典：Štefánik vo fotografii. Praha 1936.

暖炉もなく、天井からは光が漏れて、室内は雪でいっぱい……。それにもかかわらず強行軍の後では、王宮に足を踏み入れたような気分でした。すぐに持ち込んだ暖炉をおこして、三十分後にはもうお茶を飲んでいました。ああ、なんと美味だったことか。

最初の夜は、ひじょうに快適、というわけにはいきませんでした。寝床は急ごしらえで、室内は氷室のよう……。ぼくたちは服を着たまま、重い掛け布団にくるまって眠りました。朝方に顔面は凍りつき、ひげは氷の玉飾りに覆われて、身体はぎしぎしです。ぼくはやっと今になって、これまでの日々の疲労を感じました。起き出してみると驚きが待っていました。夜のあいだにぼくたちは完全に雪に埋もれたのです。二人の山岳ガイドがさんざん苦労して天井から抜け出し、長いあいだ力を尽くして、戸口と窓の前の雪の一部を取り除けました。この日とその次の日をぼくたちは整理整頓に捧げました。仕事はたくさんありましたが、体力が不足していました。頭のなかは唸り、喉元は締め付けられて、食欲はありませんでしたが、その代わりぼくたちを苦しめた熱のせいで、すさまじい喉の渇き。それでも三日目と四日目はもうかなりましでした。

蓄えを点検して、ぼくはおもに食糧品が足りないことに気づきました。下界に置き忘れたことが判明しました。すぐに運搬人たちに取りにやらせました。後に残ったのは、天文学者ミロショと二人の山岳ガイドとぼくの四人だけ。

モンブラン山頂の観測所のまえで
出典：Štefánik vo fotografii. Praha 1936.

最初のうちはあまり心配していませんでした。運搬人たちは一日か二日で戻って来ると自分を慰めました。天候が望ましくなかったことも遺憾には思いませんでした。でも一日、二日、三日が過ぎても、一週間が過ぎても——なんの音沙汰もありません。外は嵐で、谷間はほとんどつねに雲に覆われ、天体観測は不可能で、食糧倉庫はなかば空っぽ……。ぼくたちは不安になりはじめました。

状況は一日一日と悪化しました。とくに不安をかき立てられたのは、入念に倹約したにもかかわらず食糧品が減少して、十日目にはほとんど完全に底をついたことです。最後には、おそらく〔一八九三年に〕観測所を開設したその日の古パンの残りを食べて、チーズのかけらをかじりましたが、石のように固くて、古い石けんよりもひどい代物でした。しかしこれらの「蓄え」でさえ尽きるときが近づきました。おまけに戸外では暴風が最高潮に達して、三日三晩というもの戸口の前に出ることさえできませんでした。天候がいささか回復すると、ぼくたちは慎重に屋外に出て、周囲を見回しました。観測所は折り重なった雪の層に覆われて、ぼくたちが飢えて、危険に瀕していると知らせる信号（さまざまな色の旗）

は、嵐でずたずたに引き裂かれていました。谷間に下るのはかなり危険でしたが、これ以上留まることもできません。ぼくたちは第一の選択肢を選んで、七月三日の朝方、雲と風のなかを下山しはじめました……」

遠征隊は使命を果たせなかったが（あわせて二週間ほどの山頂滞在中に、天体観測に適した天候は、最大に見積もっても二十分程度だったからだ）、世界記録を打ち立てた。人間がこれほど長くモンブラン山頂で耐えたことはなかった。麓のシャモニーでは、ミロショとシチェファーニクが生還するとはもう期待していなかった。彼らを救助するために、登山家グループが三度も派遣されたが、悪天候のなかで山頂までたどり着く勇気がなかった。

スペインでの日蝕観察

モンブランへの登頂と勇敢な山頂滞在によって、シチェファーニクはフランスの学界の注目を集めたとはいえ（いくつかの雑誌が、遠征隊参加者の類例のない勇気に関心を払った）、彼の財政状況は悪化した。フランス国家が遠征隊の財政を支援したにもかかわらず、彼にとっては三百五十フランの出費になった。ふたたびプラハの友人たちに借金の申し込みをしなければならなかったのは、次の学術遠征隊に参加するチャンスが提供されたためだった。八月三十日にスペインで皆既日蝕を観測する予定の遠征隊に加わるように、ジャンサンに誘われたのだ。

このたびはシチェファーニクは最初の学術的成功と、自分の師の決定的信頼を獲得した。観測はバレンシア近郊のアルコセブレで行われ、三分間続いた。ジャンサンはその日のうちに、日蝕観測は完全に成功したとアカデミーに報告した。――「シチェファーニク氏はスペクトロスコープ〔分光器〕をしっかりと水平に設置した。それはジルベルマン式ヘリオスタット〔日光反射鏡〕[42]からの光を捉えて、貴重な自然現象〔日蝕〕が続くあいだ、さまざまなスペクトルの観察を可能にした。彼は興味深いスペクトル観測を行い、とくに緑のコロナ[43]の線と、周辺の赤いスペクトルに気づいた」

1905年8月のアルコセブレ（スペイン）での日蝕観測（右端の人物がシチェファーニク）
出典：Štefánik vo fotografii. Praha 1936.

若い天文学者シチェファーニクはジャンサンとともに、世俗的栄光の輝きを満喫した。自分の師とともにスペイン政府に公式にマドリードに招待されて、スペイン風の歓待ぶりを堪能した。バルセロナ、トレド、バレンシア、ブルゴス、サン・セバスティアンを訪れたが、「魅惑のスペイン」の地でもコシャリスカー村の両親の家に思いを馳せた。すぐに帰省する計画を立てて、故郷でだけ「満足と幸せを見出せると期待した」。だがまず太陽調査協力国際連合の大会のために、イギリスのオックスフォードに旅行した。スペインでの業績が評価されて招待されたのだ。彼がコシャリスカー村の近親者の輪のなかで、モンブランへの大胆な登頂と、危険な下山について生き生きした語り口で感嘆させているあいだに、ジュール・ジャンサンはフランス科学アカデミーに、シチェファーニクの報告書「アルコセブレ（スペイン）における一九〇五年八月三十日の日蝕の際のスペクトロスコープ〔分光器〕による観察」を提出した（十月九日）。学問の道程におけるこの幸運な第一歩は、同時に予期しないような社会的成功も意味した。シチェファーニクはパリを征服したような気分だった。

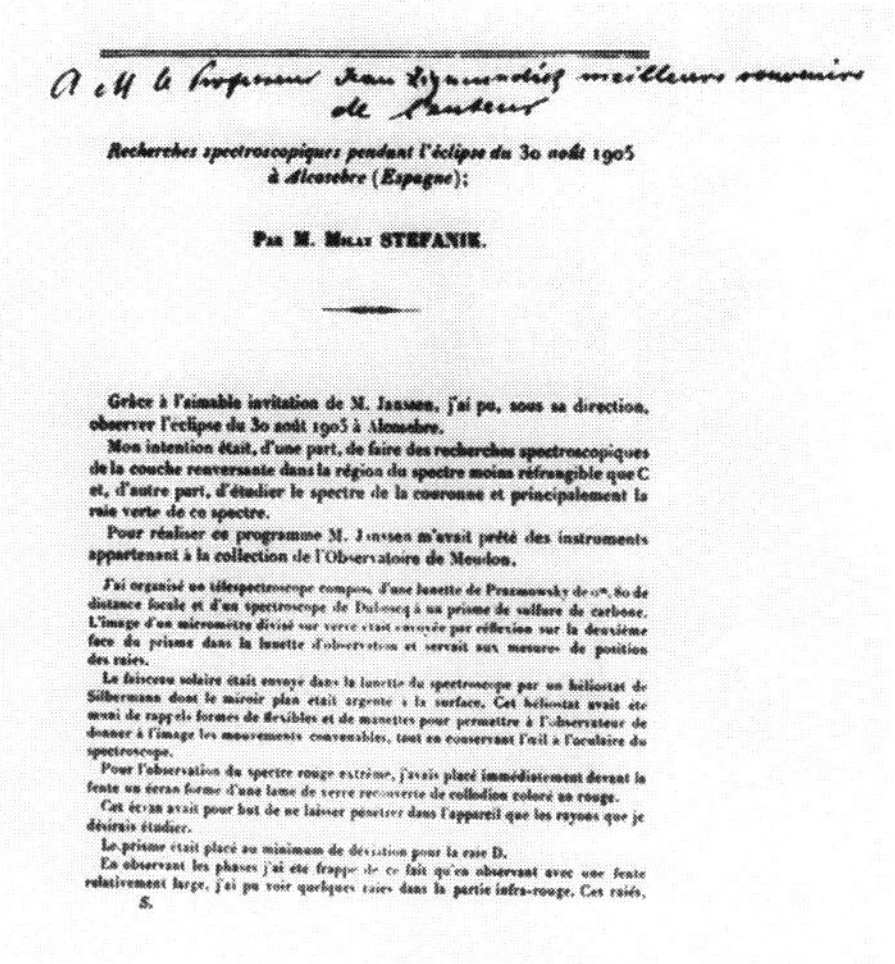

Recherches spectroscopiques pendant l'éclipse du 30 août 1905 à Alcossebre (Espagne);

PAR M. MILAN STEFANIK.

Grâce à l'aimable invitation de M. Janssen, j'ai pu, sous sa direction, observer l'éclipse du 30 août 1905 à Alcossebre.

Mon intention était, d'une part, de faire des recherches spectroscopiques de la couche renversante dans la région du spectre moins réfrangible que C et, d'autre part, d'étudier le spectre de la couronne et principalement la raie verte de ce spectre.

Pour réaliser ce programme M. Janssen m'avait prêté des instruments appartenant à la collection de l'Observatoire de Meudon.

J'ai organisé un téléspectroscope composé d'une lunette de Prazmowsky de [illegible] de distance focale et d'un spectroscope de Duboscq à un prisme de sulfure de carbone. L'image d'un micromètre divisé sur verre était envoyée par réflexion sur la deuxième face du prisme dans la lunette d'observation et servait aux mesures de position des raies.

Le faisceau solaire était envoyé dans la lunette du spectroscope par un héliostat de Silbermann dont le miroir plan était argenté à la surface. Cet héliostat avait été muni de rappels formés de flexibles et de manettes pour permettre à l'observateur de donner à l'image les mouvements convenables, tout en conservant l'œil à l'oculaire du spectroscope.

Pour l'observation du spectre rouge extrême, j'avais placé immédiatement devant la fente un écran formé d'une lame de verre recouverte de collodion coloré en rouge.

Cet écran avait pour but de ne laisser pénétrer dans l'appareil que les rayons que je désirais étudier.

Le prisme était placé au minimum de déviation pour la raie D.

En observant les phases j'ai été frappé de ce fait qu'en observant avec une fente relativement large, j'ai pu voir quelques raies dans la partie infra-rouge. Ces raies,

S.

シチェファーニクの最初の学術論文「アルコセブレ（スペイン）における 1905 年 8 月 30 日の日蝕の際のスペクトロスコープ〔分光器〕による観察」出典：Fuska J. a kolektív: M. R. Štefánik v myšlienkach a obrazoch. VydavateĽstvo Elán, 2. vydanie, Bratislava [2009].

第五章　パリ・モンブラン・ロシア・トゥルケスタン・プラハ・スロヴァキア（一九〇六—〇七年）

精力的に歩んで
目的を意識している者は、
おのが運命をほぼ完全に支配している……

ムードン天文台での日々

「ぼくはパリにいます。もうじゅうぶんに休息しました。天文台ではみなが、友情をこめて祝福してくれます。ジャンサンと彼の家族の完全な信頼を獲得して、正餐などに招待されます。ふたたび住居を手配してくれました。新しい独立した実験室と大きな機械を使用できます。ぼくの最初の研究は分不相応な称賛を浴びて、学術雑誌に翻訳され、ベルギーの天文学協会は大会でぼくを会員に選出したと知らせてきました。

ぼくは満足すべきで、眼前にこのような素晴らしい展望が開けたことに対して、運命に十全に感謝すべきでしょう。でもそうではありません、まったくそうではありません。世間には好意的に拍手させ、嫉妬で悩ませておき、僥倖がぼくを抱擁したと思わせておきましょう……。でも心のなかには多くの危惧と疑念が、恐ろしい黒雲が沸き起こっています。

ぼくは世間を恐れていないし……、世間に対して責任を負っていません。ぼくの人生が勝利をもって終わろうと、絶えざる闘いのなかで終わろうと、それはまったくどうでもいいことです。ぼくが恐れていて、同時に全身全霊をもって憧れていたのはひとつのことだけで、それは愛の枷と甘さです。それなしの人生は単調ですが、でもそれがあると責任が重く、不安が魂を捉えます。ぼくを愛してくれているの、お嬢さん。ぼくは本当に君を愛しているのだろうか。ぼくの心はこの二つの問いに、イエスと答えているので、こうして君に手紙を書いています……」

マリエ・ノイマノヴァーに宛てられたミランの新たな愛の告白は、遺憾なことながら言外の意味では、書き手ミランの芳しくない経済状況に彩られている。トゥルチヤンスキ・スヴェティー・マルティンのタトラ銀行や、ミヤヴァとルジョムベロクの貯金局の利子を、急いで返済しなければならないシチェファーニクは途方に暮れた。「皇帝フランチシェク・ヨゼフ名称チェコ科学・文学・芸術アカデミー」の奨学金を申請したが無駄だったので、ジャンサン家の召使い老エリーゼに借金をして、絶望の淵に陥った。ふたたびヴァーヴラ教授に三五〇ズラティーの至急の借金を申し込む以外に、他の活路はなかった。こうした状況下でムードンの自分の実験室で研究を続けたが、そこでは、影響力のある天文学者H・デランドル[44]の敵意に直面しなければならなかった。シチェファーニクは疲れを知らずに休息なしで働き、立て続けに成果を出した。六か月足らずのあいだにジャンサンはアカデミーに、シチェファーニクの学術論文を五編提出した。最初の「スペクトロヘリオグラフ〔太陽分光写真儀[45]〕の新しい装置について」はミロショと共同執筆だった。それは太陽調査協力国際連合の大会（一九〇七年五月、ムードン）の出席者の注目を集め、シカゴの『宇宙物理学雑誌』も書評した。二本目の論文は「日蝕時以外に太陽コロナの観測を可能にする方法について」という表題を持ち、三本目の「赤外スペクトル研究小論」は、スペインでの日蝕観測の際に得られた知見をまとめている。四本目の論文は「光の輝きに対する網膜の敏感さについて」論じ、改良された天文学機械について記述された五本目の「リバーシブル・ヘリオメータ〔太陽儀[46]〕」は、シチェファーニクの発明の才能の証しである。

ムードン天文台での日々は、天文学・物理学・数学関係の著作の体系的な理論研究と、ミロショとの専門的議論、実験室での実務的作業と、望遠鏡による観察のなかで過ぎていった。シチェファーニクは手帳に、「学識を積むほど、それだけぼくは自由になり、観察力が増すほど、それだけ幸福になる」（一九〇六年八月三十日）と書き留めた。同時に絶えずなにかの発明について考えている。望遠鏡のための回転移動のピストン式油状調整器や電流の自動調整器のことで、新しいタイプのゴニオメータ〔測角器〕、結晶面の角度を測定する装置）や自動転轍機のアイディアにも立ち返っている。興味深いのは、簡単にすばやくボタンを外せるズボン吊りの発明の運命で、彼はそれをパリの友人ダニエル・ベンカの名義で特許申請させた。シチェファーニクは、自分にしかるべき手紙を送るように規定したが、しかし関心を表明した者に一度も返事を出さなかったので、特許の実用からはなんの利益も得られなかった。

　物事の根源に辿り着くと、アイディアをすばやくざっと紙切れに書き留めて、すぐにフランチシェク・シモンのアトリエに駆けつけ、画家はシチェファーニクのためにそれを描き直した。あるときシモンはシチェファーニクの指示に従って日蝕の絵を、燃え上がる紅炎[47]を持ったコロナの部分がめだつようにスケッチした。ミランは興味深げに画家の仕事ぶりを眺めながら、「フランツェク〔フランチシェクの愛称〕、どうやら君は優れた「芸術家」としても大成しそうだね」と、満足そうに彼をからかった。

　晩に仕事が終わると、しばしば想いを故郷コシャリスカー村に馳せて、最愛の人々の運命を気遣い、子供時代を回想するのを好んだ。あるときスロヴァキアの新聞を読んでいて、『民族新聞』がT・G・マサリクを批判的に論評していることに気づいたが、シチェファーニク自身は彼を、道徳と人間性（フマニタ）を掲げる清廉潔白な人物と確信していた。

華麗な変身

　シチェファーニクは、芸術家のあいだにまれにしか姿を現さなくなり、見分けがつかないほど変わった。シルクハット、フロックコート、銀の握りのついたステッキと手袋姿。しばしばパリの著名な家族から招待状を受け取り、学界や芸術界の名士たちと交際した。ジャンサンとともに、テルヌ門前の記念碑の序幕式に出席したが、それは〔一八七〇―七一年の普仏戦争時の〕包囲されたパリの気球乗りと、郵便・電信・鉄道の英雄を記念したものので、彫刻家オーギュスト・バルトルディの作品だった。三月初頭にフラマリオンとともに、スロヴァキアの天文学者ヤーン・ヴァグネルを天文学協会の会員に推薦した。

有名なパリのオペラ座では、毎年祝賀の機会に舞踏会が催された。あるときシチェファーニクは招待状を受け取って、名高いオペラ座の舞踏会に出かけたが、そこで目にしたものには、いささかも魅了されなかった。彼はこう書いている。――

「会場は真夜中過ぎまで開かれている。大勢の観客。仮面姿の紳士はほとんど見かけられない。淑女のほうはさまざまで、多くが水商売。エレガンスも興味深さも控えめだ……。絶えず踊っている。ときおり単調さを破るものといえば、いささか調子はずれなコントとマシシュ[48]とケーキウォーク[49]、下の客席と桟敷席のあいだの掛け声のやり取りだけ。サロンでは別の集団が踊っている。ここでもときおりペアのダンス。退屈になって午前三時半に退出した（コサック・ダンスは面白かった）。レストランは閉まっていたので、高級レストラン・マキシムに行った。ここは陽気だった。気勢を上げた隣人たちは、酔ったイギリス人と大騒ぎを演じていた。シャトレ広場を通ってムードンに戻り、夕方五時まで寝た。疲れた。金と健康と時間の無駄遣いだ。唯一の道は、仕事と教養と道徳。浅薄なものに縁遠くなっていると感じる」（一九〇六年二月十七日と十八日の日記）

春に女性作家ルージェナ・スヴォボドヴァーがフランスにやって来たとき、シチェファーニクは彼女を、エレガントなパリジャンとして学者と芸術家のサークルに案内したので、彼女はびっくり仰天した。――

「ねえ、シチェファーニク、いったい貴方の身になにが起こったの」

彼は輝いていて、この点に、当時のシチェファーニクの友人が口をそろえて回想する彼の生活の謎と秘密があったようだ。

スヴォボドヴァー夫人と一緒に、文芸批評家で理論家のF・X・シャルダ[50]と四人のモラヴィアの女子学生もパリに来た。シチェファーニクは喜んで案内役を引き受けた。彼らと一緒にモンマルトルの墓地にあるハインリヒ・ハイネの墓も訪れた。この詩人の墓碑銘「人がどこに眠っていようと、星々が、彼の頭上の星々が輝くことだろう」からインスピレーションを受けて、シチェファーニクは宇宙について熱烈に語りだした。

シャルダは、プラハのスヴォボドヴァー夫人宅でシチェファーニクと知り合ったが、その頃のミランは精神的危機のなかで混乱していた。だがいまパリで会ったのは、一人前の全面的な人物、高貴で教養があり優美な人間で、その彼とともに友情あふれる会話のなかで、忘れがたい午後と夕べを過ごした。この時期にシチェファーニクは数学者アンリ・ポアンカレの哲学著作を学んでいた。シャルダによると、ポアンカレの仮借ない概念分析と創造的勇気の結合、懐疑と熱狂の結合が、シチェファーニクの心を捉えた。コルネイユの韻文については、精神の力は無限だと熱烈に語り、美と芸術と韻文の必要性を痛感した。同時に、学問は生活に奉仕しなければならず、学問の目的でありうるのはひたすら人間、ますます完全になる人間だと深く確信した。だが学問は、自分の民族が隷属状態に置かれているかぎり、彼にとって意味を持たない。西欧の文化を貪るように吸収し、自身も創造活動に携わりたいと望んだが、故郷スロヴァキアの土壌にしっかりと根ざしていた。

マリエ・ノイマノヴァーへの手紙

四月のある日曜に彼は同郷人男女のために、ムードンの自分の仕事部屋で豪勢なパーティーを催した。喜んで天文台のなかを案内してまわり、天文学機械と自分の仕事について情熱的に語った。その後で娘たちは公園で、彼のためにスロヴァーツコ地方の民謡を何曲か歌ってくれた……。彼らと一緒に二つの演劇芝居（コルネイユの「ル・シッド」とイプセンの「人形の家」）を観劇し、いずれの主人公もシチェファーニクを魅了した。コルネイユの主人公の人徳に敬服し、二番目の形象についての感想を、「このノラはなんという幸せ者だろう」というため息によって表現した。でもそれはきらめく軽やかな夢に、彼がその幻影に酔い続けた魔法のファンタジーに過ぎなかった。

「親愛なぼくの乙女よ」とマリエに宛てて書いている。——「ぼくは韻文を愛して、なによりも評価して、それは正当なことだと思う。韻文はぼくたちの魂の本来の要素で、そのなかで、それとともにだけ、ぼくたちは相対的幸福を手に入れることができる。韻文は、ぼくたちのまわりに魔法の庭園を作り出して、魂はそこで麻酔薬を吸い込み、寝かしつけられた魂はその後ひたすら美を夢見て、味わう。そのとおり（ぼくはますますはっきりと悟る）、夢見のなかにだけ生きるに値する人生があって、そのときだけ、ぼくたちは絶対者に近づくのだ……。

ぼくは君のために生きたいし、絶えず君のかたわらを歩んでいたい。ぼくたちの道は平行しているのだから。

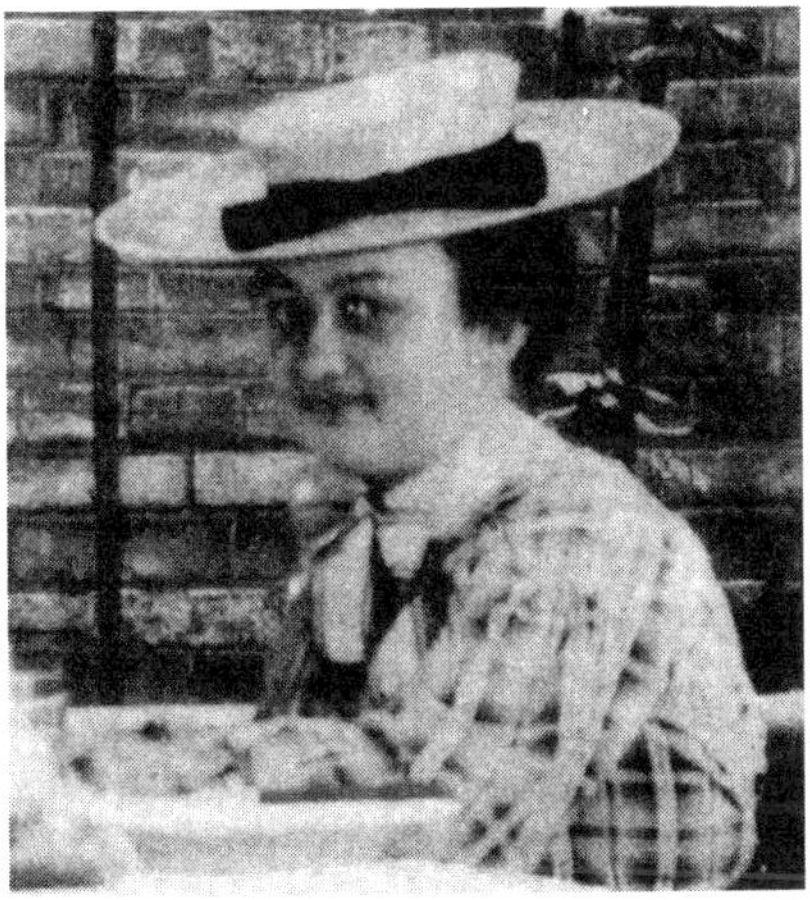
マリエ・ノイマノヴァーの肖像写真（1905 年）
出典：Juríček J.: M. R. Štefánik. Životopisný náčrt. Mladé letá, 3. vydanie, Bratislava 1990.

ぼくたちの全歳月が、美しい夢見と有益な仕事のなかで流れていくと信じている。でもぼくたちは人生を、唯一の人生をチャンスにかけていて、ぼくたちの愛は大きな責任であり、良心の問題なのだ……。

ぼくはもう君の美しい魂を知ったし、君が新しいもっと重要な部分を開示してくれることは難しいだろうけれど、でも君の方も、ぼくの内面を深く覗き見ただろうか。ぼくは世間を自分に近づけたいとは思わないし、小窓を通してぼくの魂を覗き見たのは、一人の親友と君だけだ。でも君はその魂のなかに踏み入らなければならないし、あの一番奥の十二番目の部屋でさえ、君に対して閉ざされているべきじゃない……」

だが二か月後には、手の届くところにあるように思えた夢見られた幸せが、物質的状況に条件づけられていると切実に意識することになる。——「ぼくのマリエンカ〔マリエの愛称〕、君はぼくにとってこの上なく親愛な存在なので、ぼくが心のままになすことができるのは、過剰な楽観主義抜きでも君を幸せにできるという確信を、自分のなかに見出すときだけだ。でもこんな言葉に怯えないで。精力的に歩んで、目的を意識している者は、おのが運命をほぼ完全に支配している……」

　四月に胃病がシチェファーニクを一か月近くもベッドに縛りつけた。エリーゼが献身的に看護してくれて、ミロショとジャンサン一家も病人に気を配った。特別の好意を示したのはアントワネット・マリー・ジャンサン嬢で、父親の後継者として所長のポストを勧めて、患者のミランを喜びで興奮させた。デランドルが、自分がやっていたのと似た色付きフィルター[51]の実験を準備していると知ると、シチェファーニクは全治していなかったのに起き上がり、全力を振り絞って二日間で仕事を仕上げて、アカデミーのための報告書をジャンサンに手渡した。それによって彼の病状は悪化して、見晴らしの良いムードンの公園の素晴らしい環境のなかで、ふたたび実験室での仕事ができるようになるまで回復するのに、かなり長くかかった。眠れない長い夜には、ふたたび（もう何度目だろうか）人間の人生の意味について考えた。

　シチェファーニクは学術的作業を行うなかで、我々の惑星と同様に宇宙においても、生命（誕生、老化、死）が支配しているが、規模が巨大であることを理解した。彼は人間を細胞に、星々を、全宇宙のあらゆる方向に吹き散らされた一握りの塵にたとえた。あいまいな輪郭のなかで人生の意味が、美や善への奉仕として浮かび上がり、あやまたず愛のなかにその現れを見て取った。だが六月にはふたたび研究に完全に没頭して、二度目のモンブラン登頂を考えている。当然のことながら、息子の健康を気づかって不安げな両親を、心配しないように慰めて、最新の社会的成功について触れた。帝位後継者のボナパルト公と昼食を共にしたのだ。

モンブランへの二度目と三度目の登頂

　シチェファーニクはふたたびミロショとともに、山岳ガイドのトゥルニエとボゾン、ピオレット技師を伴って、二度目のモンブラン登頂を実現した。グラン・ミュレの観測所で太陽光と地球の大気を調査して二日間を過ごした。グラン・プラトーからコートの垂直な壁面づたいに登頂したので、氷壁に階段を穿たなければならなかった。山頂には、観測所の修理を依頼されたM・カリエとE・ラヴネルがいた。初日に大型望遠鏡を組み立てて、鏡を銀メッキした。ミロショは太陽の大気の観測を続け、シチェファーニクは独自の方法で地球大気線の調査に携わった。ミロショは山頂に十三日間、シチェファーニクは九日間滞在した。

　八月末に、ロシアの天文学者でジャンサンの元弟子アレクサンドル・ガンスキーが、モンブランで分光学的研究に従事して、太陽の写真を撮るためにシャモニーにやって来ると、シチェファーニクは二度目の登頂から一か月も経っていなかったけれど、ためらわずに同行した。

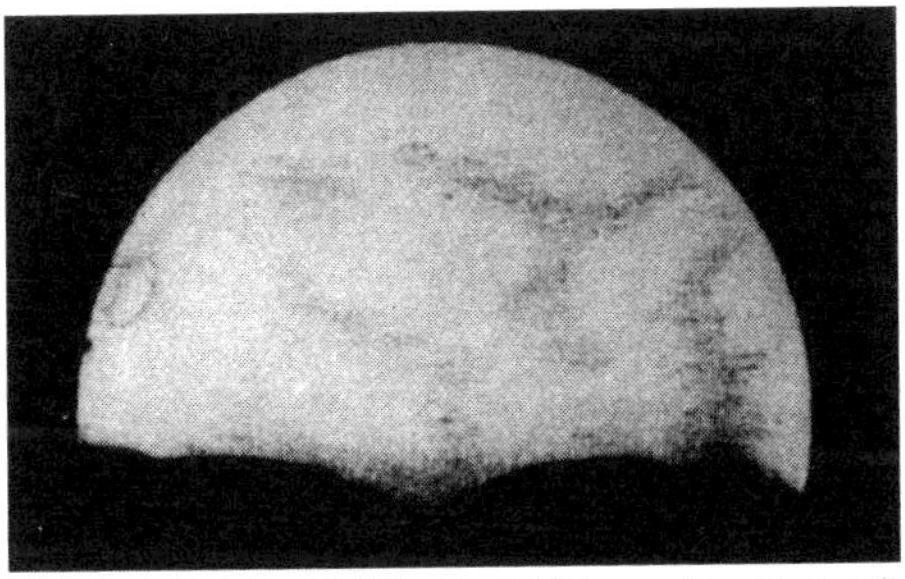
シチェファーニクが描いた金星（1906年8月31日）
出典：Juríček J.: M. R. Štefánik. Životopisný náčrt. Mladé letá, 3. vydanie, Bratislava 1990.

このたびは天候は学者たちにきわめて好意的だった。金星の自転と、木星と水星の表面の研究を意図していたが、金星と木星の見事な写真撮影に成功した。地球の大気中の太陽光線の大気差[52]、すなわち屈折作用の問題も彼らの関心を惹いた。山頂に七日間滞在したあいだに、実際たくさんの仕事を成し遂げることができた。

「モンブラン山頂の、太陽が輝く風のない日中に、ぼくの精神は静かな感嘆のなかで、あの無数の谷間、小山、丘、湖、草地、町、畑の上を舞いました。群青色の空、水晶からできたような大気、純白の雪から反射した光線。太陽は天頂にあります。数時間が過ぎると、大気はめだって冷え込みます。アルプスの巨人たちの岩の山頂と白髪の頭は、色合いを変えます。太陽が微笑んでいたあいだ、彼らはエーテルの波に湯浴みして身を浸し、気楽げに謎めいたメロディーを奏で（それらの前で旅人は身を震わせるのですが）、巨岩と氷の塊によって谷間を放埒に砲撃しました」

　とくにグラン・ミュレから氷河がはじまるまでの区域は、氷がひじょうに硬く、その上にクレバスが口を開けていたので、遠征隊はひじょうに苦労して下山した。

　シチェファーニクはモンブランでの自分の調査結果を、論文「地球大気線の研究」と「赤外スペクトルにおける地球大気線の写真研究」で発表した。これらの学術著作と前述した学術著作は、宇宙物理学、とくに太陽物理学の領域での疑いのない貢献である。専門家はシチェファーニクを、ベルナール・リヨ教授の先駆者の一人と見なしているが、教授はピク・デュ・ミディ峰（標高二千八百五十メートル）のフランス高山観測所のためにコロナグラフ（太陽コロナと紅炎を観察できる望遠鏡）を設計し、その助けを借りて太陽研究において著しい進歩を達成した。

シャモニーから戻ったシチェファーニクを、ムードンで不愉快な驚きが待っていた。デランドルが天文台の指導部を掌握して、ジャンサンは名目上の名誉所長に留まったのだ。新たな行政職に就いたデランドルの最初の措置のひとつは、外国人研究員の天文台滞在を禁止することだった。シチェファーニクの研究室を強制的に開けて、望遠鏡を没収し、住居を明け渡させた。成功した天文学者で、スペクトロヘリオグラフ〔太陽分光写真儀〕の発明者だったアンリ・デランドルは、ムードン天文台の仕事をジャンサンとは違った風に構想して、ジャンサンを自分の師で庇護者として敬っていたシチェファーニクについて、「奇妙でグロテスクな人間で、冒険家だ」と軽蔑的に語った。

シチェファーニクは、これまでの学問的・社会的成功にもかかわらず、ムードンの心地良い環境で学術活動を続けていくことが、もうできないという悲劇的現実を理解した。あらゆる犠牲、万年氷と万年雪の領域への危険な遠征、自己完成と有益な生活への熱い願望が、無駄に終わったことを意識した。

トゥルケスタン遠征

この絶望的状況のなかで渡りに舟のように、中央アジアで日蝕を観測する機会が提供された。もっともアカデミーとビュロー・デ・ロンギテュド〔国立経度局〕は、正式の遠征隊であるという推薦状と公式の委任状以外は、若い外国人シチェファーニクにまったくなにも提供してくれなかった。幸いなことにジュネーヴの友人サエルが、喜んで自分の天文学機械を貸してくれた。六千五百ズラティーという大金を集めたのはマリエで、それによって彼女は彼の債権者になった。シチェファーニクはこの委任によって「一千キロも前進した」と確信した。ロシアのプーリコヴァ天文台にスペクトロヘリオグラフ〔太陽分光写真儀〕の実験室を開設する可能性が仄めかされたのだから、なおさらのことだった。デランドルとの諍いは頭上を通り過ぎた最後の黒雲だと思いたかった。

シチェファーニクが、いかにしてトゥルケスタン遠征の委任状を手に入れたかについて、パリのチェコ人芸術家たちはこんなエピソードを語った。――あるときミランが友人のところに来て、二枚の二十フラン金貨を借りたが、なぜそれが必要なのかは言わなかった。後になって新聞が、シチェファーニクが日蝕観測のために中央アジアに派遣されたという知らせを伝えたときに、やっと真相が判明した。国家の補助金授与に関しては、某老貴族が決定権を握っていたが、だれも彼に近づく方法を持っておらず、とくに外国人はそうだった。シチェファーニクは屋敷の門の前で、公爵と話さなければならないと穏やかに告げて、門衛に無造作に二十フランを渡したが、当時はかなりの金額だった。同じ方法で階段で召使いを武装解除したので、驚いた客間の秘書は、主人が入浴中だったけれど、面会依頼を拒めるなどとは夢にも思わなかった。こうして秘書は、浴衣姿の公爵が学識豊かな来客と、しばしのあいだ天文学について楽しげに会話するままにさせた。

このエピソードは、身近な友人たちでさえミランについて、ごくわずかしか知らなかったことを明らかに証言している。

シチェファーニクはロシアへの旅路の途中で、プラハでマリエと友人たちを、コシャリスカー村で両親を、ハンガリー王国低地地方のパランカで、兄のイゴル[53]を訪問したが、彼とは春先にムードンで会っていた。〔一九〇五―〇七年の〕第一次ブルジョア民主主義革命の衝撃から覚めきっていないロシアで、彼はまずモスクワとペテルブルクに立ち寄った。ツァーリの帝国の首都からは陰鬱な印象を受けた。――「街は薄闇のなかにあり、空気は重苦しく、動きは鈍重です。目に見える不穏は影を潜めましたが、しかしぼくの感触ではこの国民は重病を患っています」

プーリコヴァ天文台では友人ガンスキーのおかげで、心のこもった歓迎の宴が準備された（「スラヴの血、スラヴの家族は、空文句ではありません」と、十二月十五日に父親宛てに書いた）。だがロシアの天文台には自分

サマルカンドへの道中での鉄道事故現場で。右端がシチェファーニク（1906 年 12 月）
出典：Štefánik vo fotografii. Praha 1936.

のためのポストがないと知らされて、中央アジアに旅立った。シチェファーニクとガンスキーが他の遠征隊員よりも二日遅れて出発したのは、ペテルブルクを散策中に、運悪く転倒して片手を骨折したからだ。トゥルケスタンのサマルカンド地域の小さな町ウラー＝チュベ〔現在はタジキスタンのイスタラフシャン〕が観測地点に定められたが、それはタシケントから百五十九キロの地点にあった。一九〇六年のクリスマスの日にキルギス大草原の真ん中で、天文学者たちを乗せた列車が脱線したが、幸いなことに彼らの身に危害は及ばなかった。

一九〇六年の大晦日に、遠征隊は小さな町にそびえる古い要塞で装置の組み立てをはじめたが、隊員たちは大自然の奇怪な気まぐれを味わうはめになった。はじめの十日間はきわめて晴天で雲ひとつない青空に無風、晩には透き通るような大気を享受した。しかし日蝕の二日前に黒雲が出て、雪が降りはじめた。「プーリコヴォ天文台へのニコライ・シテルンヴァルテの報告書」（独文）の情報によると、「日蝕当日の一月十三日に大雪

サマルカンドのシチェファーニク（右端の人物）（1907 年）
出典：Štefánik vo fotografii. Praha 1936.

が降った。日蝕がはじまると、太陽のあった位置に鮮やかな斑点が見られ、しだいにより明確なかたちを取った。最後に、皆既日蝕の前の半時間ほどは、濃い黒雲の向こうに鎌状の太陽を認めることができた。数分後に太陽はふたたび消え失せた。日蝕の頂点の一〇分前に雪が降りやんだ。あたりはすばやく暗闇に覆われ、闇は規則的にではなく、まるで跳躍するように増大した。皆既日蝕の時は、あたりに立っている人影や、山の麓の町もよく見えた。照らし出された周囲の事物はまったく独特で紫色だったが、完全な日蝕状態が終わると、ふたたび輝きだした太陽のもとで、事物は暗いオレンジ色に染め上げられた。黒雲のなかで月の影の動きがよく見えた。月の影と、空の照らされた部分のあいだの境界はくっきりと際立っていた……。日蝕が終わりに近づくと、西方にオレンジ色に彩られた鮮やかな光輪が現れて、四、五分のあいだに空全体に広がった」

日蝕の翌日はふたたび晴れ上がった。

シチェファーニクは遠征隊の隊員たちと一緒に、

由緒あるサマルカンドの考古学と建築学の遺跡、民俗学的な名所を見物した。とくに彼の関心を惹いたのは、君主の宮殿の中庭にあった古代天文台の廃墟で、それは東洋全体に知れ渡っていた。十五世紀にそれを建てたのは、タメルランの孫ウルグ・ベグで、彼自身がここで天体観測を行ったと言われる。

「日蝕の瞬間は曇っていました」と、シチェファーニクはヴァーヴラ教授宛てのサマルカンドからの挨拶に書き添えた。——「あれほどの金額、努力、健康が犠牲にされたのに、無駄だったのです」

シチェファーニクの鉛筆肖像画（フゴ・ベティンゲル作）（パリ、1905 年）
出典：Štefánik vo fotografii. Praha 1936.

トゥーラに一日滞在した折りに、ヤースナヤ・ポリャーナに立ち寄って、L・N・トルストイと同郷人ドゥシャン・マコヴィツキーを訪問することで、シチェファーニクはせめてつかのま、果てしないロシアの長たらしくて苦労の多い旅行を愉快なものにした。マコヴィツキーは高名な作家の主治医を務めていた。

ミランの故郷コシャリスカー村訪問は、家族全員と知人たちにとって、いつでも事件でお祭りだったが、このたび彼は親戚一同を、パミール高原での冒険譚で興奮させた。現地の族長と親交を結び、日蝕を厳密に予言して現地住民を驚愕させた。彼らは、地獄の犬がみずからの翼で太陽を覆う時刻を、マホメットは選ばれた者たちだけに告げ知らせる、とかたく信じていた。そのあとシチェファーニクは「予言者」として、イスラム寺院で厳粛に執り行われた洗礼式への招待を拒むわけにはいかなかった。

ミランは故郷で、パリの友人が描いた何枚かの自分の肖像画も披露した。ベティンゲルの鉛筆肖像画に対して母親は、「いい友達を持っているね、おまえをこんな風に猿みたいに描くなんて」と辛辣な意見を吐いた。

　シチェファーニクのことはプラハの社交界でも話題になった。フランス当局（政府と言われていた）が東方に派遣したシチェファーニクを、多くの者は、他人の援助に頼る貧乏学生として記憶していたので、彼はあからさまな関心を惹き起こした。東洋で入手した貴重な陶器コレクションが、馬での危険な砂漠への遠出が、論議を呼んだ天文学観察の結果が話題にのぼった。シチェファーニクは実際にトゥルケスタンから、プラハの友人（マリエ、スヴォボドヴァー、ヴァーヴラ教授）に貴重なプレゼントを持参して、旅行者としての体験を、ドラマチックな臨場感にあふれたエピソードにまとめ上げた。お別れにスヴォボダ夫妻、クヴァピル夫妻と友人ボフダン・パヴルーのために、ホテル・シチェパーンで豪勢なパーティーを催した。みなが多かれ少なかれ、彼の財政的苦境を知っていたので、列席者のだれもこの鷹揚な振る舞いを理解できなかった。

　ミランはこの時期すでに、マリエ・ノイマノヴァーとの結婚を真剣に考えていたが、彼女は、プラハに戻って大学で教授資格を獲得するように促した。ヴァーヴラ教授も同じことを助言したが、シチェファーニクは、天文学の教授になりたいと望んだことはなく、なりたいのは星々の観察者だと表現した。――「自分の目的を実現するために、ぼくはもっと広い展望と、もっと大きな学問と財政の可能性が開かれている場所に行かなければなりません」とマリエに語った。――「広い世界に出て、闘い、悩む必要があるのです」

車中での事件

　闘わなければならないことを自分の肌で実感したのは、スロヴァキアからパリに出発した際に、弟のラジスラウ、ジグ〔ジグムントの愛称〕・ジグムンジークと一緒に、一九〇七年三月十九日にペジノク〔西部スロヴァキアの小さな町〕に立ち寄ったときで、そこでは折からハンガリー議会の議員選挙が行われていた。シチェファーニクはすでに、前年のハンガリー議会選挙の際の、スロヴァキア人立候補者に対する妨害について情報を得ていた[54]（それはイギリス人歴史家R・W・シートン＝ワトソンの目も

シチェファーニクのブロンズ像（マリオ・S・コルベル作）
出典：Štefánik vo fotografii. Praha 1936.

開いた）。タシケントからのヴァヴロ・シロバール宛ての手紙がそれを証言しているが、シロバールはセゲドで一年間の投獄刑に処せられていた。

「なんという狭量とファナティズムと乱暴狼藉でしょう。故郷からぼくの手元に届く憂鬱な知らせを伝えても、〔フランスの〕世間は信じようとしません」

だがペジノクとプレシポロク間の車中で演じられた事件は、政治的迫害についてのあらゆる想像を凌駕して、二十世紀初頭のハンガリー王国においてスロヴァキア人が置かれた状況を、赤裸々に描き出している。シチェファーニクと弟と友人が座っていた車両に、マジャール人議員のスムレチャーニ、コヴァーチ、ブレスティアーンスキ、チマディアが入ってきた。スムレチャーニは三人にスロヴァキア語で話しかけたが、彼らがチェコ人ではなくスロヴァキア人だと気づくと、スロヴァキアの民族運動家と政治家をマジャール語で手ひどく罵りだした。シチェファーニクはマジャール人議員に、マジャール語がわかるし、罵られている人々は自分の知人や友人なので、貴方がたの会話の証人にはなりたくないと丁重に指摘した。それに対してハンガリー王国の立法者であるマジャール人民党の議員たちは声を荒だてはじめ、スロヴァキア語で話すことを禁止して、拳とステッキ、さらにはピストルで脅した。シチェファーニクは彼らに、その後の雑言には気づかなかったと答えて、穏やかに、だが断固として、自分の仲間とスロヴァキア語で会話を続けた。彼はこのスキャンダル事件について、社会民主党のマジャール語新聞『ネープサヴァ〔人民の声〕』に公開書簡を掲載して、こう指摘した。――「トゥルケスタンのキルギス人とタジク人のあいだで私は安全であったが、ハンガリー王国では、プレシポロクのような街の近くの鉄道の車中で、ハンガリー王国立法府の議員が、ピストルとステッキを手にして私に襲いかかったのだ」

パリではもうひとつの不愉快事がシチェファーニクを待っていた。デランドルが三月にアカデミーの会議で、シチェファーニクがミロショと一緒に提案した新しいスペクトロヘリオグラフ〔太陽分光写真儀〕の装置を、自分はとっくに使っていると述べたのだ。それはそうかもしれなかったが、しかしミロショが請け合ったように、彼らはムードンの天文台に籠って仕事をしていたので、それについては知らなかった。五月二十日から二十三日までムードンで開かれた太陽調査協力国際連合の大会の席上で、デランドルはムードン天文台についての現状報告のなかで、「シチェファーニク自然科学博士は天文台から解雇された」と通告した。

だが反面でシチェファーニクは、フランス天文学協会の承認と支援を獲得して、四月に同協会からジャンサン賞を授与された。『天文学会報』が語るところでは、賞は「モンブラン観測所での観測に基づいて、『フランス・アカデミー通報』に発表された多数の論文に対して」授与された。

七月にシチェファーニクはふたたび重病に罹った。（両親宛ての手紙によれば）昨年秋にはモンブランへの旅路が、自分にとってどの点でも有益で、壮健になったという喜ばしい感覚を覚えたにもかかわらず、プラハ留学中とパリ滞在中の粗末な食事と、将来に対する絶えざる心労が、消化器官に悪影響を及ぼさずにはいなかったようだ。モンブラン登頂の際の単調な食事も、病状をひたすら悪化させた。シチェファーニクの健康状態はとても深刻だったので、ジャンサン家の人々は患者をシャモニーに移すことに決めた。彼はそこに丸一か月滞在したが、その後も病床に伏しがちで、クリスマス前にほうほうの態で故郷への帰路についた。スピシスケー・ヴラヒ〔東部スロヴァキアの町〕の義兄宛てに、病気がちなので立ち寄ることができないことを詫びて、クリスマスの祭日には一家そろってコシャリスカー村に来るように頼んだ。

だが病床に伏していても、自分の周囲の出来事すべてに関心を持ち、母親には、毎日パリの屋根の上空に上がっていた操縦型軍事気球の写真を送った。とにかく窓からの眺めはあったのだ。それにプラハにはマリエがいて、彼女にはこう書いた。――

「愛情はぼくの魂のもっとも確かで、もっとも美しい果実のひとつだけれど、それが唯一のものでも目的であってもなりません。それによって唯一、道徳的に向上する努力がなされるべきで、愛情とは道徳が深まって、知的完成によって自分自身と全宇宙の法則の調和に導くことです。その後で、ぼくたちの消滅の瞬間が訪れたときに、後悔の念を感じることなしに、生活は穏やかな喜びに満ちることでしょう。こうした文章の素っ気なさを責めないでください。詩情の頂点は真実の単純さです。情熱的で純粋で神聖な愛情を、情熱や関心や夢想を勧めるもろもろの魅惑的な代用品によって、置き換えることは避けましょう。愛情によってぼくたちのなかで永遠が宣言されるけれど、代用品のなかには変則的で未熟な生活があるだけ。今の別れは、後になってぼくたちの心が、日常生活の散文の忌まわしい攻撃に対するじゅうぶんな盾になるための、喜びの絶えざる源に、高貴な志向におけるためのものになるための、試練と準備の時期になるでしょう……」

コシャリスカー村に着いた後、家族と挨拶を交わすまもなく、夫の死を告げるジャンサン夫人からの電報が届いた。それはシチェファーニクの二番目に憂鬱なクリスマスで、まるで実の父親を失ったように見えた。

第六章　パリ・モンブラン・シャモニー・北アフリカ・ロンドン（一九〇八―〇九年）

ぼくの将来は輝かしいか、それともゼロかだ。

憂鬱と慰めのひととき

ジャンサンの死後、モンブラン観測所のための臨時協会（もっとも影響力のある会員で後援者だったのは、ローラン・ボナパルト公、アルフォンス・ロチルド男爵とドゥ・ラ・ボーム・プルヴィネル伯爵だった）は、フランス・アカデミーと政府の庇護のもとで常設協会（モンブラン観測所協会）に改組された。その名誉総裁に任命されたのは裕福な私企業家ジョゼフ・ヴァロで、彼はモンブラン山頂下のボスにある観測所の所有者だったが、そこではおもに気象学研究が行われていた。それはジャンサン夫人と娘と、嫉妬深いヴァロのあいだの敵意を呼び起こした。シチェファーニクは彼らを和解させるためにかなり苦労したが、結局モンブランの二つの観測所は共同管理のもとに置かれた。シチェファーニクは一シーズンのあいだ有給の共同所長になったが、もっともそれによって彼の学問的地位はいささかも固められなかった。やがてモンブラン山頂の観測所の下に亀裂が生じていることがわかり、協会の評議会がジャンサンの観測ステーションを閉鎖する決定を下してからは、とくにそうだった。

春に、危惧と長期の不安のなかで書かれたミランのマリエ宛ての手紙は、彼の魂のなかで、憂鬱と絶望が優勢を占めたことを証言している。――

「君がいないと寂しい。ぼくは幽霊みたいに静かに気づかれないように歩きまわっている。ほぼすべての交際を（同郷の芸術家たちとの交際も）断ち切った。だれにも会いたくないし、だれの話も聞きたくない。働いて、働いて、またひたすら働いている。学問的に、それもいちばん抽象的な諸問題についてだ。ぼくの世界は、アカデミーと所長たちと高官たちと社交サロンからなるこの現実世界は醜い。体裁だけの表通りもぼくにとっては醜くて……だれにも会いたくないし、だれの話も聞きたくない。ときおり君の写真を眺めて、また仕事を続けている。ぼくには、いかなる謎でも解明できるじゅうぶんな力が備わっていると感じるし、研究し、探求し、解明しているけれど、熱中しているわけではなく、生活を満たす必要性からそうしているだけだ」

こうした困難なひとときに、具体的行動に憧れつつ、独特の無常感に、すべての努力が無駄だったという感覚にふたたび身を委ね、もっとも身近な人々の無力さに思いを致した。自分は彼らに対して有益でありえないのだ。ふたたび、人生の意味についての自説を開陳した。シチェファーニクが懐疑へといたる思索と論理の大胆さは、驚嘆に値する。我々の人生がじゅうぶんに動機づけられるのは、その内的完成のために働くときだけだ、という確固たる信念を繰り返す。なぜならこの人生は疑いなく強いられたものだからだ。もちろん我々は、自分でも人生に真剣に関与できるが、しかしそれは、あらかじめ描かれたスケッチを完成させるようなものにすぎない……。

ヘクトル・ベルリオーズのホールで「全民族歌謡促進協会」が主催したコンサートは、シチェファーニクにとって思いがけない気分転換になった。チェコのバリトン歌手ボジャ・ウミロフ（本名ボフミル・ネポムツキー）が、ミクラーシ・シネイデル＝トルナウスキーと共演したのだ。スロヴァキア民謡はパリでの初公演でめざましい成功を収めた。洗練された聴衆は自発的に拍手して、フランス語で「ロトゥール、ロトゥール〔作者を、作者を〕」と叫んだ。拍手が静まった後、シネイデル＝トルナウスキーが桟敷席のシチェファーニクのもとにやって来たとき、同窓生シチェファーニクはまず祝辞を述べてから、冗談を言った。――

「おい、ミクラーシ、どうしてフランス人たちは、君のことをこんなによく知っているんだ」
「どういう意味かな」
「君に向かって叫んでいるじゃないか、ロテル、ロテルって……」（シチェファーニクには、とくに彼のスロヴァキア語の書簡には、西部方言の影響が感じられる）。[55]
五月にシチェファーニクに、息苦しい環境から逃れる可能性が仄めかされた。この環境のなかでは、社交界と顔を突き合わせなければならず、その考え方と作法は、彼にとってますます疎遠で忌まわしいものになっていた。彼が南極遠征隊に参加する決心をしたのは、隊長のジャン・シャルコー自身に指名されたからだ。アカデミーは同意したが、すでに出発の準備が万端整っていたので、官庁はいっさい変更したがらなかった。こうしてこの希望の火花も消えて、シチェファーニクはふたたび弱音を吐いた。――「ぼくにはモンブラン観測所の管理職を引き受ける以外に、道は残されていない。結局のところ、どうでもいいことだ。まったくどうでもいい。六月二十五日頃にシャモニーに出発して、七月にモンブランに登頂する。プラハやスロヴァキアには行かない。行く理由がない。ぼくのなかで命の灯が消えてしまったような感じだ」（一九〇八年五月のマリエ宛ての手紙から）
優秀な数学者で天文学者のアメリカ合衆国艦隊提督サイモン・ニューカム教授[56]が、シャモニーでシチェファーニクを訪問した。長いあいだ話し込んでから、提督が彼の仕事になみならぬ関心を示し、アメリカに招待したときも、シチェファーニクは自分の当時の学術活動に大きな意義を認めなかった。自分を、真面目な顔つきで喜劇を演じる役者の一人と見なしていた……。

モンブランへの最後の登頂

一九〇八年七月から九月までに彼は三回モンブランに登頂し、ジャンサンの観測所にあわせて九日間滞在したが、きわめて悪天候で天体観察はできなかった。とくに七月の登頂は激しい風のなかで行われたので、運搬人の多くは、ボスから頂上に向けて登山を続けることを拒否した。結局なかば凍えてモンブラン山頂に到着したとき、観測所は雪に埋もれて、尖った塔だけがその位置を示していた。戸口と窓は埋もれていたので、塔から建物の内部に入ったが、ピッケルとシャベルを使って道を切り開かなければならなかった。はじめ山岳ガイドたちは頂上に留まることをためらい、すぐにボスに下山することを求めた。幸いシチェファーニクは健康だと感じていたので、彼らの消沈した気分を高めることができた。だが二日目には観測所のなかに完全に一人で留まった。二人の山岳ガイドのボゾンとトゥルニエが、トゥルネトの岩の下に置かれた貯蔵品を取りに戻らなければならなかったからだ。

ジャンサンの観測所の内部の様子は、およそこうだった。――板で建てられた建物の内部は湿って煙が充満し、目に染みて咳が出た。絶えざる突風が室内の煙を吹き飛ばし、ストーブから灰を吹き上げたが、そのストーブが室内の温度をかろうじて零度前後に維持している。小窓は氷の結晶に覆われて、小屋のなかは薄暗かった。開かれた戸棚のなかに、食糧品と皿がさまざまな器具と一緒に収められて、壁には手提げランプ、毛皮コート、鋸、鉄線、縄がかけられ、隅には化学薬品入りのビン、石炭、材木、つるはし、籠、スープやお茶を作るための雪山があり、ストーブの上にはもう二日間も、靴と手袋と衣服と脚絆が干されている。

シチェファーニクはいたずらに好天を待ちながら、八月二十八日付けのマリエ宛ての手紙で、息が詰まるような孤独な環境を記述して、自分の友人たち（彼らとともに自発的に数日間、文明から逃れたのだが）を適切に描写している。――

「ついでにぼくたちの料理人、昔馴染みの山岳ガイドで友人のボゾンについて。壮健な山男で、いつもぼくをモンブランに案内してくれる。濃いマユ、もじゃもじゃの鼻ひげ、皺のよった高い額と鷲鼻は、彼に荒々しくて峻厳な表情を与えていて、歩きぶりは精力的だが、青い目は完全な忠実さと善良さを示している……。絶えずぶつぶつ言って食器を点検し、疑わしい灰色のほこりを拭い取れないときは、とくにそうだ……。彼はここで長期間耐えることができる四、五人の人間のうちの一人だ。他のみなは、もっとも熟練した山岳ガイドでさえ、無為としばしばの病気〔高山病か？〕の結果、半日滞在しただけで、あるいは遅くとも翌日には逃げていく。

ここにはボゾン以外に、もう一人の忠実な友人トゥルニエがいる。年若い男で、なみならず知的で、いつもぼくの後を付いてまわるのは、部分的にはぼくに対する共感、部分的には学びたいという願望のためだ。今は満足げに、ボゾンと一緒にじっと火のそばに座っている。ときおりどちらかが塔から外に出て天候を調べるのだが、戻ってきて一言、二言つぶやき、諦念とともに長い沈黙のなかに沈み込む。驚くには当たらない。戸外では巨大な吹雪が天文台の残部をなめまわし、耳を聾する風音が谷間の上を乱舞している。このひとときの印象は忘れがたい。モンブランの精霊たちが狂宴を祝っているとき、人間は下界から完全に切り離されて、自分の精神力と体力だけが勝負だと感じる。

モンブラン山頂の観測所
出典：Štefánik vo fotografii. Praha 1936.

　ぼくの装置は休息中だ。戸外に出るのは不可能で、そんなことをしたら人間は羽根のようにさらわれてしまう。だが突風は精神を脅かすことはできず、精神は氷壁を断ち割って、気ままに空間を飛びまわるのだ。

　ぼくは君を、ぼくの詩的形象を眺めて、花々と鳥たちと君の会話を聞いて、不安がぼくの胸を締めつける。君は生活への権利を感じ取って、調和の取れた色彩のなかに生活を見る。君のまなざしが庭を、草地を、野原をさまようと、それらの美に酔いしれるか、それとも自然の努力と人間の共同作業に脱帽する。君のまなざしが天と星々の方をさまようと、君のまぶたは神秘的無限の前で敬愛の念から細められる。君が人間社会のなかにいると、楽天主義的な信頼感によって人間の行為を追い、未来に期待をかけ、生活の合目的性と喜びを信じる。

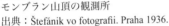

　君の魂の夢はぼくにとって神聖なものだけれど、ぼくはそれを分かち持ってはいない……。

　ぼくは君の両眼から、かくも憧れている絶対の照り返しを、ぼくたちの愛情のなかに見出せるという信頼感を汲み取るけれど、でも一人になって、細部を点検するやいなや、ぼくの希望が無謀だったことを認めなければならない。ぼくの善良な天使よ。ぼくたちの運命がいっそう親密に結びついても、（心配なのは）ぼくが君に願っているような幸福が、君にとって花咲くことはないだろう……」

シチェファーニクはモンブラン滞在中に、小屋の前にできた深くて広いクレバス（縄を伝って下に降りてみた）のせいで、観測所がイタリア側に傾いていることを突き止めた。時折のぎしぎしいう音が、創設者ジャンサンがとても誇りにしていたこのピラミッドの余命が、さほど長くないことを予告していた。それにもかかわらずシチェファーニクは二つの天文台を修理し、なかで作業ができるように食糧品と燃料を蓄えた。装置や道具や貯蔵品の一覧表も作成して、自動記録装置を始動させた。悪天候にもかかわらず、氷河、雹、風の生成にも注意を払い、スタトスコープ〔微気圧計[57]〕を使って気象観測を行った。モンブラン山頂への六度目で最後の登頂を企てたのは、委員会の要請によって大きな望遠鏡とメテオログラフ〔自記気象計[58]〕を解体して、装置の部品をシャモニーに運び下ろすためでもあった。こうしてジャンサンのモンブラン観測所の運命に最終的に終止符が打たれ、ヴァロはとうとう、今後はすべての学術作業がボスにある自分の観測所で行われることに満足した。

シチェファーニクはモンブランに別れを告げるのが辛かった。山頂での天体観測がこれ以上実施されないことが確実になった一九〇八年九月六日に、「人生の一部を失ってしまったように感じます」と両親に宛てて書いた。

一九〇八年にシチェファーニクは注目すべき学術的成功を収めなかったとはいえ、数か月間のシャモニー滞在は社交面できわめて有意義で、しばしばヴァロと一緒に、湯治客の洗練された社交界のなかで過ごした。とくにベルリン駐在アメリカ大使D・J・ヒルの夫人、彼の娘キャサリン、ニューカム提督の姪マギーと親しくなった。ジャンサンの旧友で、シャモニーの工場主アンリ・ドゥヴァスは、パリでシチェファーニクを、影響力のある上院議員エミル・ショータンに紹介することで、大いに手助けしてくれた。モンブランについての魅力的語り口によって賓客の聴衆に、みずからの仕事に対する強い関心を惹き起こしてはいたが、シチェファーニクが自分に満足していたとは言えない。――「……気がかりなのは、今後のぼくの人生が、ある天体に似てしまうこと。その天体はものすごい速さで宇宙から落下して来て、その輝きによって観察者たちを魅了するのだけれど、実のところは死んで固まった巨大な岩石にすぎず、生命の痕跡など認められないのです……」と、一九〇九年一月十七日付けのマリエ宛ての手紙で書いた。

最後に何度かモンブランに登頂する合間に、シチェファーニクがジュネーヴの友人エミル・サエルのもとを訪れたのは、日光反射鏡の鏡を銀メッキするためだった。この光学者兼天文学者は、喜んで屈折反射望遠鏡（短縮されたレンズ望遠鏡）を貸してくれただけでなく、シチェファーニクと一緒に、「学問のための、純粋な喜びのための共同作業」ができる独立した天文台の建設を夢見ていた。シチェファーニクが後援者を獲得して、サエルは手持ちの優秀な天文学的光学機械を提供するはずだった。

北アフリカ旅行

新たな天文台の設置地点を求める最初の旅は、ミランを北アフリカへ導いた。アルジェのフランス当局の高位の政治家と軍人に宛てたショータンの推薦状を持って、文明社会には戻らない、少なくとも味わったショックから立ち直るまで戻らない、という堅い決意を持って出発した。

リスクや危険と結びついた障害に満ちた未知の国を旅しながら、ここが自分の持ち場だと感じた。あらゆる交通手段（船、列車、自動車、馬車）を利用した。激しい嵐で船が波の上で翻弄されたとき、大半の船客は船酔いに苦しめられたが、ミランは二時間以上も甲板に留まって、荒れ狂う海の本性の前代未聞の光景を楽しんだ。陸路で大アトラス山地の斜面に達した。最初は青々としていたが、砂漠に近づくに従ってしだいに荒涼となり、ときに灰色で、最後に果てしないサハラ砂漠の黄色い砂と一体化する。彼は日中の最高気温と夜間の最低気温を記録した（温度差が大きすぎると、鏡を使った望遠鏡とスペクトロスコープ〔分光器〕を使う作業ができなくなる）。

アトラス山帯の南斜面にあるラグーアのオアシスに二週間滞在して、詳しい気象観測を行なった。そこから砂漠へ調査旅行を企てて、現地住民と知り合いになった。

「……ラグーアから五キロの地点でぼくたちは街道から逸れる。道は砂漠のなかを通じていて、でこぼこで通行に適さず、身体を揺すって疲労困憊させる。だが風景は興味深い。岩がちの突出部のある緑のラグーアと反対側のミロク山地が、視界を遮っている。北東（ぼくたちの行く方向）は波状の砂漠だ。ときおり三頭立ての馬車から下りなければならない。太陽はつい先ほど昇ったばかりなのに、ここの灼熱した砂のなかでぼくたちは苦闘する。穏やかなときは清潔で荘厳だが、ぞっとする眺めだ（砂、水——太陽の浴場についての神話）。ぼくたちは、馬とラクダに乗った二つの武装した遊牧民（ノマド）の集団に出会う。彼らの目のなかに脅しは読み取れず、フランスの武器に威嚇された者たちのようだが、どうやら軽蔑感を抱いているらしい。残念なことにこの感情には根拠がある。アラブ人は剛毅な性格で、情熱的な男たちで、つねに尊厳を意識しているが、アルジェでぼくが知り合ったかぎりのフランス人は、高慢さと淫蕩と不作法のために嫌悪感を催さざるをえない。ぼくは不本意ながら、どれほどの憂鬱な場面を目撃するはめになったことか」（日記から、一九〇九年四月二十一日、水曜）

シチェファーニクはアラブ人と彼らの言葉で意思疎通しようと努め、繋がりをつけて、イスラム教の高位聖職者も訪問した。短期間に多くの土着民と知り合いになって、ガゼル〔羚羊〕狩りに招待された。南部のムザブ地区のガルダイア周辺で、イスラム教セクトのムザブ派の信徒も訪れたが、彼らの文化は千年前のレベルに留まっていた。

五月二日の日曜の真夜中前に……「おとぎ話のような環境のなかで、月夜の奇跡的魅力に捉えられたが、日中は黄色かった万事（山々、谷間、木々、家々、野原、砂）が、褪せた月光のもとで白く染め上げられた。風景全体が静まり返って、まるで新雪が降ったように見えた。忘れがたい印象で、一篇の詩だ……。『千夜一夜物語』さながらだ」

二週間後の日曜にはもう帰途に着いて、ブリダでイス

アルジェ南部での狩り。右端の小銃を持った人物がシチェファーニク（1909 年 4-5 月）
出典：Štefánik vo fotografii. Praha 1936.

ラム教の巡礼地ボワ・サクレ〔聖なる草原〕を訪問した。緑の庭と、ぶどう畑と、オレンジとレモンの木、しゅろ、オリーブとエキゾチックな花々の真ん中にある白い霊廟。その前日には有名な猿の谷間、シファの滝、リヨンの洞窟も訪問しないわけにはいかなかった。アルジェの博物館では、モロッコの刺繍がモラヴィアのそれにとてもよく似ていることが、彼の関心を惹いた。

船員がストライキをしていたので、古代カルタゴの廃墟を散策するためにチュニスに赴き、トリポリとケールアンの境まで行った。ケールアンは多数の修道院とイスラムの礼拝所がある聖地で、門の前の広場には、ラクダ、商人、両替屋、ヘビ使い、歌い手のキャラバンと、敬虔な巡礼の群れがひしめいていた。このイスラム教の中心地で、彼は教祖スィ＝マフメド＝ベン・アイスの信者の宗教的ファナティズムの、ぞっとするような光景を目撃した。一時間ほども精神を集中して祈り、疲労困憊するほど踊ったあと、信者たちは狂信的な法悦のなかで、ナイフとサーベルで自分の身体に切りつけ、その身に灼熱した石炭を振りまき、陶器とガラス製の食器をかじり、アザミの葉の上を転がった。これらすべてに騒々しい音楽が伴った。

「イスラム僧の一人が謎めいた袋を手に取って、なかから生きたサソリを引き出したとき、ぼくは嫌悪感でいっぱいになった。その一刺しは人間にとって致命的なのだ。ここで蛮行が演じられた。何人かの狂信者が唸り声をあげて僧に躍りかかり、その袋を奪い取ろうとした。棒を持った他の僧たちが助けにやって来て、狂信者たちを捕まえなければならなかった。その後で一人一人の口に生きたサソリを突っ込んで、哀れな狂乱者たちはさもうまそうに食いちぎって食べたのだ。

　疲労困憊した者がいると、高僧のもとに連れて行かれ、高僧は彼の身体からナイフや短剣を引き抜き、痛む傷口を拭ったが、そこからは一滴の血も吹き出していなかった。その後で高僧はその男の頭を抱いて、耳元になにやら謎めいた呪文を呟いた。すると殉教者の顔が輝いたのは、天国の法悦を感じたためだという。数分後に彼は、通常の感覚と痛みを感じる普通の人間に戻った。来週の金曜の次回の礼拝日までの話だが……」


シチェファーニクはイスラム寺院から外に出たとき、悪夢から醒めたような気分だった。——「……我々ヨーロッパ人が東洋の謎めいた魂を理解できるまでには、まだ長い時間がかかるだろう」


サハラ砂漠の北端の気象状況は、天文台設置に適しているとは言えない、という結論を出して、六月九日の水曜の午前中に現地を出発し、マルタとシチリアとイタリア経由でパリに戻った。土曜の晩にはマリエのもとに急いだが、彼女はロンドンのヴィクトリア駅で今か今かと彼を待っていた。二人は手を取り合って、イギリスの大都会の通りと美術館と博物館を歩きまわり、二日間だけ幸福なひとときを味わった。

　独立した天文台をめざすシチェファーニクの旅路は、アフリカからの帰還によって終わらなかった。彼は天文台の建設予定地について、北アフリカ（モロッコ？）か、それともポリネシアのどこかの島か決めかねていた。

　後援者を探すなかで、駐独アメリカ大使ヒルにも自分の計画を詳しく説明した。大使は大企業家で富豪のアンドリュー・カーネギーの友人だったので、シチェファーニクはカーネギーを、アフリカでの天文台設置協会の設立構想に引き込もうと試みたのだ。この機会に、カリフォルニアのウィルソン山にある当時世界最新の天文台にポストを得る可能性についても考えたことだろう。フランスの学界の一部が自分に対して画策した陰謀に、心底幻滅したので、なんとしてもパリの環境から逃れたかったのだ。――「ぼくは、自由の原則に基づいた個人生活を送りたいという、狂気の沙汰の意図にこだわっています」と九月二十七日にヒル夫人に宛てて書いている。――「自由と独立と仕事というこの意図を実現するためには、パリ以外の場所を探す方が良いように思われます。この都会の大きさと集中度に感嘆はしても、低劣な陰謀、過酷さ、不誠実には我慢がならないからです。一般論ですが、パリの人間は、アカデミーか社交サロンに入るためにだけ生きているのです」

飛行技術への関心

その頃ギュスターヴ・エッフェル技師が、ニースの天文台のポストを求めたらどうかと提案してくれた。シチェファーニクは、外国人なので国内の候補者に対して不利だろうと考えて、この勧めにあまり気乗りがしなかった。一九〇九年十月十二日付けの手紙で、有名な技師エッフェルの高貴な好意に感謝して、独立した個人生活を営めるように、自立した学術ステーションを設置する意図を洩らしている。言うまでもなくこの意図の実現には、かなりの額の資金が必要だが、自分の手元にはないので、飛行機の助けを借りて集めたい。エッフェル技師の仲介で、専門家たちに紹介して欲しい。これまでは氷の上に立っていたけれど、今度は空中に立つことを試みたい。「亀裂」が自分の学術活動の邪魔をしたので、

シチェファーニクの飛行技術への関心は飛行機の揺籃期に遡るが、その時期、飛行機による飛行は耳目を集めるセンセーションだった。フランスの新聞はほぼ連日、飛行技術のあらゆる試みと記録を報道した。

栄光あるフランスの飛行士たちのなかで際立っていたのは、ブラジル人サントス・ドュモンで、彼の飛行機はすでに発動機で動くプロペラを備えていて、一九〇六年に欧州で最初に百メートルの距離を飛行した。二年後にアンリ・ファルマンが世界記録を樹立した。自分の複葉

機でこの距離を往復してみせたのだ。一九〇九年七月にルイ・ブレリオがラマンシ〔英仏〕海峡を横断したという知らせは（二十八キロを二十七分で）、文明世界全体を興奮させた。

飛行の試みはしばしば、パリ城門外のイシ＝レ＝ムリノーの軍事演習場で、何千人という好奇心に満ちたパリ市民の目の前で行われた。シチェファーニクは、最初に地上から舞い上がった一群の命知らずの一人だった。だが彼の場合、ありふれたセンセーションへの情熱や空虚な虚栄心からではなかった。友人の芸術家たちは、飛行の印象と経験についての彼の話のなかに、飛行機に対するもっと深い学術的関心を感じ取った。シチェファーニクは（当時の低速での）飛行が、風の状態にきわめて左右されることを自分の肌で感じて、機体の安定とさまざまな強さの風のもとでの制御の問題に取り組んだ。こうして自動安定装置のアイディアが閃いたが、それは水銀の特別な本性に基づいて、機体を自動的に正しい姿勢に安定させる装置だった。

シチェファーニクは〔チェコの〕新聞『時代』第二八〇号のスポーツ欄で、フランス製の飛行機用発動機グノームに似たタイプの回転発動機を組み立てたルドヴィーク・オチェナーシェクの発明についての記事を読んだ。シチェファーニクは長いこと熟考した後で、とうとう飛行機を試してみようと決心した。オチェナーシェクと契約を結びたいと思ったが（〔フランスの〕飛行士たちはパリの発動機設計者と契約していた）、設計者は飛行機を提供する義務を負い、飛行士は設計者と製作費用を折半するのが慣例だった。そのため〔プラハの〕ヘルベンに、仲介者の役割を引き受けてくれるように依頼したが、プラハからの返事が届いたときには、シチェファーニクはもうタヒチ島に出発した後だった。

一九〇九年十月二十五日付けのシャモニーの工場主デヴォアソ宛ての手紙から明らかなように、シチェファーニクはこの頃に再度、海上で遠方の敵船の位置を探知する装置のアイディアに立ち戻った（「虫が知らせるのですが、政治的天候はしだいに悪化して、おそらく近い将来に、あまり愉快でない驚きがもたらされることでしょう……」）。二か月後に彼は産業所有権事務所に、色つきと白黒の映画撮影と上映用装置のプロジェクトを提出した。だがこの特許も前回と同じ運命を辿った。発明者シチェファーニクは問題を解決すると、関心を失ってしまったのだ。

スロヴァキア学術サークルの構想

秋にシチェファーニクはパリで、ヴァヴロ・シロバールの到着を待っていた。だがシロバールが発病したので訪問は実現しなかった。シチェファーニクは友人のシロバールに、スロヴァキアでの学術活動の組織計画を提出するつもりだった。謙虚に、そしておそらくは的確に「スロヴァキア科学芸術サークル」と名付けられた。

「民族の課題は個人の課題と別々ではありえません」と一九〇九年九月九日にシロバール宛てに書いた。――「目的意識的かつ論理的に生きているのは、あらゆる瞬間を知性の深化のために活用する者だけです。我々の英知が鋭くなり、我々のなかで作られた知識の量が増えるほど、それだけ人間の判断力は深くなり、外界に対する人間の態度もさらに鮮明で熱烈になります……。

ぼくたちの生き方はあまりにも一面的で――政治一辺倒です。せめてそれが本物の政治であってくれたらいいのですが。民族を人間的意識の方向に覚醒させずに、偏狭で民族主義的な精神錯乱に追いやっています。スロヴァキア語を偶像に、健全な民主主義を庶民のぼろぼろの脚絆の称賛に矮小化し、実直な宗教教育と哲学教育の代わりに、不誠実な日和見主義。

この乱脈と自覚の欠如の原因は、民族意識が、道徳性の論壇となる明晰な学問的精神が欠けていることです。ぼくが念頭に置いているのは、傲慢なアカデミー会員、錬金術師、占星術師たちのことではありません。ぼくにとって学問とは、整えることを、存在の謎を解いて、我々の生活に最大限の内容を与えようとする誠実な努力を意味します。スロヴァキアにおける学術サークル（とにかく学術的であること）は特別な意義を持つはずです。自然な重力の中心に、民族の骨格になるだけでなく、我々と広い知識世界のあいだの連結環にもなるでしょう」

学術施設の国立経度局と中央気象局に、オセアニアのタヒチ島でのハレー彗星観測を委任されたとき、シチェファーニクはとても幸せで認められたと感じた。

「はるかなその地で、風薫る大気と平安のなかにつかのま滞在して、ぼくの情熱の対象である研究活動に今後も携われるという希望を抱いて以来、地球はぼくにとって美しく見えます」と、ヒル夫人宛ての手紙で自分の喜びを表現した。

第七章　アメリカ合衆国・タヒチ島・ニュージーランド・ヴァヴァウ島（一九一〇―一一年）

ぼくは学問の発展を信じていて、
それゆえに高貴で
人類にとって有益なこと
すべての発展を信じている。

ハレー彗星をめざす旅路

ミラン・ラスチスラウ・シチェファーニクにとってスロヴァキア出身であることは、生存競争をいささかも楽にしてくれなかった。フランスの学術機関は原則として、費用のかかる学術遠征に対して、外国人に財政支援することを拒んだ。そのためシチェファーニクは一九一〇年初頭に、フランス国籍を申請することに決めた。だがタヒチ島に出発する時期に、当局はまだ彼の申請について決定を下していなかった。そのことは、一九一〇年二月二十八日付けの教育芸術省の通達から明らかで、「励ましのために」援助を与えるようにという国立経度局総裁の提案を、「シチェファーニク氏はフランス国籍ではない」という理由で却下している。旅費はふたたび友人たちからかき集めなければならなかった。こうして古い負債に新たな負債が加わった（大西洋上からの手紙でシロバールに、遠路の準備のごたごたのなかで、手形を更新して、ルジョムベロクの銀行に利子を送ることを失念してしまったと詫びている）。

今回の旅は彼にとって快適なものではなかった。港町シェルブールに向かう列車のなかでもう具合が悪くなり、汽船ジョージ・ワシントン号では高熱が出て、医師は肺炎と診断を下した。だが原因は過労と働きすぎで、出発前の最後の七週間は、毎日四時間以上は寝ていなかった。こうしてアメリカ合衆国への旅路の大半は、ベッドに横になっていなければならなかった。

タヒチ旅行の時期の肖像写真（1912 年）
出典：Štefánik vo fotografii. Praha 1936.

アメリカ合衆国の同郷人のあいだで

ニューヨークに到着するとすぐに同郷人たちと連絡を取った。シチェファーニクの姿がもっともひんぱんに見受けられたのは、スロヴァキア民族団体議長A・Š・アムブロゼ[60]との社交の輪のなかだった。知り合った当初はよそよそしく見えたが、十分も経たないうちに彼のなかに、生粋のスロヴァキア人の姿を認めた。在米スロヴァキア人はシチェファーニクのこれまでの学術旅行についての情報を、新聞で読んでいた。彼らをいちばん感嘆させたのは、ペジノクでの選挙後の彼の大胆な振る舞いだった。（当地の新聞報道によると）スロヴァキア語で話すのをやめろ、という命令に従わなかったというだけの理由で、最寄りの駅でシチェファーニクを列車から追い出そうとしたマジャール人議員たちに、彼は「アメリカ移民風に」対処した。柔道の技を使って、暴力をふるう者たちの両手をひねりあげた、というのだ。

アムブロゼは実務的な商人だったが、同時に献身的なスロヴァキア民族主義者でもあった。彼は天体の距離よりは、価格や株券や有価証券に関係する数字について聞きたがったが、シチェファーニクは宇宙についての興奮させる語り口で、しばしば彼を思わず知らずに魅了した。とくに彼を驚かせたのは、同郷人シチェファーニクにとって、金銭がなんら本質的役割を演じていないことだった。あるとき夕食の席で、コロンビア大学教授M・I・ピューピン[61]がシチェファーニクに、高額の謝礼の代わりに、富裕層の家庭の何人かの学生を、一緒にタヒチ島に連れて行くように提案したが、シチェファーニクは言下にこの勧めを拒んだ。

「どんな学生も要りません。彼らは私の仕事の邪魔をして、足手まといになるだけの話です。支払ってくれる気があるという金に私は値しません。とにかく私はその金を必要としていません」――

アムブロゼは、シチェファーニク自身が金を必要としていないのは本当だとしても、彼の貧しい両親にはきっと必要だろうし、民族的目的のためにも役に立つ。結局そうすることで、影響力のある富裕層の関心をスロヴァキア人に惹きつけることになるが、我が在米同郷人は、ハンガリー王国に住む同胞に有利な国外向け宣伝活動のために、彼ら富裕層の獲得に努めていると論拠を並べた。それでもシチェファーニクの決心は揺るがなかった。学術研究のために欠かせない心の平安を、いかなる状況下でも諦めたくなかった。

シチェファーニクはアムブロゼとの数多くの会話のなかで、スロヴァキア民族の将来の問題を議論した。アムブロゼは、フランツ・フェルディナント大公[62]がオーストリア＝ハンガリーの帝位に就いたら、スロヴァキア人にとって好ましい状況が創出されるのではないかと考えていた。だがシチェファーニクは驚くべき確信をもって、欧州の地図を塗り替える世界大戦が近づきつつあると語った。マジャール政府の仮借ない政策を考えると、スロヴァキア民族が自力で自由を勝ち取ることはできず、自由のための諸条件は国外で創出されなければならないと確信していた。アムブロゼは、フランスもロシアの連合国として、スロヴァキア人を助ける時期が来る、というシチェファーニクの論議を理解できなかった。

シチェファーニクは在米同郷人の生活と、彼らの仕事と職場と団体活動に生き生きした関心を寄せた。炭鉱夫と製鉄労働者の厳しい重労働に遺憾の念を感じたのは、我が同胞には自然のなかでの畑仕事の方が向いているように思えたからだ。これに関連して彼は、スロヴァキア人をフランスの農場と、さらにはタヒチ島にも入植させる構想を育み、そのために現地で、気候と土壌と住民の性質を研究したいと望んだ。彼の言によると、スロヴァキア人はマジャール国民ではなく、フランス国民に新たな生命力を与えた方がいい。ニューヨークではアムブロゼと一緒に場末の安食堂をまわって、在米の我が民衆の暮らしぶりを見学した。一九一〇年三月二十五日にシチェファーニクはワシントンで、チェコ系のアメリカ議会議員A・J・サバトの客になった。同議員は彼の到着をチェコ系アメリカ出版局に知らせたので、三月二十八日に新聞『アメリカ人』（クリーヴランド、オハイオ州）は、「スロヴァキア人学者、ハレー彗星をめざす旅路」というタイトルで、シチェファーニクの伝記を含んだかなり詳細な記事を掲載した。

シカゴではペンシルヴァニア鉄道の駅で、同窓生の医師ユライ・グチャがシチェファーニクを出迎えて、スロヴァキア人団体が彼のために晩餐会を催した。この機会に、ピエシチャニ〔西部スロヴァキアの温泉町〕の民族衣装をまとった十六歳の娘が、花束を贈呈してくれた。彼女はスロヴァキア人体育団体ソコルの事務員の娘マリエンカ・ラモショヴァーで、彼はとても魅了されたので、彼女のために西部への旅をほぼ一週間も延期した。折から早春の季節で、二人は毎日一緒にミシガン湖岸を散歩した。二人の長い会話のなかでマリエンカの記憶には、「ずっと今のままでいてください。ぼくには貴女の姿のなかにスロヴァキア全体が見えるのです」という短い言葉がしっかりと刻み込まれた。

シチェファーニクにとってマリエンカがなにを意味していたかは、後に彼女にプレゼントした金鎖のついたタヒチ産の真珠が物語っている。

税関での苦い経験

シチェファーニクはシカゴ大学のヤーキス天文台を訪問して、四月初頭にサンフランシスコに向けて出発した。その地の税関で不愉快な驚きが彼を待っていて、後年、アメリカ合衆国に対する彼の批判的態度のおもな原因になった。

大きな木箱に入った天文学機械の輸送に対して、運輸会社は三千フランという巨額の関税を要求した。それは偽りの価格申告に基づいていたが、その申告は木箱が発送された後で、シチェファーニクの了解なしで補足的に行われたものだった。シチェファーニクはフランス領事に助けを求めたが無駄だった。彼は選択の前に立たされた。訴訟をはじめるか（それはパリに戻って、自分の使命を放棄することを意味した）、それとも関税を支払って、苦労して獲得した資金のすべてを失うか。長い間ためらったあげく、やっと決心した。木箱を引き取った後に、彼のポケットには八十フランしか残らなかった。泣きたい気持ちだった。

アメリカ式の「狡猾さ」の犠牲になった有様を、ジャンサン夫人と令嬢に長文の手紙（一九一〇年四月二十三日付け）で伝えたが、そのなかで、アメリカ人に向けて苦言が呈されたのも驚くにあたらない。――「アメリカに何人かの高潔な人物がいるとしても、良心も恥も知らないもっと多くの人物と団体があります。総じて合衆国の住民は、商売に関係のないすべての事柄への感覚を失ってしまい、ドルが彼らの神であるように思われます……。金に名前はないのに所有者がいることを聞くのは、まったく空恐ろしい……。悪漢どもに取り囲まれている気分です……」

旅路でのこの想定外の障害について、シチェファーニクはポアンカレにも知らせたが、彼は、国立経度局が大使館を通じて、その金を関税として差し押さえるように要請すると約束してくれた。

ジャンサン夫人と令嬢宛ての手紙には、もうひとつの重要な問題であるタヒチ島での天文台設置についての言及もある。シチェファーニクがパリから太平洋のソシエテ諸島に出発したのは、五月初頭にハレー彗星の核が、地球と太陽のあいだを通過するのを観察して、同時にオセアニアの赤道地帯に、常設天文台を構築する計画に携わるためだった。このことは、年のはじめのヒル大使宛ての手紙と、天文学者G・E・ハレーやカーネギー研究所の影響力のあるメンバーたちの友人であるピューピン教授との会話から明らかだ。ピューピン教授はこのプロジェクトのために、ニューヨークの富裕層の関心を惹きつけると約束して、シチェファーニクが十二月頃にニューヨークの彼らのクラブで、招待講演を行うことで二人は合意した。シチェファーニクはジャンサン夫人と令嬢への報告を、「フランスが先を越されるままに手をこまねいているのは、なんと残念なことでしょう」という言葉で結んだ。フランスの学界で、自分の大胆な計画に対するできるかぎり大きな関心をかき立てたい、という意図があったのだろう。

タヒチ島滞在

シチェファーニクと問題の装置を乗せたマリポサ号は、四月十五日にサンフランシスコを出港して、同月二十三日に赤道地帯に達した。

「一日が過ぎ、二日が過ぎ、一週間の航海で、甘い倦怠が身体を支配して、魂は、我々と世界を満たしている謎を認識したいという、痛ましい願望によって掘られた奈落へ姿を消しました。周囲一帯はひたすら海で、海とその壮大さを凌いでいるのは空ばかりです。

マリポサ号は精力的に滑るように前進し、地獄のような太陽光線にも風と波にもびくともしませんが、その波はたえまなく船の脇腹を打つか、鋭い舳先で切り裂かれています。ぼくは昼も夜も甲板の上に留まって、心が根を下ろしている北東から、夢の果実が熟しつつある南西へ、まなざしをさまよわせます。朝方の日の出前にハレー彗星を観察します。すでに美しい全貌を現して、物凄い速度で疾走中ですが、それは五月十八日に地球と交わした逢引きに遅れないためです。この衛星間のエーテルの使者が、人類の感嘆の念のすべてを一身に集めたことに嫉妬して、空はしばしば荒れ狂い、不実な地球を稲妻によって鞭打ちます。

ぼくには謎めいた火花が、つかのま魂を照らし出す瞬間がありますが、ここでは地平線の彼方に、神の絶対性の無限の王国がたしかに感じ取れます。ぼくは悦楽と絶望にうち震えます。プロトプラズマ〔原形質〕を想起して自分を巨人のように感じ、理念の高みにまで飛翔して、天の方に広がる塵を凝視することもありますが、地上と粗野さに縛りつけられた哀れな存在と感じるときもあります。両眼はあるときは稲妻を放ち、あるときは涙を流します。たいていは涙を流すのですが、隣人には気づかれないその涙は、頬の代わりに胸を伝って、痛みによって心を溺れさせるのです……」

マリポサ号は四月二十七日に、日の出の最初の陽光によって金色に彩られた美しいパペーテの入り江に入港した。シチェファーニクは、パリの弁護士アルフレッド・

タヒチ島への旅路で　出典：Štefánik vo fotografii. Praha 1936.

ドミニクと一緒に、天国の自然の島に下り立ったが、彼とはほぼ二週間の航海のあいだに友人になったのだ。ボヌール総督は彼を愛想よく迎えた。だがシチェファーニクは、当地の地域社会を観察してからは、総督との接触を必要最小限に限定して、もっぱら天文学と気象学調査に専念した。プロテスタントだった総督は、そうすれば有利なはずだったのに、シチェファーニクが自分の宗教的帰属〔プロテスタント〕を明かさなかったことに、なによりも気分を害した。パリでの情報によって期待していた近代的に整備された気象観測ステーションの代わりに、部屋のなかには管理者の軍事薬剤師と、いくつかの装置しか見当たらなかったので、シチェファーニクが総督の面前で公然と、公式情報と現実のあいだの矛盾を指摘したとき、二人の相互関係は完全に冷え切って、純粋に形式的なものに変わった。総督は意趣返しに、観測所の建設現場から労働者を引き揚げた。幸いなことにシチェファーニクは直截さと誠実さで、公共事業長ケリュオーをとても魅了したので、彼は総督の禁止令を無視して観測所の落成を手助け

タヒチ島の観測所の前で。望遠鏡の横に立つ白服の人物がシチェファーニク
出典：Štefánik vo fotografii. Praha 1936.

してくれた。

現地住民と仲良くなること――これはシチェファーニクにとって自然なことだった。彼らの助けを借りて、三か所に気象観測ステーションを設置し、タヒチ人自身がそれらを管理した。タタヒオフェティア（星々を数える人）、あるいはエリペネ・ハパテ（珊瑚礁のあいだの海流の色、すなわち、空色の目をした男を意味する）に対する現地住民の驚嘆の念は畏怖に近かった。シチェファーニクは当地の見事な椰子林の、荘厳な静寂のなかで、パリでかくも憧れていた本物の平安と休息を見出した。灼熱の熱帯の太陽が人間を疲労させて、そよ風さえも木々の葉をこそりとも動かさない正午には、ジャングルの陰になった海流の冷たい水で水浴びをした。

ただ気まぐれな天候は今回も彼に味方しなかった。

「地球が彗星の尾のなかにあったその瞬間に、空は雲に覆われて、ぼくの計算と半年間の仕事は徒労に終わりました。これは大損害です。ぼくは、この類まれな現象を真に研究できる機会に恵まれた唯一人の天文学者だったのに。もっとも、この気象学上の気まぐれにもかかわらず、ぼくの手元には大量のデータが残って、さらに増えると期待できます。当地は前代未聞に美しく、健康は回復して、手元には性能の良い装置があります。なにが欠けているでしょうか。

ああ、ぼくに欠けているのは、スロヴァキアと君たち親しい友人です。ぼくは君たちのことを、ヴァヴロ、とくに君のことを考えています。神さまが君たちを祝福なさるように、と言いたいところですが、でもぼくの口からだと、たんなる空文句に響くでしょうね。でもぼくは学問の発展を、それゆえに高貴で人類にとって有益なことすべての発展を信じています。ぼくもそれに貢献したい。この努力のなかにぼくの献身を、永遠に愛すべき存在、そうあり続けるだろう存在への愛情を看取してください」（シロバール宛ての手紙から、一九一〇年五月）。

タヒチ島の現地住民の衣装で
出典：Štefánik vo fotografii. Praha 1936.

シチェファーニクは一九一一年六月までタヒチ島に留まり、そこから比較的近い、トンガ諸島のヴァヴァウ島に行って日蝕を観測することに決めたので、長期滞在の準備をはじめた。パペーテを一望する自分の観測所に近い椰子林のなかに、木造の小屋を建てて、一頭の馬と馬車を購入し、それに乗って島内の気象観測ステーションを巡回した。

島に住んでいるフランス人のなかでは、とくにJ・A・アメデと親交を結んだ。この企業家に、トゥブアイ島を購入して、椰子の木のプランテーションを開設する構想を勧めた。新しい友人アメデと、七月にタヒチ島にやって来たチェコ人旅行作家ヤン・ハヴラサ[63]の前で、椰子の実の加工工場建設という遠大な計画を披露した。椰子の実の種子から液体と油を、角質の殻からボタンを、外皮から縄と絨毯を生産できる。問題は必要な資本の工面ではなくて、むしろ島内の労働力不足にあった。これに関連してシチェファーニクは、スロヴァキア人移民を当地に入植させられるかもしれないと考えた。

フランスの軍艦ゼレ号の将校たちが、シチェファーニクの学術活動に大きな関心を示した。いつも喜んで彼を遠征に、とくにマルキーズ諸島への遠征に連れて行ってくれたが、そこで彼は見事な射撃の腕前で注目を浴びた。アメデから古い錆びた猟銃を借り受けて、野生のヤギ狩りに歩きまわった。あるときは何週間も、遠く離れてめったに人が訪れないパウモトゥの島々をさまよったが、それはフランス領オセアニアの南端にあった。彼はこれらの島々で奇妙な未知の文化の痕跡を発見した。巨大な堰堤と謎めいた石像で、いくつかは人間の背丈よりも高かった。この時期には、どのような人々がこれらの巨像を立てて、彼らの文化がどこに消え失せたのかは、いまだ知られていなかった。シチェファーニクは、太陽神コン゠ティキを信仰していた古代ポリネシア人のいくつかの小ぶりな像を、パリに持ち帰った。

シチェファーニクは、数年前にポール・ゴーギャンが余生を過ごしたプナアウイアで、きわめて貴重で価値のある芸術作品を見つけた。人間の姿をかたどった大きな木製レリーフ、木の幹から作られて浮彫の形象で装飾された容器、彫刻模様の入った五枚の木製の板がそれで、現地住民はブタのエサ桶に使っていた。――すべてが名高い画家ゴーギャンの作品である。

シチェファーニクは白人男性に対する美しいタヒチ女性の純愛悲話と、自分に好意を寄せていたにちがいない魅力的な娘の思い出も持ち帰った。他の現地住民と同じく彼女も、彼が星と対話していると信じていた。彼女は肺結核を患っていたので、あるとき治療してくれるようにと自宅に呼ばれた。彼女を悲しませたくなかったので、治療するふりをした。彼女の上に身を屈めたとき、乙女は彼の頭を優しく胸に押し当てて、「私の心臓の鼓動が聞こえる」と訊ねた。それからしばらくして彼女は死んだ。

悲話のひとつはフランス船の船長のものだった。彼は

シチェファーニクがタヒチ島から持ち帰ったゴーギャンの木製レリーフ（左下も）
出典：Juríček J.: M. R. Štefánik. Životopisný náčrt. Mladé letá, 3. vydanie, Bratislava 1990.

あるタヒチ美人がとても気に入ったので、ヨーロッパに連れて行こうと考えた。本心から愛していて、結婚したいと願っていた。でも乙女は、自分が美しいのは故郷でだけと信じていたので、なんとしてもここを離れたがらなかった。結局彼は彼女と別れたが、故国でもそのタヒチ女性を忘れることができなかった。何年か後に彼女の両親に手紙を書いたが、彼らの娘は彼への愛情のために死んでしまったという返事を受け取った。両親は、二人がはじめて出会った場所に娘を葬って、彼女の墓を珊瑚の花環で飾った。以前に水浴びをしたとき一緒に集めた珊瑚だった。

シチェファーニクが緑の島々に別れを告げたとき、地上楽園の生き生きしたイメージを持ち帰った。幸福な真珠採りと珊瑚の採集人、スイレンのあいだで水浴びをする髪に花を飾った美しい乙女たちが暮らしているところだった。彼はこの地に戻って来ようと固く決心した。欧州文明から遠く離れた当地で、しっとりと湿った熱帯夜にラグーン〔潟〕の周囲を散歩したり、パペーテの町の上の観測所で宇宙の諸現象を観察したときに、多くの忘れがたい喜ばしいひとときを味わったからだ。

ヴァヴァウ島での日蝕観測

タヒチ島からヴァヴァウ島への道中で、クック諸島を経由してニュージーランドに寄り道した。オークランドで、学術作業のために欠かせない必需品の他に、望遠鏡用の支柱を立てるためのセメント二樽も購入した。ここで、オックスフォード大学のイギリス人天文学者ジェームズ・H・ワージントンの私設調査団と知り合いになったが、彼もやはりヴァヴァウ島に赴くところだった。シチェファーニクはニュージーランドの北島の火山地域と、有名な間欠泉の谷間を訪問する機会も逃さなかった。

オークランドで別の汽船に乗り移る際に、甲板でイギリスとオーストラリアの大人数の天文学使節団と出会ったが、彼らも同じ目的で同じ場所に旅行中で、完全な装備を備えていた。イギリスからの十五人の天文学者は必要な全資材と、クロノメータ〔経線儀[64]〕を含む最新式の特別装置を持参して、軍艦を使用できた。五人のオーストラリア人の学識豊かなイエズス会士も、必要な装置と作業員を同伴していた。

シチェファーニクは単独で旅行し、持ち運ぶ望遠鏡は比較的簡素なもので、軍艦ゼレ号の将校たちが設置を手伝ってくれた。長い八面体の筒で、一方の端に対物レンズが、他方には写真版付きカセットが固定されていた。それ以外にシチェファーニクは、タヒチの観測所からいくつかの光学部品を持参して、観察現場でそれらから装置を組み立てるつもりだった。新たな活動についてのフランス科学アカデミーへの報告書のなかで、彼はこう書いた。——

「ヴァヴァウ島はこの群島全体と同じく、珊瑚礁と火山起源である。北側は岩の岸辺で縁取られて、標高は五十メートルから二百メートルに及ぶ。南側は暗礁によって守られ、そのあいだを縫って、近づきにくい海峡が、とにかくネイアフの港への航行を可能にしているが、そこは多種多様な熱帯の植生が繁茂した高台のあいだの、見事に閉ざされた港である。

私が到着した時期（四月七日）に雨期は終わりに近づいて、暑気は納まり、空は晴れ上がっていたので、万事が準備作業を楽なものにした」

ヴァヴァウ島では適切な宿舎が見つからなかったので、フランスの宣教団マリスト修道会士の神父たちの鷹揚な申し出をありがたく受け入れた。とくに同世代のマセ修道士と仲良くなり、晩ごとの散歩の折に、至高の存在、自由意志、イエスの神性、聖書、奇跡など、宗教上の基本的諸問題について議論を交わした。シチェファーニクの実証主義的・相対主義的見解にもかかわらず（彼を正しくもポアンカレの弟子と喝破した）、マセ修道士は客人に好意を抱いた。認識と真理への抑えがたい渇望、名誉の問題における直截さと入念さ（このたびは自分のプロテスタント的素養を隠さなかった）、静かな勤勉と、打ち捨てられた現地住民に対する当地の修道尼たちの、効果的な慈善行為に彼が感嘆したためだった。修道士はシチェファーニクが資金を使い果たしたことに気づくと、旧友のように援助してくれた。

シチェファーニクは、港の近くの標高五十メートルの高台の上に装置を据えつけた。――

「日蝕が部分的なときに現れる、興味深いけれどもありふれた現象を記述することはしません。でもせめて言及しておきたいのは、太陽の周囲の見事な光輪、いわゆるハロー現象[65]と、太陽光線の扇状の集積、虹色に彩られた雲のおとぎ話のような戯れのことです。その雲の向こうで鎌状の太陽は、遠ざかるほどそれだけはっきりと小さくなって、最後には完全に姿を消しました。残念ながら濃い黒雲のカーテンの向こうでの話で、第二の接触[66]の瞬間のことでした。

九時三十六分四十六秒、天と地はいきなり皆既日蝕のはじまりを告げる暗闇に包まれました。邪魔をせずに、四方から私を取り囲んでいた現地住民の群れは、黙りこくって化石になったようでした。暗礁に砕ける波音は、熱帯林の椰子の木のかすかなざわめきのなかに反響して、ミモザは夜が近づいたかのように花を閉じ、虫たちは暗闇のなかで音楽を奏ではじめました。私の魂もあたりの雰囲気につられて高ぶりました。皆既日蝕がもうはじまったのを見て取ると、私はマセ修道士に合図を送り、彼は喜んで秒のカウントに取りかかりました……」

帰路にシチェファーニクは、オーストラリアのイエズス派の天文台を訪れた。パリに戻るとすでに、ヴァヴァウ島のカトリック宣教団のメンバーからの二通の手紙が、彼を待っていた。宣教師ドゥギュアリは一九一一年六月二十七日にこう書いた。――

「貴方の出発後、パレシにはとても大きな空虚感が残りました。貴方の当地滞在の思い出はかけがえのないものです。子供たちと我がカトリック派は、しばしばミシ・ステファニコのことを話題にします。貴方は身内の人間で、彼らは貴方の成果について、自分たち自身に直接に関係する事柄のように関心を寄せています。人々がたがいのあいだで相争う様子を目にすると、苦笑せざるをえません。二つの陣営に分かれています。プロテスタントはオーストラリア人を支持し、我々カトリック派は貴方を支持しています。コーヒーの席では、天文学者のなかでだれがもっとも学識が高いかについて、絶えず議論が交わされています。オーストラリアの某日刊紙が我々のもとに配達されたとき、この問題は最終的に決着がつきました。同紙が報じるところでは、コルティエ修道司祭（オーストラリア調査隊の隊長――著者の注）自身の告白によると、ヴァヴァウ島に逗留した調査隊のなかで、最良の成果をあげたのは貴方だそうです。この知らせはすばやく島中に広がりました。我が現地住民は勝利を祝い、貴方とフランスを誇りに思っています……」

第八章　コシャリスカー村・パリ・プラハ・ブラジル（一九一一―一三年）

ぼくが一度として
愛することをやめなかった、
自分の民族のなかで
活動してみたい……

故郷で

シチェファーニクは一九一一年七月二十日にオセアニアから戻って来て、八月にはもうスロヴァキアに急いで、いちばんの近親者たちに囲まれて休息し、長旅の疲れを癒した。コシャリスカー村でもパリのサロンと同じように、世界の僻遠の地の驚くべき出来事によって聞き手を魅了した。

父親は誇らしさを隠しきれない様子で息子の話に耳を傾けたが、その息子は遙かな大陸の野蛮な現地住民の暮らしぶりについて、美しい魅惑的な珊瑚礁の島々について語った。自分の言葉を裏付けるためでもあるかのように、きらきらと彩りを変える一握りの見事な真珠を、ポケットから取り出して見せた。まるでちょっと離れたブコヴェツ村の住民のことを噂するように、さも当然といった風情で事細かに物語った。ミランがマサリク教授に好意的に言及したときだけ、父親の額は曇り、抗議の意思表示にパイプの握りで脅かしてみせた。古参のスラヴ派で民族主義者だった彼は、マサリクのリアリズム政策の正しさをなんとしても承服できなかった。ミランは故郷でつかのま、医者の指示も忘れて、次々と母親の手料理を味わったが、パリの最高級レストランのメニューも比較にならない美味だった。

　しかし自分の故郷に戻るのがうれしい分だけ、あいかわらず続く貧困を目にするのが辛かった。そのなかに置かれている彼の枝分かれした家族は、スロヴァキア民族全体の惨めな経済状態をはっきりと示していた。そのためシチェファーニクは、影響力のあるフランスの財界人との交友関係をスロヴァキアのために行使して、フランス金融資本と、強力になりにくいスロヴァキアの諸銀行の接触を取り持つ決心をした。それらの銀行は、優先権を与えられたマジャール系金融機関との厳しい競争と、ハンガリー政府の悪意に直面しなければならなかった。一九一二年三月初頭にシチェファーニクは、以前に約束されたスロヴァキアの財政状況についての覚書と、いかにしたらフランス資本が、スロヴァキア人の経済的地位を強化できるかという具体策を執筆するように、シロバールに催促した。フランスの財界人に、マジャール系国立銀行への多額の借款提供について相談されたときは、この業務行為を撤回させることに成功した。

プラハ定住の試み

　この時期にシチェファーニクは、ジュール・ジャンサンの学術論文集の出版を準備していた。その仕事を序論で中断して、〔一九一二年〕三月十一日に三日間プラハに赴いたのは、カレル大学の助教授のポストの件で交渉するためだった。マリエ・ノイマノヴァーのためにも、プラハに定住する考えを完全に諦めてはいなかったのだろう。一月半ばに彼女に熱烈に伝えたところでは、スイスの天文学者エミル・サエルが、一定の奉仕に対して彼に報いたいと望んでいて、独立した天文台の構築という長年の学術プランの実現を、友人として助けるつもりがあるという。シチェファーニクに、一〇万コルナの価格の最新式の天文学装置を、実際の値段の一〇分の一で売却するか、ささやかな使用料で永続的に貸与したい。シチェファーニクが文無しで、多分将来も状況は変わらないことを承知の上での提案だが、彼は堅実な人生を歩むことができるとサエルは確信している。

「これは夢、幻想的な夢です。それが意味するのは、最大の天文台に匹敵するようなものを、ぼくの手持ちの資金で建設できるということ。チェコは美しく飾られるでしょう。ぼくは、君たちのところへ、君のところへ、自分の真の祖国へ戻る決心をしたからです。ぼくのエネルギーが広がって強まるのは、君たちのあいだでです。

ぼくは働くでしょう。真の人間になりたいし、ぼくが一度として愛することをやめなかった、自分の民族のなかで活動してみたい」

現実にはシチェファーニクは、新たな活動舞台についてなかなか決心がつかなかった。タヒチ島に滞在中に（一九一〇年六月十七日）、フランス居住の特別許可証を獲得したが、それによって一定の権利が提供され、（遅くとも三年以内に）完全な帰化の申請が可能になった。パリでは、優れた数学者ポアンカレが新しい強力な庇護者になって、シチェファーニクの学術活動を励ましてくれた。フランス・アカデミーも彼のオセアニアの観測所に関心を示しはじめた。今になってそれを放棄したら、フランスの学界になんと言われるだろうか。おまけに最近シチェファーニクは、次回のブラジル調査団への参加が想定されていると知らされた。結局これらすべてを断念しなければならなかったのは、疑いなく健康問題のためで、不安を抱えた長旅を覚悟しなければならなかったからだ。シチェファーニクはスロヴァキアから戻ると、九月中ベッドに横になって、翌年初頭にプラハの病院で検査を受けた。当地の内科医はパリの医師たちの診断の正しさを裏付けて、さしあたり手術を提案し、厳格な食餌療法と安静を勧めた。少しでも回復したければ少なくとも一か月の休息を、と言われたが、患者のシチェファーニクにそれを願うのは無理な相談だった。最後の数週間はしばしば夜遅くまで働き、その結果じきに発熱と痛みと衰弱に襲われた。だが仕事自体よりももっと彼を苛んでいたのは、絶えざる生存競争だったようだ。三月はじめにシチェファーニクをプラハに赴かせた原因のひとつは、深刻な健康状態だった。

教授資格取得の可能性については、最初に実業学校ビーリー校長に打診した。それからカレル大学の物理学教授Č・ストロウハルと直接に交渉し、自分の置かれた状況をこう説明した。――タヒチ島に戻らなければならないが、それは決定的な国外残留を意味するだろう。だが自分としては、一定の条件があればむしろ国内で働きたい。その条件とは、非常勤教授に任命されること、完全な良心の自由と学術活動の可能性、そして最低限の生活保証が得られること。言うまでもなくチェコ語大学付属の天文台設置要請も、それに関係していた。

シチェファーニクはストロウハル教授から、教授資格取得論文はチェコ語に翻訳しなければならないわけではないが、三、四か月間で非常勤教授に任命される見込みはないことを知った。独立した大学付属天文台については、すでに一八七三年以来交渉されているが、〔一八八二年の〕カレル大学のチェコ語部門とドイツ語部門への分割後には、もう一縷の望みもなかった。オーストリア政府にとっては、二つの天文台を建てるなど論外だったからである。

こうして、国内のプラハの土壌に根を下ろすシチェファーニクの試みはご破算になった。

美しい秋の晩で、パラツキー橋の下ではヴルタヴァ川がせせらぎの音を立てていた。マリエと二人で、昔「最愛のお母さん」ヴルフリツカー夫人が住んでいた窓を眺めながら、シチェファーニクはプラハでの学生時代を回顧したが、この街は彼を市民として受け入れることを拒んだのだ。女性作家スヴォボドヴァーの言葉によると、

「彼がもう私たちのあいだに来なくなって、礼儀正しさと気配りと庇護の愛情の点で、チェコ人男性に手本を示すのをやめたことで、なにを失ってしまったかを、チェコ人女性は決して知ることはないだろう……。彼は全身全霊を捧げるすべを心得ていた……。優しさを漂わせて、好意を寄せた人のまわりに、愛と美と豊穣と居心地良さとくつろぎと、白銀に輝く未来の雰囲気を醸し出していた……」

シチェファーニクは性格からして、自分の苦悩を友人たちに洩らすことを好まず、ましてや親族に対してはそうだった。マリエには手紙でときおり、生活上の心労を仄めかすことはあったが、両親は、生活と学問的自己実現のための息子の粘り強い闘いを夢想だにしていなかった。

「ああ、どうしてぼくたちはつねに論理的に生きることができないのでしょうか。謙虚な、しかし卑屈ではない魂をもって、弱さの徴候のない高貴な心をもって、軽率さと能力の過大評価とは無縁の探究心をもって」と、プラハでの不首尾の約一か月後、復活祭の折にコシャリスカー村宛てに書いている。――「ごく一部の人々が、酔

い痴れたような楽天主義の熱病のなかでうわ言を言っている一方、大半の人は溜め息をつき、人生は苦しく、人生は短い、などと不毛な嘆きに身を委ねています。それはそのとおりだけれど、ぼくたちの暮らしのなかで、正しくも人生と呼べるような瞬間が、どれほどあることでしょうか。というのも人生の意味は、普遍的な善と高貴で健全な美のために用いる目的で、ぼくたちの身体諸器官と精神的能力の向上をめざす意識的努力にあるからです……」

ビグルダン教授の手ほどき

シチェファーニクがこの手紙を書いたのが、タイタニック号沈没〔一九一二年四月十四日〕の直後だったとは信じがたい。その時期に計画された調査隊についての情報が、シチェファーニクの出資者たちを不安にさせて、貸付金を使ってしまわないように求めたが、彼はそれをもう使い果たしてしまった。合衆国経由の装置運送をめぐるトラブルも、我々の記憶に生々しく、二千フランのワイルド賞授与の理由のなかでは（一九一一年十二月十八日のアカデミー会議）、彼がタヒチ島に私費で観測所を設置したと述べられている。シチェファーニクは本能的に、近づきつつある世界的破局を予感して、「みずからの存在が脅かされている」ことを意識した。どうして、絶望的で希望のない闘いを今後も続けなければならないのか、と自問した。いかなる打開策も見つからない。自分の学術活動によって、疑いなく確かな社会的地位を獲得したときになって、世界的破局が近づいていることに、自分の人生の悲劇を見た。

ことの次第はともかく彼は一九一二年四月後半に、G・ビグルダン教授の調査隊に加わって、〔パリに近い〕コルメイユ＝ザン＝パリジの要塞で次の皆既日蝕を観測した。彼の課題はなによりも、日蝕の際に太陽コロナの写真撮影を試みることだった。その後パリ天文台のビグルダンのもとに通って、星雲観測の手ほどきを受けた。星雲研究が、タヒチ島でのシチェファーニクの主要任務になるはずだったのだ。

「真夜中です。ぼくは正規で働いている天文台から戻ったところです。今日の空はどんより曇っていて、ぼくの

コルメイユ＝ザン＝パリジでの日蝕観測。手前の黒服の人物がシチェファーニク（1912年4月）
出典：Štefánik vo fotografii. Praha 1936.

観察対象であるちっぽけな惑星が、ビグルダン氏の強力な望遠鏡のなかにときおり現れるだけでした。晩になるとすぐに天文学者たちは建物を去って、晩十時には完全に一人きりになりました。やむを得ない休息のひとときに、ぼくはテラスに出て大宇宙の丸天井の下をさまよいつつ、おなじみの、でもいつも大いに興奮させられる相貌を分析します。あたりの、塵と蒸気と煙の無限の混沌としたごたまぜは、ところによっては幻想的な光の沼地を連想させて、そのなかにパリの記念碑的建築物のシルエットが浮かび上がります。何百万というさまざまな人間存在の絶望と快楽の呻き声が、ここでひとつの波に融合して、そのリズミカルな満ち引きはぼくの魂をあやして、平安と力を引き出してくれます。おそらく昔もこうだったでしょうし、これからも長く、永遠に、このようにか、似たように行われるでしょう。ぼくたちは宇宙の塵で、任意の価値にすぎません。人生と物事の真の価値を認識した者は、災いなるかな……」（一九一二年五月十五日）

ブラジル旅行

八月二十四日にシチェファーニクは次の日蝕観測のために、今度はブラジルに向けて出発した。国立経度局からの公式派遣だった。秘書としてヤロミール・クラーリチェクが同行した。彼はすでにコルメイユでの日蝕の写真撮影の際に助手を務めて、パリの天文台で望遠鏡などの装置の扱い方を習得していた。予定では彼もタヒチ島

ブラジルでの日蝕観測後に天文学者たちのグループのなかで。上列左から 5 人目、下列の少女に手を置いている人物がシチェファーニク（1912 年）
出典：Štefánik vo fotografii. Praha 1936.

に赴くはずだったからだ。一行は汽船アマゾン号でポルトガルの岸辺を航行し（リスボンに寄港したので、この街を見物できた）、カナリア諸島沿いに進んで、ダカール（セネガル）でふたたびアフリカ大陸に足跡を印した。九月五日に赤道を通過した際にシチェファーニクはまた発病したが、幸いなことに数日後に病気を克服した。リオデジャネイロ到着後はブラジル政府の招待客になった。当地の天文学者たちは、パッサ・クアトロ（ミナス・ジェライス州）のブラジル天文台から三キロ離れた、海抜約千五百メートルの場所を観測地点に選んだ。長さ十メートル、重さ約二トンの望遠鏡の運搬と設置（コンクリート製の台が必要だった）は、困難なしには済まなかった。貴重な装置は慎重に移動させなければならず、旅の最後の区間は雄牛にひかせた荷車に乗せて運んだ。

　パッサ・クアトロでは皆既日蝕を観察するために、ブラジル調査隊以外に大勢のイギリス調査隊も準備中だった。シチェファーニクは隊員の一人ワージントンとは、一年前にオーストラリアで面識を得ていた。今回はリオデジャネイロの天文台所長と心を許した親友になった。新品のツェロスタット[67]を組み立てる際に、シチェファーニクがブラジルの天文学者たちを喜んで手助けしたからだが、彼らは設計図を持っていなかったので、装置の組み立てができなかったのだ。

　日蝕の前日に天文学者のキャンプに、ブラジル大統領が四十名の随員とともに観測地点に向かっているという知らせが届いた。公式の晩餐会が予想された。運輸大臣は天文学者たちに、寝台車付きの特別列車でサンパウロ州への遠征を勧めた。

　日蝕時には終日雨が降って、空は黒雲に覆われていたので、どの調査隊も観測を行うことができなかったが、シチェファーニクだけは雨と黒雲にもかかわらず、一定の成果を挙げることができた。色付きフィルターの助けを借りて、皆既日蝕の前に太陽の光は一気に消えるのではなく、個々のスペクトルの色が順番に失われることを突き止めたのだ。日蝕の終了後これらの色はふたたびひとつずつ、以前に消えていった順番で現れた。月が太陽を覆い隠したとき、いきなり二秒ほど暗くなり、続いて黒雲が黄色くなって、風景が灰色に染め上げられた。このとき、耳を弄するようなロケット花火の発射音がこだました。近所のファゼンダ〔大規模農園〕の農園主が発射させたもので、賓客たる大統領の来訪を祝うためだったのだろう。

「昼に私〔クラーリチェク〕とシチェファーニクは、一人のイギリス人（おそらくワージントンのこと——著者注）と彼の夫人と一緒に、我々のキャンプで昼食を取っていたが、大統領がシチェファーニクと知り合いになりたがっているという伝言があった……。彼はテントのなかで我々との昼食を終えると、大統領のもとに赴いて、大歓声で迎えられた。大統領は一緒に写真に納まって、ブラジルでは万事お望み次第で、あらゆる支援をして差し上げると語った……」とクラーリチェクは親戚に宛てて書いている。

　しかしシチェファーニクは南米に長いあいだ留まるつもりはなかった。十日後にすべての装置を入念に梱包して送り出すと、ブラジルを立ち去った。彼にとって心残りだったのは、時間不足のために、サンパウロ州知事のワニ狩りへの招待を断らなければならなかったことだろう。

帰路に汽船アトランティック号の甲板上で、彼はこう書き留めた。――「十月二十九日、火曜。すばらしい朝。海面はほとんど波立たず、群青色。あちこちに小さな積雲。ＥＮＥ〔東北東〕の微風。マリエンカ〔マリエンカ・ラモショヴァーのことか？〕との「ロマンス」を回想。〔以下、原文はフランス語〕赤道通過。二時頃に赤道無風帯〔原義は「靴墨の壺」〕。海は穏やか。緑の光」

フランス語での最初の二つの表現はシチェファーニクが、はじめて赤道を越える船客たちの「洗礼式」を目撃したことを暗示する。彼らを黒く塗って、水に沈める儀式を目撃したのだ。緑の光は、かなり珍しい気象現象で、雲のない晴れた空のもとで、海上と高山に出現する。沈みゆく太陽の上端か、昇りつつある黄赤色の太陽の最初の光が、数秒間エメラルド色に変わる現象である。

汽船アトランティック号の甲板で、ペレス・ブラネスの某司教がシチェファーニクの関心を惹いた。司教は二十年ぶりにフランスに戻るところで、ブラジル中部の自分の活動地域について興味深げに語ってくれた。アラグアイア川左岸の、彼の修道院に隣接して、ポルトガルと同じほどの広大な領域があるという。そこに住む種族はいまだに石器時代の域を出ていない。この野生人の領域には、これまで商人たちでさえ入り込む勇気がなかったので、あいかわらず未調査のままだ。未知の国を知りたいという抑えがたい願望に駆られたシチェファーニクは、そうする勇気を持ち合わせていたので、適切な時期が来たら同地域で学術調査を実施することをいとわなかっただろう。ペレス・ブラネスの修道院施設が舟と食糧品を提供してくれて、その他の事柄は彼自身の問題だ。そう考えていたことは、ブラジル日記の最後の書き込みから推測できる。――「アラグアイア川とその支流は調査されただろうか。どのような見地から、厳密な地理学的記録、水系学的研究などが実施されただろうか。どのような資料に基づいて、この地域について学べるだろうか」

ルクレール通りの住居

パリの天文台から程遠からぬ小さなルクレール通りにあるシチェファーニクの住居は、小さな博物館さながら

シチェファーニクの住居からのパリの眺望（次頁も）　出典：Štefánik vo fotografii. Praha 1936.

で、訪問者は忘れがたい印象を持ち帰った。玄関の間で訪問者の視線は、未開民族の石像、太鼓、槍などの武器の上に落ちる。本と雑誌と天文学の補助機材が置いてある仕事部屋からは、パリの屋根屋根への見事な眺望が開けている。書架には自然科学と技術関係（天文学、気象学、電気通信、航空学）の文献以外に、文学、造形美術についての著作、旅行記と民俗学関係の書物も置いてあった。床には東洋産の貴重な絨毯が敷かれ、壁には友人の画家タヴィク・フランチシェク・シモンの絵がかけられて、ガラスケースのなかには、世界各地のエキゾチックな貴重品、宝石、真珠と貴金属、貝殻、珊瑚、刺繍、織物と陶器。ベッドの上にはゴーギャンの大きな木製レリーフ。遙かな異国を思い起こさせるこの環境のなかで、世界旅行家シチェファーニクの体験と幻想的計画が訪問者を魅了したのは驚くにあたらない。その世界旅行家は、広い世界にあたかも境界など存在しないかのように、非日常的な驚くべき事柄を、飾らない明瞭さをもって、同時に魅惑的に語るすべを心得ていた。小説家でエッセイストのカミーユ・モークレール[68]のようなフランス人だ

けでなく、チェコの同郷人たちも、この住居から主人シチェファーニクの尋常でない人柄についての印象を持ち帰った。彼らは、外国人がパリで認められるためには、どれほどの努力を払わなければならないかを熟知していたからだ。ヴァーツラフ・ティレはシチェファーニクの仕事部屋で、ブラジルで審議会に招待されて、雨量計ステーション網[69]の設置について論議したという話を聞かされたとき、驚嘆の念を隠せなかった。同ステーションは気圧と湿度を自動的に記録するはずだが、それは農業国ブラジルにとって貴重な資料で、シチェファーニクは装置の提供を約束したというのだ。翌日ティレは工場に案内されて、高い天井の下に、完成間際の新型の巨大な望遠鏡が立っていたのに心底仰天した。シチェファーニクの改良案に従って、タヒチ島の天文台のために建造中だったのだ。エレガントで礼儀正しく全面的教養を備えた魅力的な社交家シチェファーニクは、アイディアと大志に満ちていたが、子供っぽいまでにナイーブでいたずら好きなこともあり、色付きのハンカチや「魔法の」杖や、二重底の箱などを使った手品で友人たちを楽しませた。観客が自分の

パリの住居のインテリア（1906年、次頁も）　出典：Štefánik vo fotografii. Praha 1936.

アマチュア手品のトリックを見抜けないと大喜びした。

だがその間にさらなる不幸が彼を襲った。アンリ・ポアンカレが死去したのだ。シチェファーニクの立場はふたたび揺らぎ、永遠にタヒチ島に去る決心をしたが、今回は中国経由になるはずだった。

シチェファーニクの友人たちは、彼が遙かな大陸の姿を生き生きと、真似のできないかたちで想起するすべを知っていたとはいえ、スロヴァキアについて語るときは、彼の言葉が特別の色合いを帯びて、感情を抑えきれないことに気づいた。

父の死

クリスマスに帰省したコシャリスカー村では、あいかわらず重苦しいスロヴァキアの状況が彼を悩ませたが、近親者たちは不平も言わずに耐えていた。

一九一三年四月にシチェファーニク家の一同は、パヴェル・シチェファーニクの葬儀に参列するために集まった。ミランは父親の真新しい墓の上で、近い将来に思いを馳せつつ、来るべき戦争で自分と〔ハンガリー王

国内にいる〕弟ラジスラウは、相対して戦うことになるだろうという予言的意見を披露したが、その時はだれも気に留めなかった。〔ハンガリー王国の〕低地地方で活動している兄イゴルと最後に会ったときも、目下のセルビア・トルコ戦争〔一九一二―一三年の第一次バルカン戦争をさす〕は歴史的変動の序曲にすぎず、乱脈なロシアからはスラヴ人の解放を期待できないという意見を述べた。

第九章　パリ・アメリカ合衆国・パナマ・エクアドル（一九一三年）

……ぼくの努力はおそらく徒労に終わらず、
人類の大聖堂の建設と
進歩に貢献したし、
いまも貢献している……

エクアドルでの外交的使命

一九一三年中シチェファーニクは、タヒチ島の天文台完成に対するフランス公式筋の関心を獲得しようと努め、フランス船舶の航行にとってのオセアニアにおける気象観測施設の意義を強調した。それと緊密に結びついていたのが、この地域に無線電信ステーション網を設置する

構想である。シチェファーニクは、それが本国と僻遠の植民地を結びつけるはずなので、フランスは遅かれ早かれ建設に踏み切ると確信していた。そのため彼は、政府が商船隊省次官アナトール・ドゥ・モンジーに、遠洋航海のためにパナマ運河を活用する研究を委託したという短い記事を、関心を持って読んだ。間を置かず上院議員ショータンに、ドゥ・モンジーに紹介して欲しいと頼んだ。

一九一四年末までに開通予定のパナマ運河によって、新たな通商路が開かれることになった。立案国のひとつであるフランスは、自国の船舶が運河への進入と退出の際に、アメリカの石炭に依存しなくても済むように、あらかじめ対策を講じたかったが、とくに太平洋側で、適切な石炭置き場の確保が難しいことがわかった。オセ

アニアの旅行記と航海記録の研究に没頭した商船隊省次官ドゥ・モンジーは、南米大陸沿岸から六百マイル離れたフロレアーナ島（ガラパゴス諸島のひとつ）の、驚くべき奇譚に行き当たった。一八四八年頃エクアドルでの革命的動乱の後、勝利した将軍は三人の中尉に、戦場での忠勤への報奨としてこの島を与えた。二人は遠方の財産に大きな関心を示さず、じきに自分たちの取り分を三人目に売り渡した。三人目は島を財産として維持したが、彼の浪費家の息子は、グアヤキルでの遊び仲間や若い女たちとの乱痴気騒ぎを好んだので、父親の遺産をバスク人の某高利貸しに担保として与えなければならなかった。高利貸しはじきにフロレアーナ島の合法的所有者になり、死ぬ前にこの打ち捨てられた島を、フランス領にある故郷の町バルキュの慈善委員会に寄付した。

　ある時期バルキュの市議会はかなり精力的に相続権を主張して、度重なる申し立ては外交交渉の議題にもなった。しかしアメリカ合衆国はこの件で密かにフランスに、モンロー主義（「アメリカ大陸をアメリカ人に」のモットー）[70]を想起させた。案件はその後二十五年間忘れ去られた。

　シチェファーニクは根気よくドゥ・モンジーに、太平洋に無線電信網を構築する必要性を説得し、フランスと遠方のオセアニア植民地を結ぶためには、少なくとも二つのステーションの設置が必要だと主張した。彼の見解によれば、ひとつはタヒチ島に置かれるべきで、二番目の場所を一緒になって南米大陸に探し求めた。ここで不意にドゥ・モンジーはフロレアーナ島の奇譚を思い出して、顛末を物語った。話を聞き終わるやいなやシチェファーニクは決断した。――「無線電信ステーションはガラパゴス諸島のフロレアーナ島に設置されなければなりません。貧しいバルキュの市民の代理人であるフランスは、文明の利益のために略奪者から相続権を奪い返さなければなりません。お望みなら私がその仕事を試みます」

「ひどく常軌を逸した提案だったので、私は逆らうこともできなかった」と、アナトール・ドゥ・モンジーは著書『並外れた運命』のなかで書いている。――「一週間以内で万事が合意された。天文学者ミラン・シチェファーニクは国民教育大臣から、キトの天文台での研究のための委任状を入手して、学術的貢献によってエクアドル共和国政府の信頼を得た後で、フランスのために無線ステーションの利権を獲得するはずだ」

こうして天文学者シチェファーニクは、タヒチ島における独立した近代的天文台設置という学術目的を達成するために、政治の道に踏み入った。

回り道をしてパナマへ

フランスの港を出発したのは一九一三年八月末のことだった。エクアドルに直行せず、回り道をしてアメリカ合衆国を横断し、ニューヨーク、バッファロー（ナイアガラの滝への遠出のため）、シカゴ（二年前のスロヴァキア晩餐会の再演）、ロサンジェルス、サンフランシスコとタヒチ島の友人たちのもとに二、三日立ち寄った。その次の船便が到着するまでの約一か月、天国の島々に滞在して、その間に商社（パリ輸出入協会）に関係した事柄にも携わった。いく人かのフランス人名士と共同で同社を立ち上げたが、現地で代表を務めていたのは友人アメデだった。タヒチ島からの道すがら、サンフランシスコでスロヴァキア人のアルベルト・クルシャーク宅に立ち寄った。彼はこの街の七つの丘のひとつに住んでいて、そこからは街全体と、金門湾と緑に囲まれたヴィラとテラスへの眺望が開けていた。晩方に街の動きが静まると、眼下に何千という小さな灯火が瞬いた。テラスから、魔法のように美しい湾と、星々がまき散らされた夜空を眺めながら、シチェファーニクは主人クルシャークに、タヒチ島でスロヴァキア人コロニーを開設する計画を打ち明けて、助力を求めた。緑の島々に定住して、学術活動に専念する最終的決断を下したのだが、その地でも少しは同郷人と一緒にいたい。この目的のための土地は、すでにフランス政府から確保済みだという。

サンフランシスコから、カリフォルニアとコロラドとテキサスの荒野を列車で横断したが、それには寝台車、食堂車、喫茶室、バー、サロン、読書室、喫煙室と、ソファー付きの展望車が付いていた。駅にはインディアンがうろつきまわり、プレーリー〔大草原〕ではカウボーイが家畜の群れを追い、川沿いの低地には、一面に綿花とサトウキビの畑が広がっていた。列車は彼を、力強いミシシッピ川のデルタ地帯まで運んだが、この川は物憂げにニューオリンズの街を貫流している。街はもう長いあいだアメリカ合衆国領であるにもかかわらず、フランス的性格をなお完全には失っていなかった。そこから汽船シクサオラ号でメキシコ湾とカリブ海を縦断し、パナマ地峡のコロンをめざして航行した。

「ぼくたちは陸地からはるか遠く離れていた。突然、強風に吹き寄せられたちっぽけな鳥が、力尽きて甲板の上の、ぼくから二メートルの距離にとまったのが目に入る。ぼくかわいそうに、とても憂鬱げにこちらを見ている。ぼくは船客のだれも、この疲れた客を驚かさないように見張った。しばらくするとマストの方に飛び立って、いまは乗船券なしでぼくたちと一緒に船旅をしている。この鳥が、血迷った商売至上のアメリカ世界でぼくを惹きつけた唯一の存在だ」

シチェファーニクが一九一三年十一月半ばにコロンに到着したとき、パナマ運河は大部分が開削されて、すでに何隻かの船が航行していたが、水底を掘り下げる作業はなお続行中だった。技師たちの悩みの種は、絶えず土砂を流出するクレブラ山だった。シチェファーニクはこの件に関心を持って、日曜にフランス領事と、猛々しい熱帯植物に覆われた現場に遠出を企てた。運河沿いの木製の角柱の上に、テラス付きの趣味の良い労働者住宅が建ち、厄介な虫に対して針金製の網で守られていた。シチェファーニクは、アメリカ人が運河を固めていることに気づき、兵士以外にはだれも居住を許されないことを知ったが、それは彼らが、運河に対する統制を維持する決心をしたことを意味した。

パナマは概して、信じられないほど不潔な街という印象を与えたが、洗濯物がかけられた海岸通り沿いの家々や、塔の上に小さな木が生えた古い教会堂のような、絵のように美しい光景も見られた。目についたのは、人々が賭け事を好んでいること、靴磨きで生計を立てる多数の少年、学校に急ぐお化粧をした娘たち。

そもそもシチェファーニクは、自分の外交的使命にいささかも熱中していなかった。むしろ逆だった。パナマからエクアドルに運んだ汽船チリ号の甲板上での、十一月十七日付けの手帳の記録は、タヒチ島の自分の望遠鏡のそばにもっと長く陣取れなかったことが、いかに辛かったかを仄めかしている。——

「ふたたび太平洋を赤道の方向に航海中だ。海は穏やかで、空は曇ってはいるが好天だ。船は気づかれないように、穏やかな速度で滑っている。船員はほとんどみな黒人で、のろのろと朝の船体清掃の最中。船客の姿はまばらだ。大半はまだベッドのなかか、それともサロン室のベンチかソファーの上に横になっている。墓場さながらの静けさ。おそらくこの単調さがぼくの心を騒がせた。ふたたびタヒチ島の方に近づいているけれど、そこには到達できない。ぼくの人生を象徴しているかのようだ。

努力して、闘って、危険を冒して、熟考して目標を定めるけれど、その場しのぎ。多種多様で幻想的な道をたどって、放浪するのだけれど、でも港に入ることはできない。

健康は損なわれ、財政は底をつき、ときには精神的にも打ちのめされて、歳月は流れていく。ぼくの人生は錯綜している。でも生きているし、ぼくの努力はおそらく徒労に終わらず、人類の大神殿の建設と進歩に貢献したし、いまも貢献している。ぼくの欠点は大きいけれど、でもぼくの魂のなかには一片の善良さもあると感じる。

ヴィデオ・メリオラ・プロボク・デテリオラ・セクオル（ぼくはより良きものを見て、認めているけれど、より悪いものに付き従っている）。哀れなぼくの父さん、貴方の生涯と死はなんと悲劇的だったことか」

キトでの社交活動

海岸沿いのグアヤキルからエクアドルの首都キトまで、アンデス山脈を横切って鉄道が延びる。線路は、チャン＝チャン川に抉られた全長三十キロの渓谷を一気に登って、川にかかる多数の橋を渡り、底無しの懸崖の上にそびえる巨大な岩場ナジール・デル・ディアブロ（悪魔の鼻）に到達する。このパルミラの台地から、アンデスの峰々の上にそびえる巨大なチンボラソ峰（標高六千二百六十七メートル）が間近に見える。晩方にシチェファーニクがリオバンバで下車したとき、最後の陽光が山塊の万年雪を炎のように彩っていた。

シチェファーニクははじめキトで、ある種の警戒心をもって迎えられた。彼はフランス人と見なされたが、エクアドル人はフランス人とはあまり愉快な経験がなかった。エクアドル政府とフランス鉄道会社の係争は十年以上も長引いた。シチェファーニクは当初から、当地で好意を獲得できるのは、自分の学問を通してだと悟った。それでもエクアドル到着後に、この国の内政状況に精通することを優先課題と見なして、同国の外交政策に対してすでに一家言を持っていた。キト駐在フランス公使フランカステルは暖かく迎えてくれたが、しかし知り合った席ですぐさま、パリの外務省はガラパゴス諸島についてはさしあたり聞く耳を持たないと、はっきり仄めかした。

シチェファーニクは状況をこう見ていた。――イギリスは、ガラパゴス諸島がエクアドルの領有下に留まるように望んでいる。どこかの列強が同諸島を占領しようと企てたら、大英帝国政府はまちがいなく自国の「古い権利」を適用するだろう。パナマ運河の要塞を固めることができるので、アメリカ合衆国もこれらの諸島を狙っている。ガラパゴス諸島の購入に失敗したら、あまり手段を選んだりはしないだろう。東部の紛争地域を口実にして、ペルーをエクアドルとの戦争に駆り立て、ペルーにガラパゴスを領有させ、その後で合衆国に売却するように仕向けるか、それとも同諸島で直接エクアドル政府に対する反乱を引き起こして、パナマの例にならって新生共和国を宣言するだろう。

中立系雑誌『商業（エル・コメルツィオ）』の編集者とのインタヴューのなかで、シチェファーニクはあからさまに、だが言葉を選んで、アメリカ合衆国とのガラパゴス諸島売却交渉は、エクアドル人の民族的矜持と一致しないと指摘した。合衆国はエクアドルの天敵だという考えを、作家クルス・アルバレスにも吹き込もうとした。領土的一体性を護って、経済的にフランスに依拠することはエクアドルの義務だ。フランスはアメリカの拡張主義に対する障壁として、エクアドルが強力になることにきわめて関心を持っている。エクアドルは自力でいくつかの経済拠点を設置して、私的ルートを通してフランスに財政援助を求めたらいい。拒まれることはないだろう。アルバレスの方は自分の執筆活動と、現代エクアドルの文学潮流をシチェファーニクに紹介した。国の東部の山がちのアマゾン川流域にあるインディオ地域を旅行したことがあり、このエキゾチックな環境が自分の演劇の舞台だ（賓客シチェファーニクに読んで聞かせて、客人の助言に従って訂正もした）。シチェファーニクは若い作家アルバレスに、パリでエクアドル文学についての詳しい紹介記事が出るように斡旋すると約束した。

　キトの天文台所長ルイス・G・トゥフィニョとははじめから親友になった。トゥフィニョの方からシチェファーニクに、天文台組織プラン作成の際に助言を求めたので、外国人としての遠慮は必要なくなった。最初の会合の席で、エクアドルに気象台網を構築する合意が成立したが、そのうちのひとつはシチェファーニク自身がガラパゴス島に設置する。その気象台もキトの天文台の所有物になるが、シチェファーニクに定期的に結果を通知する。トゥフィニョが赤道儀[71]を組み立てるのも手伝って、彼のヨーロッパ留学を斡旋するだろう。

　シチェファーニクは現地住民の生活を関心をもって観察し、新鮮な印象を手帳に書き留めた。——

「ロマンチックな懸崖の上にかかった橋の近くでは、濁った川が渦を巻いて（この場所に市内のあらゆる汚物が垂れ流されて、ぞっとするような悪臭。だがちょっと離れて見ると一幅の名画だ）、粘土製煉瓦でできた古いスペイン＝エクアドル風の民家が立っている。廃墟さながらの印象だ。敷居の上に、灰色のさんばら髪の名画のように醜い老婆が座っている。胸ははだけられ、両手は干からびて、赤いショールをなかば羽織り、かたわらでは半裸の孫が真剣な顔つきで、手早く巧みに老婆のシラミを探している。周囲には何人かのインディオの男女が黙然と突っ立っている。

　通りはおもにインディオたちでいっぱいだ。荷物を持たないインディオ女性はめったに見かけない。橋のそばの坂道の上で、一人が辛そうに休息している。大きな木の枝の束を背負って地面まで身を屈め、両手に荷物を持ち、胸には丸い頬のインディオの子供が括り付けられて、母親の乳を吸っていた。四歳ぐらいの小さなインディオの幼女が、自分自身と同じくらいの大きさの赤ん坊を背負っていた。絶えずラバとロバの隊列に出会う。馬に乗った者たち」

外交上の駆け引き

シチェファーニクはエクアドル到着後じきに、自分の外交上の一挙手一投足を、レンブール医師が嫉妬深く追っているのに気づいた。この男は陰謀家で出世主義者だが、キトのフランス人社会のなかでは、エクアドル政府筋ともっとも緊密な繋がりを持っていた。シチェファーニクはじきに自分の使命の一部を洩らして、この利己的な気取り屋を味方にした。同時に彼に、気象観測ステーション建設と一緒に、TSF〔無線電信〕も設置できるが、それによってタヒチ島とマルティニック島の連絡が確保されると説明した。エクアドルが、アメリカ合衆国の侵略的な南方進出を阻止できるような強国になることが、フランスにとって必要だ。

　エクアドルには資金と文化が必要で、フランスはエクアドルの要人と、具体的な財政投資について交渉する意欲がある。自分が当地に来た目的は現地調査のためだが、脆弱な健康と学術的関心がこの仕事を続けることを許さない。そのためには貴方〔レンブール〕のほうが適任だ……。しかし自分の活動記録の余白にはこう書き留めた（十一月三十日、日曜）。――

「外交の仕事は好きになれない……。ときおり胃に痛みを感じる。昼食のときホテルの従業員が、領事館を介して届いた二通の手紙を渡してくれた。一通はロシアに滞在中のマコヴィッキーからだ。真心がこもった文面で、いくつかの文章には深い魂が感じ取れる。ヤースナヤ・ポリャーナ訪問の回想記を書くように求めている。残念なことに、思い出はいささかあいまいになってしまった。でもぼくの心のなかには、年老いた巨人レフ・トルストイの鮮やかな姿が刻まれている。

　もう一通はジャンサン嬢からだ……」

　シチェファーニクはフランカステル公使のサロンを通じて社会的な交際を確立して、公使のもとで外国の外交官と会い、ゾイラ・アルバレス夫人宅では土地の政府筋と知り合いになって交渉した。彼はキトのエリート社会に、パリを手本にして学者と社会の要人からなる天文学協会設置を提案した。公使のお茶の席では、オーストリア＝ハンガリーの状況にフランス人社会の関心を喚起しようと努めた。短期間でフランカステル公使の信頼を獲得したが、彼は成功した詩人でもあったので、シェークスピアの戯曲の翻訳と、自作の詩を読んで聞かせ、パリの外務省宛ての報告書を見せてくれた。

　シチェファーニクが一緒にガラパゴスに行こうと誘う

と、アルバレスは喜んだ。以前に自分のインディオの民芸品のコレクションを見せてくれたが、それらはパリのルクレール通りの、シチェファーニクの住居を飾っていたオセアニア産の民芸品に酷似していた。アルバレスが紹介してくれたあるエクアドル人は、ツァンツァ〔干し首〕と呼ばれる保存加工を施されて縮められた人間（白人）の頭部を持っていたが、それはヒバロというインディオ種族の作品だ。トゥフィニョはインディオの袋をプレゼントしてくれた。

十二月はじめにシチェファーニクは、キトで早急に政府委員会が設置されるように、精力的に働きかける決心をした。大統領と郵政省長官と天文台所長から構成される委員会は、シチェファーニクの詳細な計画を財政面から検討する予定だった。フランスの技術者が三年間エクアドルに派遣されて、無線電信ステーションを建設し、後でこのステーションを引き継ぐ現地の技術者を養成するという内容で、本件の財政面は〔フランス〕領事が担当することになる。

それにもかかわらずレンブールは、シチェファーニクのエクアドル訪問の真意を詮索し続けた。彼から目を離さず、じきに彼のところに、エクアドル政府からある島が租借できるという提案を持ってきた。自分〔レンブール〕は大統領も含めて、当地のすべての政治家と商業面で懇談できるからだ。フランスが、ブラジルやアルゼンチンに後れを取らないように急ぐ必要がある。だがシチェファーニクはとっくにレンブールの正体を突き止めていた。慎重を期して、フランス政府は島には関心がないように装った。その次に会ったときレンブールが、エクアドル政府が島を貸し出すつもりの金額さえ提示したとき、こうしたかたちでの「良心の買収」を断固として拒否して、自分はこの意味で交渉する権限は持っていないと明言した。それにイギリスは、フランスのこうした一方的な利権獲得に決して同意せず、他の列強もおそらく反対の声を挙げるにちがいない。

だがレンブール医師が、エクアドル政府筋の見解を代弁していることが明らかになったとき、シチェファーニクは彼の立場を利用することに決めた。個人的見解にすぎないが、と前置きしつつ、自分が選び出した島の利権をあるエクアドル人が獲得して、株式会社を設立するという方法を提案した。エクアドル政府はこの会社の規約の細部には気がつかないだろうし、フランスの方はエクアドルにおけるいくつかの商業経済企業に関心を持つだろう。

その間に教育省次官がシチェファーニクに、電信局長官デストロウゲがドイツのテレフンケン社と無線電信設置交渉を行っているので、長官と話をつけなければならないと洩らした。

シチェファーニクは電信局長官を説き伏せて、自分の学術計画が実現すると、エクアドルはよく整備された無線電信を獲得し、同時に委員会のメンバーにも（それにはデストロウゲも含まれるだろうが）それなりの役得がある、と述べたので、電信局長官は協力を約束した。だが晩に劇場で、フィレンツェ演劇の第二場と第三場の幕間にレンブールが、エクアドルとフランス間の友好関係を損なう恐れがある事態が発生した、とシチェファーニクに耳打ちした。本当に翌日エクアドル政府は、ドイツ軍事使節団を公式に招聘する決定を下した。シチェファーニクはレンブールに、この行為は両国間の友好関係を損なうと、外務大臣ディロンに告げるように頼んで、トゥフィニョとともにプラサ大統領のもとに赴いた。大統領は、何人かの閣僚を同席させて二人を謁見し、気象学と天文台と無線電信の改組に関わるシチェファーニクの提案を認可して、教育大臣に実施の詳細を委任した。こうしてドイツ軍事使節団の行動は未然に阻止された。シチェファーニクに残された仕事は、なんらかの疑惑が生じないようにイギリス公使を宥めることだった。

シチェファーニクはこのきわめてデリケートな課題も見事に遂行したので、十二月十二日、彼がキトに到着してから三週間足らずで、エクアドル駐在フランス公使は、外務省を介してパリに次のような情報を送ることができた。――

「公共教育大臣と海軍省次官に、以下のことを通知してくださるようにお願いする。

シチェファーニク氏はエクアドル政府から、同政府の予算でキトの天文台を改組して、諸島部も含めてエクアドル全土に、気象台と無線電信ステーション網を設置するように依頼された。彼は、フランス人が両施設の長になるように取り計らった。シチェファーニク氏のガラパゴス諸島への出発が遅れたのは、うまい具合に船舶を雇えなかったからである。
こうした成果を、注目されることなく達成したシチェファーニク氏の巧みな手腕を指摘しないわけにはいかない。

フランカステル」

シチェファーニクは好青年アルバレスに好意を持った。蜂起軍に加わったある親戚に資金援助をしたとかいう理由で、大統領と青年作家の関係が冷たくなったことを知ると、デリケートな状況からの脱出策として、蜂起軍を非難して、政府に忠誠を誓う言葉巧みな記事を新聞に書いたらいいと入れ知恵した。シチェファーニクが最終的な仕上げをした記事には効果があり、アルバレスは十二月末にボリバル州知事に任命された。シチェファーニクは貧困の実態を熟知していたので、貧しい作家が良い地位を手に入れたことを嬉しく思った。彼がアルバレスに同情したのは、財産がないので、以前から気に入っている娘と結婚できない、と洩らしたからでもあった。

十二月十七日の新聞紙上に、蜂起軍がエスメラルダスの町を制圧したというニュースが載った。政府はすぐさま外交団に、同地域は閉鎖中と警告を発した。首都の通りでは人々が群れ集まって小声で議論していた。不自然な静寂を破っていたのは、新兵をつかまえて強制徴募する兵士たちだけだった。

この時期のシチェファーニクの活動は本当に多面的だった。ガラパゴス調査旅行を準備する一方で、トゥフィニョが覚書を作成するのを手伝った。エクアドル政府がフランス政府に送る予定だった電信文も起草し、自分でパリに報告書を提出した。そのとき、バイアからキトまで鉄道を敷設したら有益ではないか、というアイディアが閃いた。ドゥ・モンジーが鉄道を建設する新会社を立ち上げたら、フランスはバイアの港だけでなく、島々の権利も要求できるはずだ。この企てが成功したら、パナマ―ブエナベントゥーラ―バイア―ガラパゴス―タヒチ―ニューカレドニアを結ぶ線が生まれて、それはフランス政治の真の勝利となるだろう。

現地住民の生活観察

外交と壮大なプロジェクトのかたわら、シチェファーニクは時間を割いて、この国の現地住民の生活を観察した。彼はこう書いている。――

「村……。いたるところでインディオが居酒屋のまわりに群がっている。暴飲。エクアドル人と何人かのインディオがボール遊びに興じている。十二センチほどの弾性ゴム製の大きなボールを、二組が重い皿（木製のラケット――著者の注）を使って交互に打ち返す。

道すがら大きなサボテンが見える。現地住民（とくにメキシコの）は葉を切り取って幹に穴を穿つと、その穴は一日でミルク状の独特な液体で一杯になるが、かなり美味だとか。

特別なハチドリに関心を惹かれた。大気中に優雅に静止して、長いクチバシで花々から蜜を吸っている。オスは尻尾でタク、タク、タクという音を立てることができる。

ある居酒屋でインディオたちが踊って、結婚式を祝っている最中だった。花婿と花嫁が向かい合ってステップを踏んでいた。きれいだ。帰り道で我々は、そこから二、三キロのところにある橋の上で立ち止まった。渓谷沿いに徒歩で少し歩いて、小さな草地で半時間ほど休息した。はじめての美しい一日――エクアドルでの散策」（手帳、十二月二十一日、日曜）

慌ただしい帰国

結局シチェファーニクは、目下の内政状況ではエクアドル政府は学術遠征隊に旅費を提供する余裕はないと結論した。トゥフィニョを連れずに出発したくなかったのは、そうすることで通訳を失い、より大きな危険に身を晒しかねなかったからだ（イギリス公使にも、島々での盗賊の危険性を警告された）。それに彼が使用できたのは小さな帆船だけで、道のりは往復を含めて約四か月かかり、それもチャタム島以外の、他の島のどれひとつも訪問しないとしての話だ。そのためシチェファーニクは帰国の準備をはじめた。時期尚早にパリに引き揚げる理由を、フランス公使だけでなく、だれよりも当地の政治家たちに説明する義務があると見なした。最初に大統領に別れを告げに行った。

「この訪問を、エクアドル共和国に対する率直な敬意と共感の印とお取りくださるように、閣下にお願いします。私は今このとき、影響力を持ったある人々の好意もお伝えしていることを隠しませんが、彼らは閣下のお役に立つことができ、またそうしたいと望んでいます。しかしあらゆる類の錯綜を避けるために、デリケートな状況は完全な機密保持を求めています……」――シチェファーニクはこう切り出した。大統領はすぐさま喜んで、豊かなフランスの新会社に鉄道建設の利権を引き渡すつもりだった。問題が、フランス―パナマ―エクアドル―タヒチ―オーストラリアの線であることを理解して、この件でシチェファーニクから書面での一筆を求めた。ここでふたたびシチェファーニクは、大統領の願いを叶えられない理由を簡潔かつ明確に論証して、社交儀礼と巧みな手腕と機知を証明した。

「我々の意図は人道的で自然なものです。他の列強の利益を損なわないように努めながら、接近のための具体的な現実の落としどころを模索しています。他の国々を立腹させずに、真の恒常的な友人を獲得できるかどうかは、貴方次第です」

シチェファーニクは内務大臣M・A・ペニャヘレルにも帰国の理由を説明した。彼とはデストロウゲの同席のもとで、無線電信の中央局をガラパゴス諸島に置くことで合意した。外務大臣L・A・ディロンは別れ際に、ドイツ人が設置することがすでにある程度約束されていたのに、シチェファーニクがフランスのために無線電信プロジェクトの獲得に成功したことに、驚嘆の言葉を洩らした。

シチェファーニクは記念にインカの壺と斧と、模様の入ったインディオの絵をいくつか購入した。アルバレスには、最新作の演劇の結末を変えたらどうかと提案したが、彼からはインカの花瓶と東洋の小さな石像と貴重な一六〇八年版『ドン・キホーテ』をもらった。シチェファーニクはお別れの印に、友人みなに真珠をプレゼントした。

彼は一九一三年の大晦日に手帳に書きつけた。――

「祝賀的な気分はみじんも見られない。なんと空虚な詩情のない世界だろう。ぼくが実家で過ごしたこの前の大晦日の晩を思い出す。ぼくにはもう故郷がない。世界中をさまよって、自分の理想のために働いているけれど、遠回りに、ああ、とてもとても遠回りにだ。モンジー＝プラサ＝エゴイズム＝不誠実。いつまで我慢できるだろうか。でも前進しなければ。ぼくには哀れな母親と、助けを必要としている兄弟姉妹がいる。ぼくのスロヴァキアのために、国外でもっと役に立てるかもしれない。ぼくの魂は痛みに苛まれ、身体は衰弱している。神よ、より良き年を恵みたまえ。

新年おめでとう、親愛なママと、他のみな」

シチェファーニクがエクアドルを去ったとき、首都キトの通りを憂鬱そうな兵士たちが行進していたが、彼らの多くは小銃の高さほどの背丈もなかった。

第十章　フランス・モロッコ・アラスの前線（一九一四―一五年）

ぼくが前線で熱烈に自分の義務を遂行しているのは、スロヴァキア民族に名誉をもたらして、フランスに対する衷心からの愛情を証明するためだ……

サラエヴォ暗殺事件の前後

エクアドルから帰国した後、シチェファーニクはスロヴァキア訪問を企てたが、健康状態がひじょうに悪化したので、一九一四年三月後半に胃潰瘍の大手術を受けなければならなかった。執刀したのはアンジェの病院付属医科学校教授J・A・モンプロフィだった。患者シチェファーニクは手ひどい痛みを覚えたようで、（妹オリガに訴えたように）髪の毛が「真っ白になった」。手術後は「クモの巣のように弱々しく」、回復は緩慢で、丸一か月入院していた。幸いなことに、昼も夜も入念な看護婦が面倒を見てくれた。庭を散歩して新鮮な空気を吸い、簡素な食事を取った。彼に欠けていたのは「一片の愛情と平安」だけで、治療後はパリで、自分の学術プロジェクト実現をめざす闘いを続けなければならないという強迫観念から逃れられなかった。こうした辛いひとときに鎮痛用のバルサム油のような効果を発揮したのは、脅かされた兄の健康を気遣う妹オリガの言葉だった。――「君の手紙は、萎れた花みたいなぼくにとって新鮮な露だ」――シチェファーニクは、一九一四年四月十二日付けの家族に宛てられた最後の手紙の一通で書いている。――「オリニェチカ〔オリガの愛称〕、子供たちの輪のなかでは、いつも自分の魂を新鮮に美しく保って、決して

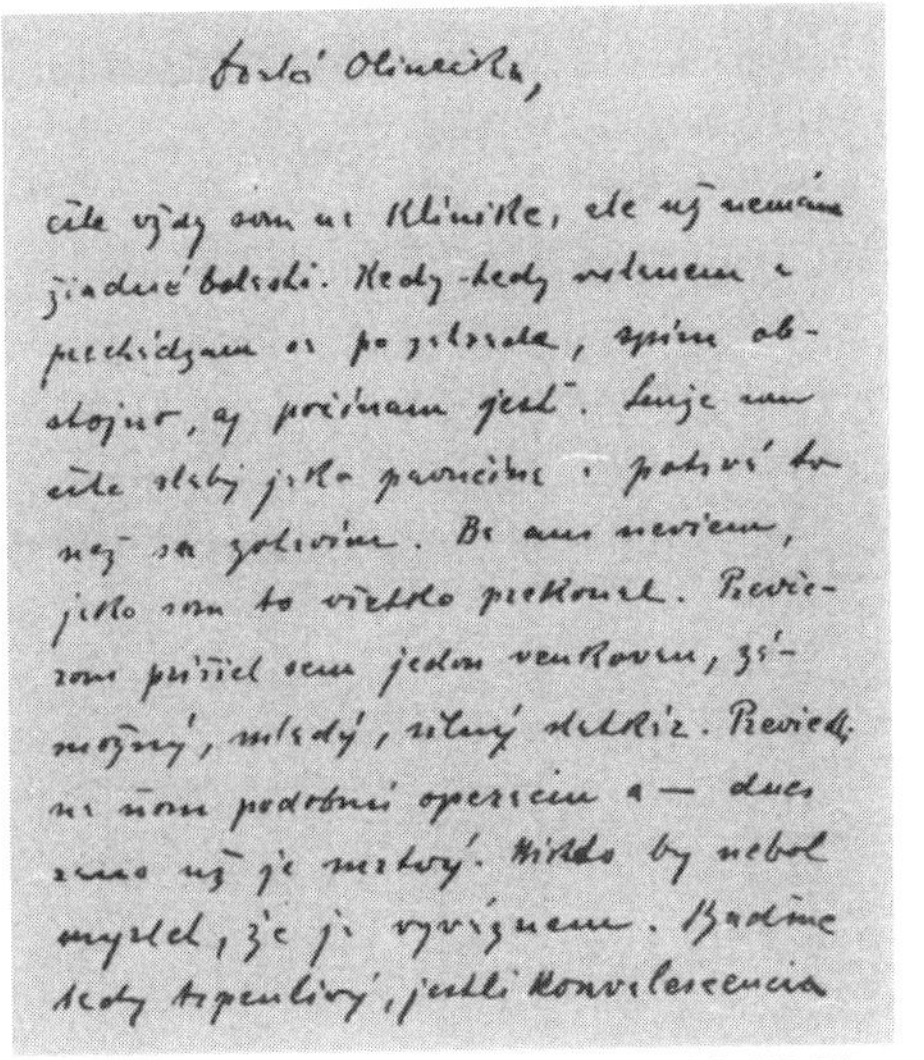

アンジェの病院からの妹オリガへの手紙（巻頭）
出典：Juríček J.: M. R. Štefánik. Životopisný náčrt. Mladé letá, 3. vydanie, Bratislava 1990.

不幸とは感じないでくれ。遠方から多くの者が、とくに君の真摯な兄ミランが、愛情と驚嘆の念をもって君のことを思っているのだから」

　パリで病み上がりの患者シチェファーニクは毎日、ルクレール通りに近い友人の画家シモンのアトリエを訪れて、定期的にアメデと会ったが、彼は復活祭の時期にアンジェの病院に見舞いに来てくれた。作家C・モークレール宅の庭でも愉快なひとときを過ごした。夫人がお気に入りのシューマンの歌曲を歌い、シチェファーニクは美しい五月の夕べのお礼に、サマルカンドから持ち帰った螺鈿《らでん》で飾られた貴重なテーブルクロスを彼女にプレゼントした。

　六月の終わりに、アメデと一緒に遊園地マジック・シティーから帰る途中、イタリア大通りでパリの夕刊新聞から、ボスニアのサラエヴォでフランツ・フェルディナント大公暗殺が企てられたことを知った。シチェファーニクはすぐさま、疑いもなく深刻な帰結をもたらす事件だという見解を披露した。翌日に日刊紙『マタン』を読んだ後、戦争勃発への彼の危惧はいっそう強まった。

　およそこの時期に、シチェファーニクが予見したもうひとつの重大事件が起こった。フランスの全植民地を結びつける無線電信網構築に関する法律に基づいて、政府がようやく、二つの強力な無線電信ステーションの設置に踏み切る決断を下したのだ（一か所はタヒチ島、もう一か所は南太平洋のオーストラリアの近くにあるニューカレドニア島）。シチェファーニクはこの目的のために十五万フランの価格で、自分の天文台を政府要人に提供することができて、植民省では、シチェファーニクがタヒチ島のステーションの所長になると想定した。

動員令を受け取って

だがシチェファーニクはタヒチ島に赴く代わりに、北アフリカに観測所を設置するために八月初旬にモロッコに行って、そこで動員令を受け取った。モロッコ総督リヨテ将軍の接見を受ける際に（将軍は彼を夕食に招待して、フランス政府の名前でレジオン・ド・ヌール騎士勲章を授与した）、世界大戦のごく初期にこの高官に対して、戦後は自分の同胞の地位が改善されるべきだと指摘することを忘れなかった。

シチェファーニクはフランスの高位勲章を（規定の勤務年限を終了していなかったが）、際立った功績のために授与された。一九一四年六月十日付けのレジオン・ド・ヌール騎士任命提案の結論にはこう書かれている。

――「……タヒチ島とエクアドル共和国で卓越した能力を証明して、商船隊と、フランスの幅広い国益のために注目すべき勤務を遂行し、タヒチ島に観測所を設置して自費で整備し、フランス領オセアニア諸島においてよく整備された気象観測施設を組織した」

それは外国人として、長年フランスで耐え忍ばなければならなかった不正に対するすばらしい代償だった。

「私の喜びは計り知れません。自分の魂の奥底で、レジオン・ド・ヌール勲章を担うにふさわしい人間になるように、全力を尽くす決意をしましたが、この勲章は、それに値するより前に私に授与されたのです」と自分の後援者に宛てて知らせた。

当然のことながら総動員令は、帰化したフランス市民ミラン・シチェファーニクにも及んだが、二度目の胃の手術を控えた彼はふたたび入院した。手帳の書き込みが証言するように、このたびは治療陣の一度ならぬ厭味を聞くはめになった。看護婦たちは、治療費を支払わないような場合は、病気のプロテスタントを甘やかす必要はないと信じていた。おまけに手術を受けたがるのは、戦わなくてもすむためではないかと疑った。シチェファーニクは、軍務から外されることを危惧して、航空隊に入隊するために縁故を求めた。友人ポール・ラファエルの兄弟が、高名な飛行家ファルマンと親しいことを知ると、彼から推薦状を手に入れた。だが省庁が彼の要請を受理するまでに数か月を要した。

「ぼくの健康は脆弱ですが、自分の命を、国土防衛への有益な参加に捧げることが必要です」と十月十五日にアメデ夫人宛てに書いた。

だが入院中もエクアドルについて関心を持ち続けた。商船隊省次官ドゥ・モンジーが、エクアドルにおける外交使命の成功を知らせるシチェファーニクの情報を受け取ったのは、内閣が退陣するときだった。ドゥ・モンジーはシチェファーニクの外交上の成果に対して、新任の首相に注意を促そうと努めたが、その当時フランス政府要人は、五月選挙という「より緊急な」問題に忙殺されて、ドイツ人が無線電信の利権獲得を試みているという、エクアドルからの報告書のなかのシチェファーニクの指摘は、なぜか忘れられた。そこでシチェファーニク自身がエクアドルとの繋がりを維持して、自分の約束を守ろうと努力した。一九一四年九月十三日付けの浩瀚な手紙でトゥフィニョに、エクアドルに赴く意欲のある気象学者の技師を見つけて、キトの天文台用の天文学装置と気象学資料を選び、パリ輸出入協会のエクアドルに対する関心を喚起して（フルーツ、香料などの栽培植物の輸入と、現地住民用の布地、衣類など実用品の輸出）、自分の計画を実現するためにエクアドルに戻ると約束した。だがさしあたり、「不安定な健康状態と、ドイツ人の恥知らずな非道徳性と粗野な物質主義によって引き起こされた世界規模の大変動〔第一次世界大戦をさす〕が、ぼくのエクアドル再訪をひじょうに引き延ばしています……」

ちょうどこの時期フランス政府は、ドイツの軍艦が太平洋側での作戦基地として、ガラパゴス諸島を利用したという情報を受け取った。彼らはそこに無線電信ステーションを設置したが、シチェファーニクが一年前に、海図の上でドゥ・モンジーに指し示した場所だった。シチェファーニクの外交上の成功を適時に活用しなかったフランスは、今度はアメリカ合衆国の仲介によって、エクアドルに中立維持を請願しなければならなかった。

世界大戦勃発の背景

周知のように第一次世界大戦は、三国同盟[72]と三国協商〔フランス、イギリス、ロシア〕という、相互に対立する二つの陣営に結集した欧州列強の競合の結果、勃発した。協商側列強としてのフランスの伝統的政策は、強大化しつつある海洋列強で、新たな市場と植民地の獲得に努めていた侵略的で拡張的なドイツ、およびその忠実な同盟者オーストリア＝ハンガリーと対立した。ハプスブルク帝国は多数の民族から構成されていたが、多くはスラヴ系で、彼らは〔十九世紀前半の〕民族覚醒期以来、自己の政治的諸権利のために空しく闘っていた。シチェファーニクは機会あるごとに、オーストリア＝ハンガリー国内のスラヴ系諸民族の抑圧に対して、フランス社会の関心を促した。解体しつつあるトルコ帝国の後釜を狙って、ロシアとオーストリア＝ハンガリーがバルカン半島において競合しはじめた時期にも、彼はその仕事を続けた。ハプスブルク国家は一九〇八年のボスニア＝ヘルツェゴヴィナ併合によって、この地域における自国の影響力を拡大したとはいえ、セルビアを経済的に緊密に縛り付けるという意図は破綻しかけていた。強大なロシアの庇護に依拠したセルビアは、ますます自立的にふるまって、保護者を自称するオーストリア＝ハンガリーの警告を無視した。そこでオーストリア＝ハンガリーは、スラヴ国家セルビアを戦争によって手なずける決心をした。オーストリア＝ハンガリーがロシアの干渉をさほど危惧しなかったのは、ロシアが準備不足であり、完全武装したドイツが確実に支援してくれると当てにしたからだ。

軍事衝突はシチェファーニクを驚かさなかった。前述したように、彼は以前からそれを予測して、多くの民族と国家が前代未聞の闘いに参加するという彼の予言は的中した。この過酷な闘いのなかでスロヴァキア民族の運命も決せられると、切実に意識した。長年夢見ていたことが（いまだヴィジョンに過ぎなかったが）、実現するかもしれない。しかしさしあたりドイツ軍は、ベルギーを経由してフランス領内に殺到し、優勢なオーストリア＝ハンガリーの軍隊はバルカン半島に押し寄せて、セルビアを屈服させようと狙っているが、ロシア軍の方はカルパチア山脈に迫っていた。ここでなにをなすべきか。国内のチェコとスロヴァキアでは、男たちはめだった抵抗もなくオーストリア＝ハンガリー軍に徴兵されている。隷属のなかで教育されたので、そうでしかありえないのだろう。道はただひとつ、我が民族をはじめとする被抑圧民族の牢獄オーストリア＝ハンガリーを、敗北させるべく努めている国々の側で戦うことだ。国外に住む自由なチェコ人とスロヴァキア人も見つかるだろう。彼らを組織して、協商側に立って自民族の自由のために自覚的に戦う兵士に鍛え上げる必要がある。我々が独立を達成できるのは、戦友の権利によってだけだ。だが強いられて戦線の反対側で戦っている者たち（彼らの方が数が多かった）はどうしたらいいのだろう。――

「スラヴ人たちよ、チェコ人とスロヴァキア人、ポーランド人、スロヴェニア人、セルビア人とクロアチア人よ。武装してフランス国境に向かって進軍中の諸君は、ドイツ人とマジャール人の傲慢さと貪欲が、今次の大戦を引き起こしたことを忘れないでくれ。そうではないと主張するのは、ならず者か、目が見えず耳が聞こえず常軌を逸した者にちがいない。歴史は容赦なく真理の側に立って証言するだろう」

これが、オーストリア＝ハンガリー軍の隊列中のスラヴ人に対するシチェファーニクの呼びかけである。こうして第一次世界大戦中の彼の使徒的活動が、現実世界の列強のもとでの、信じられないような宣伝活動が開始された。列強の支持を取り付けて、我が民衆が、ハプスブルク家のもとで耐えなければならなかったよりも、ましな運命に値すると説得する必要があった。

飛行士を志願する

過酷な戦いのなかで重みを持つのは行為だけであることを、シチェファーニクは片時も疑わなかった。彼に勇気が欠けていたことは一度もなかった。ためらうことなく、試されたばかりの新兵器である航空隊を選んだが、それには以前から魅了されていた。疑いなく飛行技術が、個人的能力を発揮する最良の機会を提供したという事情も、決め手になっただろう。飛行士は歩兵よりも関心の的になることができたし、シチェファーニクの性格からして、友人のアメデに洩らしたように、脇役に甘んじるなど論外だった。上院議員ショータンの家族、とくに娘のイヴォンヌが、とても危険だから、と航空隊勤務を断念させようとしたが、無駄だった。

シチェファーニクは一九一五年一月二十八日シャルトルの航空学校で軍務に就いた。四月十一日に伍長の階級とともに、モーリス・ファルマン型飛行機の飛行士の資格証明書を取得し、五月初頭にはもう少尉に昇進した。（航空学校の）教師陣の評価には、戦争前から公職に就いていて、健康が脆弱であるにもかかわらず、ためらうことなく航空隊に志願したことで証明された活力と技術的能力以外に、「国土防衛のための在仏チェコ人の組織化」にも言及されている。陸軍省付属軍事航空局長の本部はこのデータを補足して、シチェファーニクはチェコ独立をめざす民族運動のパイオニアの一人だと述べた。この特徴づけは、シチェファーニクが一九一五年秋までに何度かフランス政府要人に、在仏のチェコ人とスロヴァキア人を、〔交戦国の〕オーストリア＝ハンガリー国籍の保持者であるにもかかわらず、連合国の市民として扱うように陳情した事実にも基づいている。

シャルトルで軍務に就いた際の飛行士シチェファーニク伍長。胸につけているのは、エクアドルでの外交勤務の功績に対して授与されたレジオン・ド・ヌール騎士勲章
出典：Štefánik vo fotografii. Praha 1936.

　飛行士シチェファーニク少尉は、ル＝ブールジェの戦闘機師団グループに属するMF五四飛行中隊に配属された。五月十三日に技師M・ブルドン伍長と一緒にアラスの前線へ飛び、すぐ翌日にダラゴン大尉と、ドゥエーとヴァランシエンヌ周辺の偵察飛行を企てた。飛行機を操縦する確かな腕前と、出没する敵の戦闘機と、対空砲火の弾幕のなかでの冷静沈着さによって、戦友ダラゴン大尉にひじょうな感銘を与えたので、ダラゴンはその日の晩のうちに、今後もシチェファーニクと一緒に飛びたいと飛行中隊長に要請した。こうしてシチェファーニクは将校ダラゴンとブルドン伍長とともに、三か月間敵の上空で大胆な偵察飛行を行ったが、彼らの機体には何度か榴弾の破片が命中した。シチェファーニクは操縦だけでなく、観察装置と爆撃装置を改良する際にも発明の才能を発揮した。

軍事十字章を授与されるシチェファーニク少尉（1915 年）
出典：Štefánik vo fotografii. Praha 1936.

フランス戦線で飛行機（ファルマン型戦闘機）に搭乗するシチェファーニク（1915 年）
出典：Štefánik vo fotografii. Praha 1936.

だがこれが、アルトア近郊の戦い（五月九日―六月十八日）で決定的役割を果たしたフランス第一〇軍における、シチェファーニクの軍事活動のすべてではない。彼はフランス戦線における気象観測施設の組織化にも貢献した。

ウェイガン将軍（フランス北部軍司令官フォシュ将軍の参謀本部長）は、近くの飛行中隊のひとつで若いチェコ人が戦っていて、その活動ぶりで広く関心を惹いていると知ると、五月末に、司令部の居城があるサンポール近郊のブリヤス城での夕食会に招待した。こうしてウェイガンは噂に聞いた客人の名声が、誇張されたものでなかったと確信した。シチェファーニクは洗練された振舞いと率直さとユニークさによって、高級将校たちを文字どおり魅了した。夕食後にウェイガンが、突風によって軍事気球が損害を受けたと述べると（話し相手が天文学者だと承知していた）、シチェファーニクは即座に、こうした事故の再発を防ぐ計画を提案して、気象観測の結果を利用すればいいと言った。シチェファーニクはただちに、パリから必要な機材を持ってくるための休暇をもらった。こうしてフランス陸軍における最初の気象観測ステーションが誕生した。

シチェファーニク少尉とフォシュ将軍の最初の出会いもユニークだった。ある日将軍が司令部の廊下を横切ったとき、目の前に見知らぬ飛行少尉が立ちはだかって、参謀本部から出されたばかりの翌日の前線用の作戦指令は実行できない、という前代未聞の意見具申を行った。将軍は若輩の将校のなみならぬ大胆さに驚いたが、それでもどうしてなのか訊ねた。

「雨が降るからです」が答えだった。

本当に雨が降った。その後では、前線での作戦にとっての信頼の置ける天気予報の意義について、フォシュを説得する必要はなかった。六月三日以来、シチェファーニクは毎晩フォシュの本部に気象情報を送った。同時に日中は、大規模なドイツ軍の弾幕をものともせずに、敵の前線の上空を飛びまわった。

「ぼくが自分の義務を果たしているのは、スロヴァキア民族に名誉をもたらして、フランスに対する衷心からの愛情を証明するためです……」。自分の飛行機で飛び立つときは幸せで、彼の提案によって参謀本部で、「スロヴァーク〔スロヴァキア人〕」という言葉が軍事用の合言葉のリストに登録されたときは、少年のように喜んだ。世界最大の軍隊のひとつの兵士たちが、その言葉を口にするからだ。新たな軍人生活は外見にも反映した。ひげ面の顔は彼を老けて見せていたが、いま将校になって顎ひげを剃り落すと、若返ったように見えた。滑らかに剃りあげた顔の両目はいっそう人目を引いた。

「ぼくは一人で寂しく世界をさまよって、唯一の幸福は有益な人間になること。ぼくは高い理想を信じていて、それに奉仕したい。貴女がぼくのために編んでくれたマフラーに、一千回もありがとう……」と、パリのM・ベンク嬢に書き送っている。同時に偵察飛行の合間にかなりの時間を費やして、キトのトゥフィニョの天文台と無線電信ステーションに関係する研究と計画を作成して、エクアドルに送った。世界大戦といえども交わされた約束を破ってはならないからだ。

チェコスロヴァキア飛行中隊編成の試み

この時期に、独自にチェコスロヴァキア志願兵を組織しようとするシチェファーニクの最初の試みがなされた。一九一五年九月初頭頃の話で、そのとき彼は、パリ在住の友人ルドヴィーク・ストリムプルに速達の手紙を送って、若くて壮健で勇敢な同郷人を見つけ出す手助けをしてくれるように頼んだ（チェコ＝フランス委員会で報告する予定だった）。自分の指揮下で戦う飛行中隊を編成したかったのだ。

「命がなんだろう。大きな事業に、野蛮なゲルマン勢力からの解放に奉仕する必要がある。この飛行中隊は我々の共感のシンボル、我々の権利のシンボルになるだろう」

じきに彼は、負傷して外国人連隊の駐屯地に戻って来たリヨンの志願兵たちのもとに赴いた。ここでスロヴァキア人イヴァン・カダヴィーと会って、旧ナズダル中隊の兵士からチェコスロヴァキア飛行中隊を編成する許可を、フランスの陸軍大臣〔アレクサンドル・ミルラン〕からもらったと語った。勇敢で度胸の据わった六人の男が欲しい。彼らは訓練のためにシャルトルの航空学校に派遣されて、その後自分〔シチェファーニク〕の指揮下で戦うだろう。カダヴィーを計算に入れて、さらに五人の志願兵を選抜する手助けを頼んだ。我々の在外運動にとって大きな影響力を持つ事柄だ……。

カダヴィー以外に、実際に五人のチェコ人青年が志願したが、フランス軍事当局はシャルトルの航空学校への受け入れをためらった。それでも結局これらの志願兵はやはり飛行士になった。仲間内では、シチェファーニクと一緒にチェコとスロヴァキアまで飛んで行くと噂されていたが、飛行訓練終了後に彼らはフランス人部隊に配属された。

その間にシチェファーニクは特命を帯びてセルビアに赴いた。航空隊司令官はシチェファーニクが第一〇軍から転出する際に、彼の活動をこう評価した。――「シチェファーニク少尉はフランスへの奉仕に専念し、貴重な学識以外に、誠実さ、冷静さ、思慮のある勇敢さのような見事な特性も発揮して、完全無欠の軍人精神を立証した……」

第十一章　セルビア戦線・アルバニア上空・イタリア（一九一五年）

かりに倒れなければならないとしたら、せめてスラヴの大地に埋葬してくれ……

セルビア戦線へ

シチェファーニクは飛行士としての訓練終了後すぐに、バルカン戦線で戦う飛行部隊に配属してほしいと申告した。セルビアに出発する前に（一九一五年九月一日）、フレヴァンの城でフォシュ〔将軍〕と会い、パリでは陸軍大臣を訪問した。ブルドン技師とともにマルセイユで汽船シドニー号に乗船したが、同船は出発を一日延期した。地中海でドイツの潜水艦が、三隻のフランス船を沈めたばかりだったからだ。シドニー号の甲板にはフランス人以外に、ドイツの捕虜収容所から釈放されたロシア人難民、イギリス人、ルーマニア人、ギリシャ人がひしめいていた。晩方、ドイツの潜水艦の出没がもっともひんぱんなシチリア島とマルタ島付近では、灯火を消さなければならなかった。ギリシャのピレウスまでの船中と、その先テッサロニキからセルビア・ギリシャ国境への道中で、シチェファーニクはしばしば、本部要員とともにロシアに急ぐフランス軍のダマド将軍と語り合った。

シチェファーニクがバルカン半島に到着したとき、戦況は危機的だった。ドイツ軍、オーストリア軍、ハンガリー軍と、さらにブルガリア軍までが、八か月間も動かなかった前線を移動させて、サヴァ川とドナウ河で強力な攻勢を開始し、小国セルビアは持ちこたえられなかった。敵軍の動向についての情報を、セルビア軍参謀本部に提供していたフランスの航空部隊は、ドイツ軍のカノン砲の射程範囲に入ったベオグラード近郊のバニツァ村から、ラリャの町のそばの山岳高原のコヴィヨンへ移動したところだった。煙をあげるランプで淡く照らし出されたテントのなかで、シチェファーニク少尉は九月二十六日に、飛行中隊長ロジェ・ヴィトラ少佐に出頭申告をした。終日雨が降ったので、飛び立てなかった不機嫌な将校たちを、夕食後にパリからのニュースと気の利いたトランプ手品で楽しませた。フランス人の社交の輪のなかに、セルビア人のスヴェトザール・プレディチ大尉を見つけたときはうれしく思ったが、大尉はここで通訳兼行政担当副司令官として勤務していた。シチェファーニクはすばやく近づきになって、翌日の散歩の折に、自分がセルビアに来たのは前線で戦うだけでなく、ニコル・パシチ首相らセルビア人政治家と接触するためだ、と打ち明けた。自分はチェコ人とスロヴァキア人の解放のために働いていて、セルビアとチェコスロヴァキアの代表者は、共通の敵オーストリア＝ハンガリーに対抗して、団結して行動すべきだと結論した。シチェファーニクは、確信に満ちた論拠によって、自分の特命についてプレディチを納得させたが、何人かのフランス人同僚は疑っていた。

二週間シチェファーニクは、バナート、バーチカ、スリエム地方の上空を何度か偵察飛行した。その後、敵の攻勢の圧力下で対ブルガリア戦線を警備するために、航空部隊はニシに移動した。山がちなこの地方で、ときには悪天候をついて、シチェファーニクは東部戦線の上空を敵の後方奥深くまで飛行した。十月二十五日に観察手マルコ・ボジョヴィチ大尉とともに、大胆不敵な偵察飛行を企てた。飛行はほぼ四時間に及んだが、機銃が故障していたので、空中で敵機と遭遇した場合は、カービン銃しか使用できなかった。三千メートルの高度から、ブルガリア軍のドラゴマンへの集中を偵察した際、敵の野砲に射撃された。定められた軍事課題に属していなかったが、シチェファーニクはブルガリアの首都ソフィア上空まで飛行を延長しようと試みた。だがソフィア盆地全体が黒雲の海に覆われていたので、引き返すことにした。追跡を開始したドイツ軍の戦闘機からやっとのことで逃れた。

シチェファーニクはコヴィヨンからニシに通った。十月八日に、華々しく飾られて二十万人のフランスの援軍到着を空しく待ち受けるこの町を見た。当地のセルビア軍参謀本部で、フランス軍治療隊将校ラウール・ラブリと親友になり、長い会話のなかで同時代のあらゆる軍事・政治問題を検討した。シチェファーニクは新しい友人に（彼も個人的にアナトール・ドゥ・モンジーと面識があった）、チェコ人とスロヴァキア人の独立したスラヴ国家を創設する必要性を論証してみせたが、この国家には欧州文化のために、東西間の仲介者という重要な課題が課せられる。連合諸国が中欧の政治情勢をほとんど知らず、ハプスブルク家支配下のオーストリア＝ハンガリー二重体制の保持に固執していると、ラブリに苦情を洩らした。

セルビアではシチェファーニクは、自分の計画のためのじゅうぶんな支援を見出せなかった。オーストリア軍の暴行に憤激したセルビア人に、スロヴァキア人捕虜をマジャールとドイツの捕虜から区別するように説得することは難しかった。彼が当地に来たのは、なによりチェコ人とスロヴァキア人の捕虜のなかから戦闘部隊を創出するためだった。当然のことだが、セルビア軍の退却の結果生じた混乱状況のなかでは、独自の使命に専念する可能性は皆無だった。

機体のトラブル

セルビア軍兵士はニシを立ち退いてコソヴォ・ポレの方角に退却し、そこで決戦を挑む手はずだった。フランス軍の飛行中隊も西方に撤退するように命令を受けた。ブルガリア軍の砲声はますます大きくなった。最後の飛行機群がクルシェヴァツに向けて離陸した。シチェファーニクの飛行機が速度を増して、もう地上から舞い上がるときになって、飛行士は衝撃を感じた。プロペラが折れたのだ。沈着さと機敏な操作が事故を未然に防いだ。シチェファーニクはヴィトラ司令官に電話連絡することに成功し、司令官は飛行機で替えの部品を送ると約束した。

十月三十日、土曜

朝早くぼくたちは飛行場に集まった。空を眺めて待っている。ポーラン大尉の到着を待っている。いますぐにも飛行機の爆音が聞こえるような気がする。ペテ准尉の発動機は修理されたけれど、彼は動かない。怖いのだ。我々を助けられるというのに。ぼくは待っている。時が経つのはなんと遅いことだろう。

十月三十一日、日曜

夜半と朝方に嵐。雷鳴で起こされたが、ブルガリア軍の襲来のように思えて、寝ぼけ眼で飛び起きた。雲がたいへんな速さで飛んでいく。おそらく少しはお日さまを拝めるだろう。本当に六時半には晴れわたる。これで我々は救われる。ペテ准尉はきっともう飛び立って、二時間後にプロペラを持って来るだろう。ぼくはアントノヴィチ大尉とケーキ屋で朝食を取ったが、八時半にまだペテ准尉が町にいるのを見てぞっとする。この男は無能で卑怯者だ。

だが九時にセレト伍長が飛来した。我々は救われた。手早くプロペラを固定する。空には雲が出ているが、我々は準備完了だ。時間を無駄にしたくないので、発動機を始動させて、泥沼状態の野原を風を切って疾走する。神よ、神よ、いつ機体は舞い上がるのですか。野原が消えて、家々が迫ってくる。やっとのことで機体はゆっくりと離陸して、ぼくは梢の上、二メートルのところを飛んでいるけれど、前方の空間は開かれている。いや、ちがった。一キロほど離れたところの高度六百メートルの空に雲海があり、ぼくは三百メートル以上の高度にはいない。できるかぎり急ぐ。

こうしてシチェファーニクはクルシェヴァツに到着した。彼の飛行機は使い古されていたので、ドゥ・レランティ大尉は技師たちに、急いで新しい機体を組立てるように命じた。機体にニスを塗ることも思い浮かばなかった。それでは飛行機は二、三日以上の雨天には耐えられない。シチェファーニク自身が町で必要なニスを仕入れたが、正午になっても、飛行中の二機の敵機を、「腕組みしたまま」力なく眺めていなければならなかった。遠方から敵のカノン砲の轟きが響いた。すでにクラグエヴァツが陥落したという噂だった。飛行士たちは護りきれなかったものは全部焼却した。セルビア人たちはテントの布を解体して、悲しげに焚き火を見つめていた。夕方頃にやっと新しい機体が準備された。以前のよりも見栄えは良くなかった。昇降段の上の多数の翼小骨にひびが入っていて、翌日の試験飛行はやっつけ仕事の結果を露呈した。飛行機は水平状態を保つことができず、誤ったプロペラを着装していた。もう一日待たなければならなかった。

「午後に散歩。おもにチェコ人の捕虜大隊が、通りと街道沿いに列をなして延びている。物悲しい光景だ。多くの者は疲労して、衣服もじゅうぶんではない。町の周囲の野原には、馬車と避難する群衆がひしめく。晩には沼のなかや露天や敷石の上で、男と女が眠るのだ。食糧も不足気味で、貧しい者の手には届かない」

退却の混乱のなかで

シチェファーニクは、ラシカに到達しようとする昨日の失敗に終わった試みの後で、十一月四日にクルシェヴァツを離陸したが、燃料不足で、アレクサンドロヴァツから二キロのスタニェヴォ村付近の草地に不時着しなければならなかった。当地の軍事ステーションへの道中で、プラハ留学時代の友人ヤーン・プロハースカ技師と出会った。旧友たちは喜ばしげにあいさつを交わして、たがいに好奇心に満ちた質問を投げかけあった。最後に会ったのは十三年前だった。チュプリイの製糖工場長で、アレクサンドロヴァツに疎開していたプロハースカ技師は、友人のシチェファーニクから、家族を残してきたチュプリイが早くもドイツ軍の手に落ちたことを知った。ミランは話のなかで、セルビアへの配属を願ったのは、我が民族の抑圧者と直接に戦うためだと語った。――「かりに倒れなければならないとしたら、せめてスラヴの大地に埋葬してくれ」。その間にオーストリア＝ハンガリーを出国したマサリクと、実務綱領で合意する必要があると強調した。シチェファーニクはチェコスロヴァキア問題に貢献できるように、フランス軍事当局の許可を求める決心を固めていた。できるだけ早くロシアに赴く必要があるだろう……。セルビアの軍事情勢については、連合諸国の援軍がテッサロニキからコソヴォ・ポレをめざして進軍中で、その地でバルカン戦線の命運が決せられると想定した。しかるべきフランス軍事当局に、バルカン戦線で飛行隊が不足しているという情報を提出するつもりだった。

　最寄りの軍事ステーションで、必要なガソリンと機体警備のための兵士が与えられたとはいえ、参謀本部との連絡はすでに完全に切断されていた。友人のプロハースカとともにプレツェドニク（村長）宅に戻ったが、彼はフランスの軍服を着たスロヴァキア人飛行士を温かく迎え入れて、特別な歓待をしてくれた。シチェファーニクは、自分はスロヴァキア人だと公言していたが、残念なことにこの時期南スラヴ人のあいだで、チェコ人の評判が芳しくないことを知った。彼ら南スラヴ人は、チェコ人がセルビア戦線で、スラヴの兄弟セルビア人に敵対して戦うことを、拒否すると期待していたのだ。村長宅での友人たちの会話は夜遅くまで続いた。その当時シチェファーニクは将来のチェコスロヴァキアを、ロマノフ家[73]のだれかを王座にいただく王国として構想していた（彼とは別個にT・G・マサリクも、同様の構想を持っていた）。

　翌日に離陸する際、シチェファーニクの飛行機のプロペラがふたたび故障したとき、友人たちはもう一度軍事ステーションに行って、飛行機の貴重な部品とスーツケースを運ぶための馬車を手配しようとした。フランスよりもドイツの航空隊を称賛したステーション所長の発言に対して、シチェファーニクは断固として反論した。——「フランスの飛行士がセルビアにやって来たのは、命を犠牲にするためで、侮辱に甘んじるためではない」。この諍いの後で、所長は彼のための馬車を出さなかった。

　十一月六日の土曜に、シチェファーニクは機体の残部を焼却して、友人のブルドン技師とともに、プロハースカの工場の軽馬車で旅路についたが、それには必要最小限のスーツケースと少量の食糧品が積み込まれていた。街道は泥だらけだったので、ひんぱんに轍がはまりこみ、最後には退却するべオグラードのパン焼き部隊に、泥から引き出してもらうはめになった。ブルスの手前の小川のそばで一夜を過ごした。ブルスからはクラグエヴァツの軍事ステーションと一緒に、しのつく雨のなか旅を続けたが、この一行がシチェファーニクに雄牛の荷車を提供してくれた。夜はラズボイナの墓地で野宿した。朝方、凍えた者たちは地酒で力をつけて、ふたたび泥濘の道に取りかかった。馬が水を飲みに岸辺に行きやすくるために、しばし徒歩で歩いた。ふたたび街道に上ったとき、退却する隊列の混乱のなかでプロハースカの馬車を見失ってしまったが、それには七面鳥の丸焼きと手持ちの食糧品がそっくり積んであった。プロハースカが必死になって馬車を探したのは、一万フランの現金も積んでいたからだ。

上り下りの坂道では、橋が破壊されていたので、溝や小川を渡る必要があった。家畜が疲労困憊していたので、急な坂道ではしばしば馬車を押してやらなければならなかった。道路ぎわにはますますひんぱんに、息絶えた雄牛と壊れた馬車が放置されていた。街道のある長い一画は、兵士たちの墓標の上に立てられた十字架と民族旗で縁取られていた。トルコ人との戦い〔一九一二―一三年の第一次バルカン戦争をさす〕で倒れた者たちだ。おまけにバニャの近くの登り坂で道が狭まり、日も暮れかけたところで、退却中の疲労した兵士たちに山賊が襲いかかった。撃退しはしたが、悪路の山越えに丸十二時間を要した。登り坂で袋が破れて、穀物がこぼれ落ちた。空腹のオーストリアとブルガリアの捕虜たちは、ためらうことなく泥のなかの穀物に殺到した。ミトロヴィツァで避難民は、畑の生キャベツで飢えをしのいだ。セルビアの紙幣にはもうなんの価値もなかったので、売買に使われたのは硬貨だけだった。

三日めに巡礼者の一行は、コソヴォのプリシチナ近郊で一息ついた。追撃してくるブルガリア軍に襲われる危険性は、もう去ったと思われた。シチェファーニクはここでふたたびプロハースカ技師と出会ったが、海辺で再会して一緒にフランスに出発しようと約束して、すぐに別れた。セルビアにはもう期待できることはなかった。意気消沈して飢えた軍隊には休息と再編成が必要だった。翌日シチェファーニクはブルドン技師と一緒に、やっとのことでプリシチナからコソフスカ・ミトロヴィツァの自分の飛行中隊にたどり着いた。

湿って冷たい雨がちの秋の悪天候のもとでの、七日間の疲労困憊させる旅と単調な食べ物は、病弱なシチェファーニクにとっては過酷すぎた。手帳の十一月十三日の土曜の欄に、「恐ろしい夜。胃から出血」という簡潔な記録がある。翌日ラウール・ラブリは、コートに身を包んで、トルコ人のあばら家のなかに横たわる彼を見つけた。頭を袋にもたせかけて鋭い痛みに呻いていた。―

―

「ぼくはもうお終いです。胃の傷が開いてしまって絶望的だ。ぼくの憧れの友だった貴官に、自分の書類を引き渡したい。マサリクの手元に届くように、万事を取り計らってください。そしてぼくの最後の願いを叶えてください。敵にぼくの遺骸を見つけられないように埋葬してください」

ラブリは力のかぎり友人シチェファーニクを励ました。いくつかの救済の可能性を数え上げて、自分の馬車の一台で彼を運ぼうとした。

十一月十五日、月曜

ぼくは力なく横たわっている。医者たちは早く手術するように助言してくれる。晩にヴィトラ少佐がセルビア軍敗北の報せを告げる。嵐のような夜。旋風が荒れ狂い、水は葦の茂みからあふれ出て、野原は水浸しだ。街道には徒歩や牛に乗った避難民の果てしない列。彼らは無事に避難所にたどり着けただろうか……。

翌日ラウール・ラブリが友人シチェファーニクを訪ねたとき、ダンジェルセール大尉の飛行機でプリズレンに運ばれたことを知った。その地のドゥマの診療所に六日間滞在した。食べ物が喉を通らず（退却の時期は牛乳だけで栄養を取った）、しばしばもどしたので衰弱していた。できるだけ早く手術を受けられなければ、自分でも助かるとは信じていなかった。だがプリズレンの病院はじきに敵軍の手に落ちるかもしれず、彼の容態は日ごとに悪化した。

十一月二十日に飛行中隊は徒歩で撤退すると決定された。ヴィトラ少佐が動けないシチェファーニクに、使用可能な四機の飛行機のうちの一機が、貴官を安全な場所に連れて行くと告げたとき、シチェファーニクは反対して、飛行中隊が自分のために、一人の飛行士と一機の飛行機を失うことを望まなかった。彼には死ぬ覚悟ができていた。だが司令官は一瞬たりともためらわなかった。有名なフランス人飛行士ポーラン大尉（ロンドン―マンチェスター間の飛行のために新聞『デイリー・メール』賞を授与された）に、「この謎めいた人物」をヴァロナに連れて行くように命じた。晩方の離陸前に、友人みながシチェファーニクに別れを告げにやって来た。

アルバニアの峰々を越えて

十一月二十二日にポーラン大尉が、霧がちの悪天候にもかかわらず、プリズレンから敢えて離陸したのは、ブルガリア軍の偵察隊がもう町に接近していたためだ。頼りになる地図の代わりに観測手シチェファーニクが使用したのは、アルバニアの地形図だけだった。もっとも深刻な障害は乱気流だった。飛行機は必要な高度に達するまでに丸半時間も、岩の懸崖のあいだを飛んだ。ドリナ川の峡谷では、あやうく危険な気流と旋風の犠牲になりかかり、機体は持ち上げられたり急降下させられたりした。

「黒雲はひじょうに濃かったので、機体の尾翼さえ見えなかった。十五分間、我々はなにも見えず、知っていることといったら、飛び越えなければならないいくつかの峰は、標高千五百メートルなのに、この瞬間に我々の高度計は千二百メートルを示していたことだけ。我々は、アルバニアの峰々の剥き出しの岸壁に激突する危険に晒されていた。同僚のポーラン大尉は高度を上げて、我々はゆっくりと、ひじょうにゆっくりと上昇していった……。いきなり黒雲が途切れて、我々は二つの絶壁のあいだにいたが、機体の翼は斜面の木々から三十メートルほどしか離れていなかった。

アレッショの方角に到達するやいなや、絵のように壮麗な見事な眺望が開けた。不意にアドリア海が目に入った。我々は救われた。というのも必要な場合は、岸辺に着陸する手があったからだ」

セルビア戦線との連絡が途絶したので、二人の到着を知らされていなかったイタリア軍の港湾部隊は、フランスの飛行機を敵機と誤認して、着陸の際に狙撃した。そのため、警備されていない近づきにくい場所に着陸地点を見つけなければならず、彼らは町外れの沼地に着陸した。イタリアの将校たちは、アルバニア全土を横切って三時間半も飛行して来たフランスの戦友だと知ると、二人を心から祝福して、すぐさま旅を続ける手筈を整えてくれた。シチェファーニクとポーランは、高速水雷艇に乗って四時間でイタリア半島のブリンディジに着いた。そこから列車でローマに行き、その地の皇太后記念病院の医師たちが、病身のフランス軍将校シチェファーニクの看護を引き受けた。

シチェファーニクはフランス駐在武官を介してローマからフランスに、バルカン戦線における最新の出来事と状況についての詳細な報告書を送った。セルビアのフランス駐在武官の副官カルボニエ大尉とは、プリズレン以来の知り合いだった。今その彼と、バルカン戦線の状況と、セルビアの政治家と軍人、フランス外交団と軍事使節団が果たした役割を、議論し解明し評価した。シチェファーニクが書き留めた会話の内容が、陸軍省に提出する報告書を作成する際の下書きになったようだ。そのおもな内容は次のとおり。——

飛行士シチェファーニク中尉
出典：Štefánik vo fotografii. Praha 1936.

武装と組織と食糧貯蔵が不充分なセルビア軍は、はるかに強力な敵軍との戦いのなかで消耗した。ベオグラード攻撃は彼らにとって奇襲で、ここには防衛線が構築されていなかった。連合諸国の援助を当てにしていた。セルビア人はフランス人だけでなく、ブルガリア人を贔屓にした嫌疑でロシア人にも幻滅した。セルビア軍には戦意がなく、絶えず退却している。無関心に身を委ねて、セルビアはお終いだ。退却には民間人と馬車の大群が伴い、街道はふさがり、混乱が増大している。連合国のなかで威信を保ったのはイギリスだけ。フランス外交はなきに等しかった。

ローマのフランス駐在武官もパリに報告書を送ったが、自分の外交電報を次のような言葉で締め括った。——「スラヴ人出身のシチェファーニク中尉は、セルビアとセルビア語に精通している。中尉はこの国に滞在した。穏やかで思慮深く、状況を熟知しているようだ」

ローマでシチェファーニクはフランス大使カミーユ・バレール[74]と知り合いになり、イタリア外務大臣シドニー・ソンニーノ[75]も訪問した。こうしてイタリア政府当局は、セルビア軍の敗北と、アルバニアへの苦難に満ちた退却についての、現場からの生の情報を入手した。奇跡的に苦難のバルカン戦線から脱出した病身のフランス軍将校シチェファーニクに、病院でイタリアの〈マルゲリータ〉王妃自身が関心を示したのも驚くにはあたらない。

第十二章　パリ（一九一五―一六年）

私の祖国の解放を手伝ってください。

ドゥ・ジュヴネル夫人を介して

シチェファーニクはローマから電報でアナトール・ドゥ・モンジーに、病気で入院中と告げた。ドゥ・モンジーの妻はすぐさま友人クレール・ドゥ・ジュヴネル夫人に頼んで、イタリアの首都の知人たちにシチェファーニクに対する関心を喚起させた。一九一五年十二月四日にパリに戻って、見知らぬ貴婦人が自分を庇護してくれたことを知ると、お礼を言いに行った。彼女以前に多くの者がそうだったようにドゥ・ジュヴネル夫人も（彼女のサロンには、もっとも著名なパリの政治家たちが定期的に集った）、彼の人柄の魅力に抗することができなかった。シチェファーニクが感謝の言葉を述べると、夫人はこう訊ねた。――

「なにか他のことでも、貴方のお役に立てませんの」

シチェファーニクは澄んだ目で彼女を見つめながら、いとも清らかな表情を浮かべて、使徒のような口調で答えた。――

「私の祖国の解放を手伝ってください」。彼女を友人として獲得したことを確認すると、すぐに、よく知られていない中欧の国の独立獲得を助けるという素敵なプランを打ち明けた。別れ際にドゥ・ジュヴネル夫人に、「ぼくは貴女を頼りにして、貴女に感謝しています」と告げた。

本当にこの貴婦人は、いく人かの友人の警告も気にかけずに——彼らは、シチェファーニクは確かに優れた科学者だけれど、彼が見果てぬ夢（独立したチェコスロヴァキア）について話すときは、耳を貸さないように彼女に忠告した——、繋がりのあるフランス社会の影響力を持った人物を、次々と仲介してくれた。

最初に紹介したのは、日刊紙『マタン』の国際欄の編集長ジュール・ソウエルヴァイン[76]で、彼とは初対面のときにやはり忠実な友人になった。——「最初はシチェファーニクの話をぼんやりと聞き流していた。私のために辛抱強く、バルカン半島と中欧の状況についての自説を繰り返していた。ある瞬間に私の方をまじまじと凝視して、尋常でない目つきであることに気づいた。幻覚を、鮮やかな幻覚を患っている人間の目、もっとも情熱的なファンタジーでさえも、この上なく冷静な意志の力によって統制する人間の目だった……。こうして私は心をつかまれた」

ドゥ・ジュヴネル夫人のおかげで、シチェファーニクはセルビア戦線での体験を、上院議員ペルショの秘書ルイーズ・ヴェス嬢にも語って聞かせた。雑誌『ラディカル』の所有者でもあったペルショは、体験談を公表するための紙面を提供してくれた。続いてアリステッド・ブリアン首相と、外務省の「影の実力者」フィリップ・ベルトロに紹介された。

こうしてシチェファーニクはふたたび、モンブラン登頂の時期よりもさらに、パリの社交界の花形になった。この人物は多くの尋常でない出来事と結びついて、学術的な世界一周旅行に、〔アラスとバルカンの〕二つの前線での大胆な行動が付け加わった。自分の体験をいとも芸術的な形式によって聞き手に伝える能力を考えれば、その当時のシチェファーニクの社会的成功ぶりを理解できるだろう。

チェコスロヴァキア抵抗運動への参加

一九一五年十二月十三日にシチェファーニクは画家ルドヴィーク・ストリムプルの住居で、はじめてカレル大学の社会学助教授エドヴァルト・ベネシュ[77]と会った。彼はマサリクのリアリズム[78]の信奉者で、九月末からパリの同郷人のあいだでシチェファーニクを探していた。それ以前に親しい付き合いはなかったが、二人はすぐに友人になった。シチェファーニクはベネシュに、現在の政治状況と相互協力についての自説を開陳し、チェコスロヴァキア問題のために、フランス政治家を支持者にする必要性を強調した。さらにベネシュに、ロンドンのマサリク教授のもとに行ってこの提案を検討し、三人で一緒に協議して、場合によってはフランス政府とも交渉するために、マサリクをパリに招くように勧めた。

シチェファーニクの計画はひじょうに大胆だったので、マサリクははじめ慎重に受け取った。だが原則として同意して、フランスの政府要人と繋がりをつけることが可能になりしだい、パリに行くと請け合った。

一九一四年十二月にT・G・マサリクが、続いて一九一五年二月にベネシュも、オーストリア＝ハンガリーに対抗して、チェコスロヴァキア独立をめざす抵抗運動を組織する意図を持って亡命の途についた。主要な課題は、あまり知られていない二つのスラヴ民族〔チェコ人とスロヴァキア人〕を外国に紹介して、独立をめざす彼らの願望を伝えることだった（自分の国家を維持するために戦うセルビア人や、影響力のある亡命社会を持つポーランド人は、この点でチェコ人とスロヴァキア人よりも疑いなく有利だった）。二人の政治家〔マサリクとベネシュ〕の状況がいっそう困難だったのは、シチェファーニクと違って、二人が世界大戦を予期していなかったからである。言うまでもないがこの時期の協商諸国は、オーストリア＝ハンガリーのスラヴ問題よりも、自分たちの存亡をかけた利害関係と、自国の安全に関わるより緊急な諸問題に取り組んでいた。問題は我々のナショナル・インタレストを、中央列強と交戦中で、ハプスブルク君主国に対する将来の勝利者になるかもしれない列強の意図と合致させることだ。スラヴ問題を、世界政治の複雑な問題設定のなかに組み込む必要がある。

マサリクは、ベネシュがチェコからチューリッヒに到着するとすぐさま注意を促して、連合諸国はオーストリア＝ハンガリーのスラヴ系諸民族の状況に精通しておらず、チェコスロヴァキア問題に大きな関心を払っていないと指摘した。つまり我々の最初の課題は、みずからに関心を引きつけることだ。二人は、チェコとスロヴァキアの亡命者たちと協力して、公の場に登場することで合意した。こうしてチェコ在外委員会の声明が起草され、一九一五年十一月十四日にスイス、フランス、ロシア、アメリカ合衆国で同時に公表された。これは国外におけるマサリクの公の場での初登場で、オーストリア＝ハンガリーに対する戦いと、独立したチェコスロヴァキア国家を創設する意向を声明した。だがこの声明は大きな関心を惹き起こさず、予期した反響を呼ばなかった。注意を払った人はほとんどおらず、とくに声明が向けられた人々が注意を払わなかった。

その当時、連合諸国の関心は軍事問題に集中して、西部戦線ではドイツ軍がベルギーのほぼ全土を占領し、フランス領土の一部に永続的に腰を据えたように見えた。東部戦線ではドイツ軍が反撃して、ロシア軍をポーランド人の民族的境界の彼方まで押し戻した。バルカン戦線ではブルガリアの参加を得て、セルビアに対する強力な攻勢が準備中だった。イタリアは連合国側に立って参戦したとはいえ、さしあたり対オーストリア戦においてめだった戦果を挙げることができなかった。イギリスは最近やっと全国的兵役義務を導入したばかりだった。

後年ベネシュが書いているように、こうした状況のなかでマサリクとベネシュは、「各人が自分の持ち場で出版活動を続けて、次第により堅固な組織を準備する」以上の妥当な活動形態を見出せなかった。

シチェファーニクが抵抗運動に参加したことで、情報・宣伝活動に限定されていたチェコ人亡命者の行動は、より高次の外交的レベルに達した。

熱に浮かされたような活動

一九一五年十二月に、シチェファーニクは自分の健康状態を無視して、クレール・ドゥ・ジュヴネル夫人のサロンで、毎日少なくとも一人の影響力のあるジャーナリスト、外交官、政治家と知り合いになり、中欧における独立したチェコスロヴァキアの建国が、連合諸国の反ドイツ政策の利害関係にかなっている、と説得に努めた。今日では我々は、シチェファーニクが職業的外交官や政治家の支持を取り付けるために、どれほどの努力を払わなければならなかったのか想像もできない。彼らは中欧の状況を、諸大国の勢力均衡の観点から見ていて、耳を傾けたのはせいぜい歴史権[79]による論証だった。世論については言うまでもないが、フランスの代表的政治家たちも、ドイツの小国家への分割には賛成したものの、概してオーストリア゠ハンガリーを保全する立場に固執した（オーストリア人は自国の抗いがたい魅力によって、マジャール人の方は洗練された礼儀作法によって、パリの心をつかんでいた）。ドイツに対する対抗軸になるために、オーストリア゠ハンガリーはより強力な国家になるべきだ、という見解の持ち主さえいた。

ドゥ・ジュヴネル夫人はシチェファーニクの説得工作を回想して、「私は彼が同じ日に、同じ問題を、同一の歴史的事実を、別の人物に辛抱強く説明する様子を目撃しました。聞いたときの印象では、話し相手の方が、シチェファーニクが必要とするあらゆる論拠を提供して、結局のところ自分たちの行為に影響を与えたように見えました」と述べている。

こうした雰囲気のなかでシチェファーニクは、外交官さながらの仕事を慎重に続けなければならなかった。議論においてはつねに、チェコスロヴァキア民族の独立確保が問題だったとはいえ、戦後の欧州合衆国創設を不可避と見なした。平和主義的見解も隠さなかった。経験豊かな旅行家として、諸国民は地球上の全大陸に秘められている天然資源の獲得に力を注ぐべきであって、相互間で戦うべきではない、が口癖だった。――「人類の努力は、万人の安寧のための共同の意識的活動をめざすべきです」

こうした言葉にはそれでも喜んで耳が傾けられた。だがシチェファーニクが、チェコスロヴァキアの独立は正義の実現にほかならない、と断言すると、疑わしげに頭を傾げる人たちもいた。

「何世紀ものあいだトルコ人の圧迫と、我がフランスの政略に耐え抜いた由緒ある君主国オーストリア゠ハンガリーの解体を望んでいるあの冒険家は、どこに消えたのかね」――シチェファーニクがサロンにいなかったとき、こう訊ねる者もいた。女主人の息子の若いベルトランだけが、病身の中尉シチェファーニクはおそらく意識朦朧として、自分の仕事部屋に横たわっているにちがいないと予感した。晩に客が来ると知らせたら、なんとしても彼らを説得しなければならない……と自分に言い聞かせて、消耗しきった身体でやって来るだろう。

シチェファーニクの熱に浮かされたような活動を、避けられない胃の手術が数日間中断した。クリスマス・イヴの日に執刀したのは、ソルボンヌの外科病院教授アンリ・アルトマンだった。前回と同様、重大で難しい手術だった。だが患者のシチェファーニクが食べ物を摂取しはじめて、ベッドの上でなんとか身動きできるようになると、訪問客が入れ替わり彼の病室を訪れた。定期的にほぼ毎日やって来たのはベネシュで、シチェファーニクは彼のために、フランスの出版物向けの記事を訂正し補足した。ジュール・ソウエルヴァインには『マタン』紙のための資料を提供した。チェコ在外委員会の声明（手紙を添えて某高官に発送した）に依拠して、一千万人のスラヴ人は抑圧にもかかわらず、戦運が中央列強の側に傾いたように見えたときでも、オーストリア人とドイツ人に背を向けるのをためらわなかったと強調した。チェコスロヴァキア民族解放運動に対する世論の関心をかき立てるために、フランスの栄光ある伝統と鷹揚さを論拠にした。記事のポイントは、チェコ民族はフランスの忠実な友人である、というテーゼ（歴史からの論証）だった。――今次の大戦におけるチェコ民族の課題と志向。その経済力で戦時賠償の一部を支払うことができる。〔チェコ民族〕解放の政治的帰結――パン・ゲルマン主義に対する防壁。革命の準備。急いでイタリアを満足させる必要がある。ルーマニアにおける不穏。原則を宣言しなければならない（オーストリアはさしあたり絶対主義支配である。同国は議会の見解を無視して宣戦布告を行った唯一の交戦大国であり、おそらくスラヴ系議員の反対を恐れたのだろう）。

シチェファーニクはじきにベネシュに、国際世論にチェコスロヴァキア在外運動の情報を体系的に提供するフランス語雑誌の創刊、という次の積極的プランを提示した。彼の言葉によれば、進歩を渇望する中産階級市民向けの雑誌になるはずだった。「社交感覚と政治的熟慮の枠内で」社会・文化・宗教上の諸問題も取り上げる予定で、構想の点では純粋な情報提供誌の枠を越えるだろう。理念的方向性について言えば、T・G・マサリクの哲学と一致して政治学と実践道徳に依拠し、リベラルで民主的な雑誌になるはずだ。シチェファーニクとベネシュは、雑誌出版の技術的・組織的側面も詳細に検討したが、マサリクは別のプランを準備していた。彼は一九一六年一月末にパリを訪れたとき、フランス人歴史家エルネスト・ドニ教授[80]と、フランス語雑誌『チェコ国民』

の刊行で合意したが、教授はスラヴ諸民族と協力することで、フランスは戦争に勝利できると確信していた。こうして外国向けの我々の雑誌の問題は解決された。

マサリクとともにフランス政治家を訪問

マサリクがパリにやって来た時期に、シチェファーニクはヌイイの病院に入院中だった。だがそれは、影響力のある知人の助けを借りて、恩師の教授に（マサリクに対しては息子としてふるまい、「お父さん」と呼んだ）、アリステッド・ブリアン首相との会見を設定する妨げにはならなかった。両足で立つのもやっとだったが、恩師に同行した。こうしてT・G・マサリクはフランスのトップクラスの要人に、オーストリア＝ハンガリーを解体して、新しい独立国家群を創設する必要性について、自説を披露する機会を得たが、それらの国家は、ドイツの東方拡大に対抗してフランスの自然な同盟国になるだろう。これが今次の大戦の綱領になるべきで、この戦争はマサリクの見解によれば、中央列強〔ドイツとオーストリア＝ハンガリーをさす〕のパン・ゲルマン主義と絶対主義に反対する戦いであると同時に、欧州の民主主義と被抑圧諸民族の自由のための戦いでもある。ブリアンはマサリクに、フランスは諸君の切望を忘れず、諸君が独立を獲得できるように万策を講じると請け合った。

シチェファーニクは、マサリクとの交渉について公報が出されるように、ブリアンの同意を得るべく取り計らい、同時にマサリクとソウエルヴァインのインタヴュー会見を準備した。連合諸国の勝利後、欧州を政治的にどのように整えるべきかが語られて、フランス首相ブリアンとの会見記事と一緒に、『マタン』紙に掲載された。これはチェコスロヴァキア在外抵抗運動の最初の重要な活動であり、外交的勝利だった。

T・G・マサリクはパリ滞在中、毎日ミランを病院に見舞って（いつもファースト・ネームで「ミラン」と呼んだ）、チェコ亡命運動の情勢を知らせた。そのかたわら、協商国の政治家たちに提出するつもりだったフランス語の新たな文書「軍事情勢に関する覚書」（一九一六年二月）をシチェファーニクに見せた。同文書の個々の点に対するシチェファーニクの多数の訂正と指摘から、連合諸国、とくにフランスの政治状況には、マサリクよりも精通していたことは明らかだ。

シチェファーニクは、フランスの政治家やジャーナリストとの論議のなかで、合意された政治プランの必要性を指摘した。彼が危惧していたのは、フランス軍兵士がドイツ軍をフランスの国境外に追い払ったら、それで満足して、戦闘を継続する意欲と意志と忍耐強さを持たないのではないか、という点だった。協商列強は道徳的・政治的団結によって、動揺する中立諸国を味方にすることができるし、弱体化したイタリア軍の活動の活発化にもまちがいなく寄与するだろう。スラヴ諸民族がより明確に自分たちの将来を見て取れるような欧州新地図に、決定的に合意すれば、疑いなく彼らを励まして、オーストリア＝ハンガリーに対していっそう効果的な抵抗運動を展開させるだろう。シチェファーニクはマサリクの覚書のなかでも、こうした構想を展開するように勧めた。

予期した以上に成功したブリアンとの会見の後、二週間も経たないうちに、シチェファーニクはマサリク教授のために、代議院議長ポール・デシャネル[81]との会見をお膳立てすることに成功した。それはたしかに幸運な偶然のめぐり合わせだったが、だからと言って、提供されたあらゆる状況を、チェコスロヴァキア国家理念のために活用するシチェファーニクの、なみならぬ能力と心構えの意義が損なわれることはない。デシャネル宅訪問が実現したのは、クリニャンクール兵営病院の副主治医ラウール・ブロンデルが仲介してくれたからだが、シチェファーニクは二月七日に同病院に回復証明書を受け取りに行った。外国の名前を持った航空隊将校は、セルビア戦線での体験談によって医師の関心を惹いた。将校の出身地を知ると、プラハの思い出が蘇った。ブロンデルは二十世紀はじめに、『売られた花嫁』〔ベドジフ・スメタナのオペラ〕の翻訳者として（ドイツ語からの重訳だったが）心から歓迎されたのだ。シチェファーニクにとってはこれでじゅうぶんだった。通りと、医師の住居での昼食の際にも続いた会話のなかで、ブロンデルが代議院議長デシャネルの友人であることを聞き知ると、シチェファーニクはこの機会を逃さなかった。

「それはすばらしい。我が国のために大きな貢献をなさるつもりがおありなら、我々の偉大な民族主義者マサリク教授をデシャネル氏に紹介する方策を、きっと見つけてくださいますね」

ブロンデルは期待に背かなかった。二月十五日にもう三人そろって代議院議長の執務室に座っていた。背が高くて謹厳で、白い顎ひげを蓄えた老人然としたマサリクは、めがね越しにじっと凝視した。彼の沈黙は、絶えず喋っている若いシチェファーニクの活発さと目立った対照をなしたが、シチェファーニクの意気盛んな顔には、ときおりほほえみの輝きがきらめいた。熱狂的に、おそらくは誇張も交えながら、チェコ独立を宣言する必要性について語った。――

「議長閣下、貴方が代議院の高い演壇の上から、連合諸国はチェコ独立を承認すると宣言なさるその日に、目下イタリア軍に対峙しているオーストリア軍内の十五万人のチェコ人兵士は、武器と装備を携えて連合諸国の側に移ってきます」

しかしデシャネルの回答は、マサリクとシチェファーニクを失望させた。デシャネルはチェコ人が慎重にふるまうように助言した。戦争の最中の大量脱走は急がない方がいい。さもないと血の川によって代償を支払うことになるだろう。戦争の最終段階まで延期すべきだ。シチェファーニクとマサリクはすぐに感づいたが、フランス代議院議長の立場は、オーストリア＝ハンガリーは戦後に緩衝国、すなわちドイツのバルカン半島進出に対する障壁になれるという、流布した見解に基づいていた。デシャネルに言わせると、由緒ある君主国オーストリア＝ハンガリーは、沿ドナウ合衆国の連邦共和国に置き換えることができる。

ブロンデルはこの明らかな失敗に挫けなかった。外務省政治部長フィリップ・ベルトロの周囲の人々に影響を与えようとして、すぐ翌日にマサリクとシチェファーニクを会食に招待した。その席には無線電信部局長マリウス・ガビョン、ブリアン首相の主治医シャタン、宣伝部局担当官エルムと、外交問題、なかでも沿ドナウ問題の専門家アンドレ・シェラダム[82]が連なっていた。ここでもマサリク教授はたいてい耳を傾けるだけで、会話に方向性を与えたのは情熱的なシチェファーニクだった。戦局に左右されたとはいえ、会話は楽天的雰囲気のなかで進んだ。ルーマニアが連合国側に立って参戦すると期待され、アメリカ合衆国とドイツの関係の段階的悪化が、まもなく公然たる衝突にいたると予期されたが、それは戦争の終結を早めるだろう。ロシア軍も最近、前線で際立った成功を勝ち取った〔おそらく一九一六年一月に開始されたカフカース戦線におけるロシア軍の進撃を念頭に置いている〕。会食は恐るべきヴェルダンの戦闘〔一九一六年二月に開始〕の数日前のことだった。チェコスロヴァキアとフランスのこのささやかな会合のだれもが、この事態を予測できなかったので、フランス人たちの乾杯の辞が、チェコ国家の独立宣言のように響いたのも無理からぬ話だった。

チェコスロヴァキア国民会議を立ち上げる

シチェファーニクはT・G・マサリクのパリ到着以前にベネシュに、中央政治機関を創設する必要性を絶えず力説した。同機関は、連合諸国と中立諸国（とくにロシアとアメリカ合衆国とフランス）在住のチェコ人とスロヴァキア人の個々の民族組織を糾合すると同時に、チェコスロヴァキア在外運動を対外的に代表するはずだった。当初この役割を果たしたのはマサリク自身だった。それを正当化したのは、〔オーストリア議会における〕彼の議員委任状と、総じてチェコ人とスロヴァキア人の在外団体が、彼を抵抗運動の指導者と認めていた事実だった。マサリクが在外中央機関の創設をためらったのは、自分に続いて他のチェコ人議員も亡命して来ると期待したからだ。だが事態の展開は公の場での登場と表明を余儀なくさせ、結局マサリクは一九一六年二月のパリ訪問の際に、三人の協力者とチェコ領邦国民会議を創設することを決心した。マサリクが同会議の議長、シチェファーニクとドゥリフ議員[83]が副議長、ベネシュが書記長の座に着いた。マサリクとドゥリフとベネシュが合意した名称〔チェコ領邦国民会議〕は、後におもに在米スロヴァキア人連盟

チェコスロヴァキア国民会議書記長エドヴァルト・ベネシュ。パリの執務室で
出典：Juríček J.: M. R. Štefánik. Životopisný náčrt. Mladé letá, 3. vydanie, Bratislava 1990.

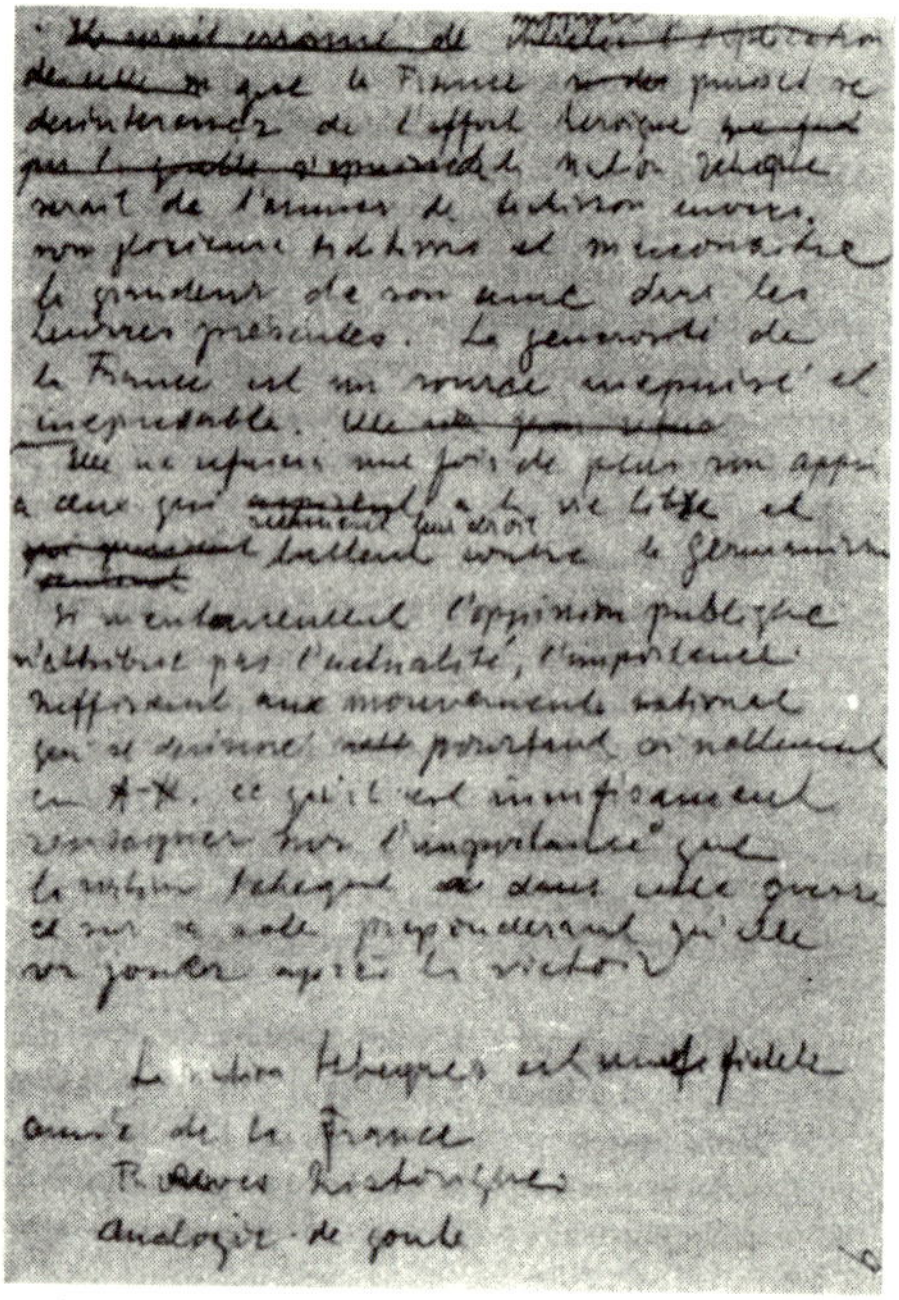

シチェファーニクの覚書『チェコ国』の草案原稿（部分）
出典：Juríček J.: M. R. Štefánik. Životopisný náčrt. Mladé letá, 3. vydanie, Bratislava 1990.

の代表シチェファン・オススキー[84]の尽力で、「チェコスロヴァキア国民会議」に変更された。

　シチェファーニクは同会議でスロヴァキア人を代表した。マサリクやベネシュの見解とは違って、国外のチェコとスロヴァキアの民族組織の代表者も、国民会議のメンバーと見なされるように要請したが、反面で（個人的諍いを避ける意味でも）、国民会議の名において連合諸国の政治家と接触できるのは、上述の四人の人物に限ることを正しいと考えた。

　国民会議の創設、なかでもフランス政府による権限承認に対するシチェファーニクの関与は決定的だった。同組織の課題の簡潔なテーゼを執筆したのも彼である。――「〔国民会議は〕チェコスロヴァキア問題に関係する宣伝活動全体と、政治・軍事・外交活動を統括する。その課題は、チェコスロヴァキア民族の願望を知らせることであり、すべての努力を方向づけることであり、諸要求の妥当性を論証する文書を準備することだ。唯一の権限と責任を持ったチェコスロヴァキア諸邦国民会議は、連合列強の正当な代表と完全に一致して行動するだろう」

　このテーゼは、フランス語の雑誌『チェコ国民』の毎号の表紙に定期的に掲載され、宣伝活動用の名刺に、将来のチェコスロヴァキア国家の地図と一緒に印刷された。

　ベネシュはほぼ連日、オーストリアからもたらされた新しい文書と、スイスからレフ・シフラヴァ[85]が定期的に自分宛てに送って来た情報を、シチェファーニクのもとに持参した。シチェファーニクはこうした資料を、高位レベルの政治家とジャーナリストへの個人的陳情の際に活用した。

　国民会議を立ち上げた時期に、ペトログラードの同郷人の代表者ボフダン・パヴルーがパリにやって来たが、彼は西欧でチェコスロヴァキア政治活動家と連絡をつけるように依頼されていた。パヴルーはベネシュと文書を交わしていたので、マサリクの前途有望なブリアン訪問について、大まかな情報を得ていた。マサリク自身が、我々のこの最初の外交上の成功に貢献したのは、パヴルーのプラハでの学生時代の友人ミランだと洩らすと、パヴルーの喜びはいっそう大きくなった。ミランとはもう長いあいだ音信不通だった。

　パヴルーの最初の訪問先は、回復しきらずにベッドに横になっているシチェファーニクがいたルクレール通りだった。二人の旧友は自分たちの仕事について幅広く語り合った。シチェファーニクは、いかにして影響力のあるフランスの政治家と幅広い世論の関心を、段階的にチェコスロヴァキア問題に惹きつけているかを説明し、パヴルーの方はロシア情勢を伝えた。最後に今後の方策について合意した二人は、立ち上げ中の国民会議がすべての在外チェコ人とスロヴァキア人を、民族独立をめざす戦いに結びつけると確信した。

　パヴルーはフランスを去る直前に、軍事的・外交的使命を帯びてイタリアに赴くシチェファーニクを、パリのリヨン駅に見送りに行った。この時期にシチェファーニクは、手帳に

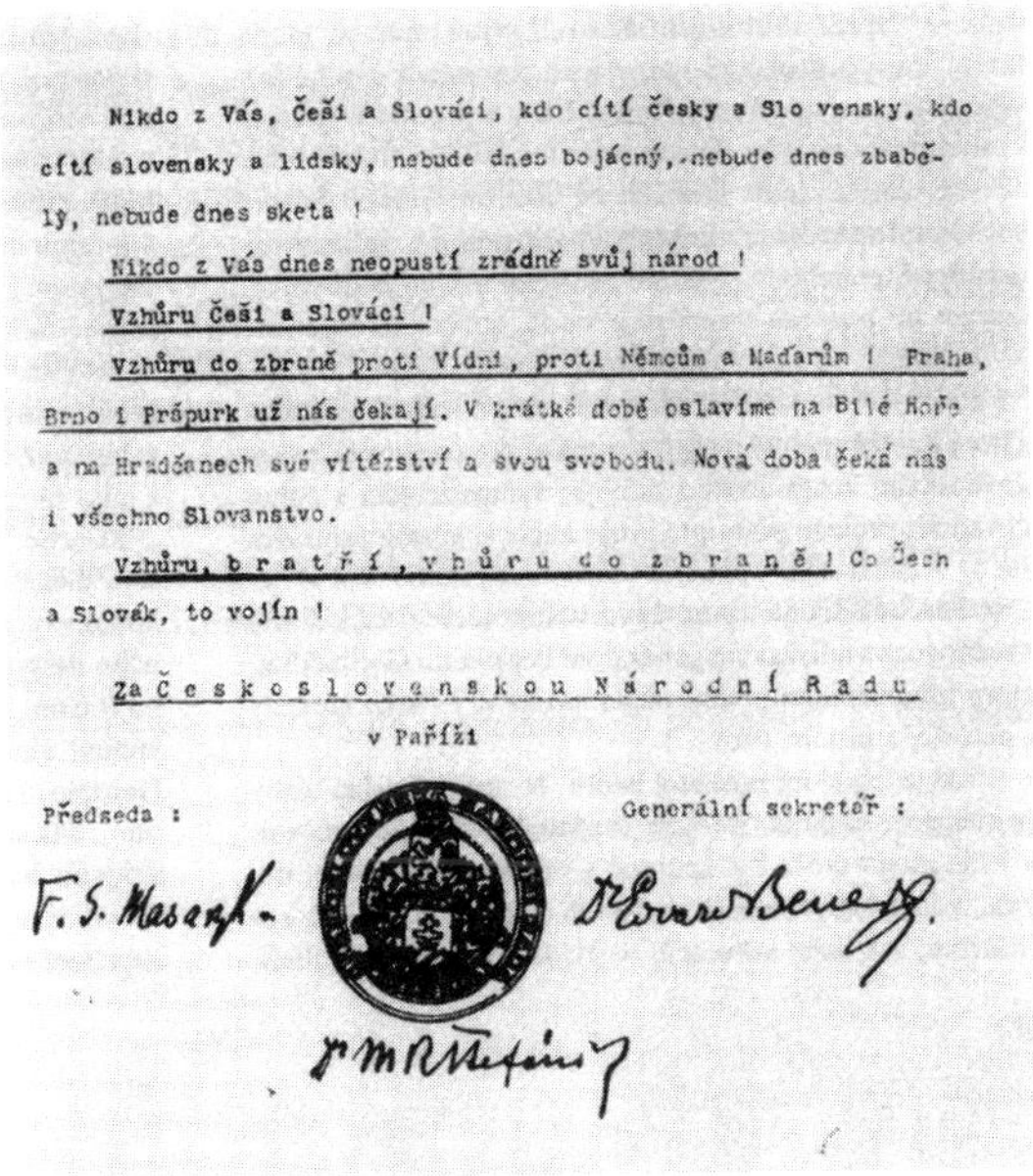

Nikdo z Vás, Češi a Slováci, kdo cítí česky a Slo vensky, kdo cítí slovensky a lidsky, nebude dnes bojácný, nebude dnes zbabělý, nebude dnes sketa !

Nikdo z Vás dnes neopustí zrádně svůj národ !

Vzhůru Češi a Slováci !

Vzhůru do zbraně proti Vídni, proti Němcům a Maďarům ! Praha, Brno i Prápurk už nás čekají. V krátké době oslavíme na Bílé Hoře a na Hradčanech své vítězství a svou svobodu. Nová doba čeká nás i všechno Slovanstvo.

Vzhůru, b r a t ř í , v h ů r u d o z b r a n ě ! Co Čech a Slovák, to vojín !

Za Č e s k o s l o v e n s k o u N á r o d n í R a d u

v Paříži

Předseda :　　　Generální sekretář :

パリのチェコスロヴァキア国民会議の宣言の末尾（1916 年）
下段にマサリク、シチェファーニク、ベネシュの自筆署名
出典：Juríček J.: M. R. Štefánik. Životopisný náčrt. Mladé letá, 3. vydanie, Bratislava 1990.

オーストリア＝ハンガリーの地図を書き込んだが、将来のチェコスロヴァキア国家（ポトカルパツカー・ルス[86]は含まれていない）の南部国境と、ユーゴスラヴィアの北部国境が回廊で結ばれて、ルーマニアの西部国境も書き込まれていた。

第十三章　イタリア・パリ・ロシア・ルーマニア（一九一六―一七年）

銘記せよ、兄弟たちよ、
この偉大な歴史的瞬間に
みずからの民族的義務を、
チェコスロヴァキアの祖国を、
親愛なる我が民族を……

アペニン半島での使命

協商側列強はイタリアを味方につけるために、一九一五年四月に彼らと秘密協定を結んだ。それによると戦争終結後にオーストリア＝ハンガリーの領土から、トリエステ、リエカ、イストリア、北部ダルマチアと沿岸諸島が、イタリアに帰属するはずだった。だがこのロンドン条約の内容を、長いあいだ秘密にしておくことはできなかった。戦うセルビアを犠牲にしたこの合意は、当然のことながら南スラヴ人とイタリアのあいだに緊張関係を呼び起こした。フランス政府がシチェファーニクに委託したアペニン半島〔イタリアをさす〕での使命とは、セルビアとイタリアの損なわれた関係の改善を試みることだった。南スラヴ人に共鳴するチェコスロヴァキア在外抵抗運動の代表者たちが、隣接する両連合国間の緊張緩和に大きな関心を持ったのは、イタリアでもみずからの活動基盤を準備しなければならなかったためである。

シチェファーニクはこのデリケートな問題に、イタリアのジュゼッペ（ペッピーノ）・ガリバルディ将軍との会話のなかで触れたが、将軍は当時フランス軍少尉だった彼を、一九一六年二月なかばに訪れた。

「貴官の来訪は、我々の民族的願望が実現するという確信を与えてくれました」とシチェファーニクは賓客ガリバルディを歓迎して、話を続けた。――「貴官の名前は、オーストリア＝ハンガリーに住むスラヴ諸民族の解放という偉大な歴史的行為と結びつけられるかもしれません。それがイタリアの政策と合致して、その援助のもとで実現されれば、イタリアにとってもきわめて重要な問題になるでしょう。イタリアは今日、協商国側の情報不足と苦境を利用して、スラヴ人が居住する多数のアドリア海沿岸地方を確保しました。しかしこの新たなアルザス＝ロレーヌの創出によって、イタリアは南スラヴ人とチェコ人の側からの永遠の敵意に晒されます。彼らは一〇〇万人の兄弟がイタリアに併合されることも、その他の兄弟がアドリア海から切り離されることも看過できません。合意が必要です。我々も貴方がたも合意を必要としています……」

四月二十六日にシチェファーニクは、大胆にもウィーン上空を飛行した詩人で政治家のガブリエレ・ダヌンツィオ[87]を訪問するためにヴェネツィアに赴いた。この訪問は疑いなく、プラハ上空の飛行を試みるというシチェファーニクの意図と関係があった。

一九一六年四月末、シチェファーニク中尉はイタリア第三軍司令部に出頭した。五月にほぼ連日、敵の後方奥深くで偵察飛行を行って、絶えざる集中砲火のなかを、オーストリア軍前線の上空でチェコ語とポーランド語のビラを散布した。湖や峰々の上を飛び、イードロ湖、リーヴァ、サルカ渓谷、ヴェッツァーノ、ガルドロ、トレントのマッタレロ村、カッリアーノ、パロン山、サボティーノ、サルカーノ、アイソヴィッツァ、メルナ、ランツィアーノ、スパカパーニ、トリデント〔トレント〕、ガイル渓谷、トルミーノ、ヴェローナの町々の上空を飛びまわった。かりに前線の向こう側に不時着を余儀なくされたら、敵が自分を憐れむような真似はしないと覚悟した。肌身離さず持っていた二錠のストリキニーネの錠剤が、そうした可能性を考慮して、オーストリア軍の手中に生きて落ちるのを潔しとしないことを明示していた。あるときアディジェ川上流域の谷間の上空で偵察飛行をしていた際、攻撃を準備中の二つのオーストリア軍団を発見したが、イタリア軍参謀本部は予想もしていなかった。イタリアの飛行士たちがシチェファーニクの報告の正しさを確認した後で、カドルナ元帥[88]はすばやく前線の該当地区の防衛線を強化して、オーストリア軍の攻撃を阻止することができた。こうしてシチェファーニクは、イタリア第三軍参謀長ヴァンツォ将軍や参謀本部長ポッロ将軍と、直接に個人的面識を得た。自分の使命と、今次の大戦と戦後におけるスラヴ人の役割を説明して、彼らを説得しようとした。

シチェファーニク自身が起草したビラは、スラヴ系のオーストリア＝ハンガリー軍兵士に、イタリア軍への投降を呼びかけた。――

スラヴ人よ、チェコ人よ、スロヴァキア人よ。

ドイツ人とマジャール人は全世界を敵に回して宣戦布告した。すべての民族を支配したいからであり、自分たちに代わって、自分たちのために働かせるように、とくに我々スラヴ人を奴隷にしたがっているからだ。この傲慢と思い上がりを、我々の兄弟ロシア人と、我々の友人フランスとイギリスが打ち砕こうと望み、イタリアもそれに加わった。

地平線上に彼らの勝利の曙光がほの見える。東方では我々の兄弟ロシア人は、ドイツ人の進撃を阻止してトルコ人を打ち破り、南方ではセルビア軍が、フランスとイタリアの助けを借りて戦線に復帰した。ブルガリア人はまもなく復讐される恐怖に震え上がり、西方ではヴェルダン近郊で、フランス人がドイツ人に致命傷を与えた。スラヴ人の敵どもの命運は尽きた。ドイツ人とマジャール人に対する戦いのなかで結びついたロシア、イギリス、フランス、イタリア、セルビア、ベルギー、ポルトガルの勝利は、隷属化された諸民族の解放、とくに独立したチェコスロヴァキア国家の創設と南スラヴ人の結合を意味する。

魂のなかに名誉心を、血管のなかにスラヴの血を持つ者は、今日奉仕している者たちを弱体化させるために、あらゆる機会を利用することが、汝の聖なる義務であることを銘記せよ……。

チェコスロヴァキア民族の指導者であるマサリク教授とドゥリフが、諸君にこのメッセージを送る。ミラン・シチェファーニク大尉自身が、フランスからイタリアの地にいる諸君の塹壕の上空に飛来して、自分の飛行機からこのメッセージを手渡す。
銘記せよ、兄弟たちよ、この偉大な歴史的瞬間に、みずからの民族的義務を、チェコスロヴァキアの祖国を、親愛なる我が民族を。

チェコスロヴァキア在外委員会

シチェファーニクはイタリア軍参謀本部で、フランス軍事使節団の団員E・ジラール将軍と面識を得て、彼の前で欧州改造計画を開陳したが、それにはオーストリアをハンガリーから切り離す回廊によって結ばれた新たなチェコと南スラヴの王国が含まれていた。シチェファーニクは精力的行動ぶりと前線での勇敢さによって、ジラールの関心を勝ち取ったが、それはじきに共感に、さらには驚嘆に変わった。ジラールの前で、自分の第二の祖国フランスのなかに自由の理想の守護女神を見ている、という信念を披露したときは、とくにそうだった。――「……チェコ民族が生きるためには、フランスが生きなければなりません」。ローマでは南スラヴの代表者とも協議した。

イタリア軍参謀本部のフランス使節団長ゴンドゥルクール将軍は、シチェファーニク中尉とウディネで知り合いになり、あるとき彼と一緒にローマに旅行した。将軍は自分の日記にこう書き留めた。――

「シチェファーニクという人物は逸材だ。彼はスロヴァキア人で……オーストリア＝ハンガリーを分割して独立したチェコ国家を創設すること、ハンガリー王国の領土の一部をルーマニアに割譲して同王国を縮小すること、南スラヴ国家を創設することを求めている。七百万人のオーストリアのドイツ人が、この君主国の跡に残されるすべてになるだろう。この構想の側にかなりの数の為政者を勝ち取ったと、シチェファーニクは主張する。イタリアは南スラヴ国家を恐れる必要はなく、むしろ逆にこうした国家の創設が、イタリアの利益になると説得したがっている。西側文化を持ったスラヴ諸国家は、ロシアに対するユニークな楔になるだろう。スラヴの脅威に対するもっとも確実な対抗策は、内政的にじゅうぶん強力なスラヴの独立国家群の創設と、それらの諸国との経済交流の確立だ。トリエステは、この港町を実際に利用したいと願う諸国のヒンターランド（後背地）なしには、港でなく、たんなる入り江になってしまう。この街の没落は急速に訪れるだろう。南スラヴ人は、イタリアがアドリア海の盟主にならなければならないと認めていて、そのためにダルマチアのような地方が、イタリアに併合される必要はまったくない。イタリアが一定の戦略拠点を確保すればそれで事足りる。これはポッロ将軍の見解であり、将軍はそれでじゅうぶんで、同時に他の解決策よりも有利だと認めた。――以上が、シチェファーニクが道中で私に語った内容の忠実な再現である。だがそれに対してソンニーノはなんと言うだろうか」

イタリア外相シドニー・ソンニーノ男爵は本当に頑固者だった。この為政者は、いかに秀でた個人的能力を持つ交渉相手でも、影響を与えるのが難しいことで有名だった。ソンニーノは頑固に南スラヴの立場に反対して、この理由から、オーストリア＝ハンガリー解体計画に対してもも慎重な態度を取った。それにもかかわらずシチェファーニクは、自分の政治目標としてのチェコ諸邦の独立を納得させた。シチェファーニクの人柄の自然な魅力に、イタリア王室のマルゲリータ王妃が魅せられたことは、彼との会話のなかで、チェコ王座の候補者に関心を示した事実が物語る。ローマでシチェファーニクは、フランス大使バレール、ロシア公使ミハイル・ニコラエヴィチ・ギールス[89]ら、何人かの影響力のある外交官もチェコスロヴァキア問題の支持者にした。

ロシアに赴く

シチェファーニクは〔一九一六年〕六月はじめにイタリア戦線からパリに戻った。フランスの政治家や軍人と交渉した際に、フランス政府が手薄になった自国の軍隊の隊列を、ロシア兵によって強化する計画を練っていることを知った。ロシアは五十万人の軍隊を、段階的に毎月五万人ずつフランス戦線に派遣すると約束した、という話だった。シチェファーニクは探りを入れて、ロシア政府に異存がなければ、在露チェコスロヴァキア人捕虜から戦闘部隊を組織することを、フランスが歓迎するかどうかを打診した。このとき以来彼は、チェコ人とスロヴァキア人捕虜の連合軍部隊への編入案に固執するのをやめて、民族独立と自由を勝ち取ろうとする意志のシンボルとしての、独自のチェコスロヴァキア軍構想に方向転換した。連合国のために捕虜のなかから部隊を編成する構想は、フランス政治家にとっては大胆で尋常でないものに思われたので、絶えず論拠を挙げて弁護しなければならなかった。

「オーストリア人を軍隊に編入して、自分の祖国に逆らって従軍させるなど狂気の沙汰だ。そんなことは前代未聞だ。フランス世論を憤激させるだろう」――あちこちでこんな抗議の声が挙がった。それに対してシチェファーニクは、フランス近代史からの論拠によって答え、〔十八世紀末の〕大革命期にもフランスは同様に振る舞って、自国の専制君主を倒すために外国人の大隊が編成され、共和国の旗のもとで戦ったと論証した。

T・G・マサリクは、前線で戦わなければだれからもなにも期待できない、という見解でシチェファーニクと一致した。チェコスロヴァキア国民会議は、フランス戦線用に定められた一か月分の割り当て数〔五万人〕を、在露チェコスロヴァキア人捕虜が形成するように、フランス人とロシア人に要求することを決定した。フランス政府とチェコスロヴァキア国民会議は、この複雑な外交的・軍事的課題をふたたびシチェファーニクに委ねた。彼はジョフル将軍の本部でペレ将軍のもとに、陸軍省ではラカーズ提督のもとに出頭して、出発直前にシャンティイーの参謀本部で指令を受け取った。とくにフランス軍部の関心を惹いたのはロシア参謀本部の立場で、チェコスロヴァキア人志願兵をフランスに送って、そこでロシア軍の隊列で戦わせるか、それともフランスで、ロシア人部隊とは別個の独自のチェコスロヴァキア人部隊を形成すべきか、についてだった。

シチェファーニクの出発以前に、オーストリア帝国議会の〔チェコ人〕議員ヨゼフ・ドゥリフがロシアに赴いたが、彼はカレル・クラマーシュ[90]の政策の支持者だった。クラマーシュはチェコとスロヴァキアをツァーリ・ロシアに併合することを夢想して、フランスで、後にはロシアでも、〔ロシア軍の隊列で戦うという〕第一の可能性を追求したが、シチェファーニクの方はチェコスロヴァキア人兵士の独自部隊を要求した。ドゥリフの不注意な政治的発言のために（チェコスロヴァキア国民会議の信用を損ない、対露関係に関するかぎり、合意された路線から明らかに逸脱していた）、すでにパリで、ドゥリフとシチェファーニクのあいだに意見の衝突が生じた。ドゥリフが共同歩調を保つと確約したので、シチェファーニクは彼のロシア出発を受け入れたが、しかしドゥリフが我が軍のフランスへの移動を確保できるかどうか、完全には信頼できなかった。そのため彼の後を追ってロシアに赴くことに決めた。このたびはベネシュが、シチェファーニクをラヴァル〔マイエンヌ県の県庁所在地〕まで送っていった。

ロシアでは、自発的にスラヴの兄弟ロシア人の捕虜になった何千人の兵士のあいだで、いくつかのチェコとスロヴァキアの政治委員会と団体が活動を展開していた。それらのグループ、とくにキエフとペトログラードのグループ間には、見解上の統一と一致が欠けていた。争点はチェコスロヴァキアの共同歩調と、在外抵抗運動におけるT・G・マサリクの指導的役割の承認問題である。マサリク教授はロシア政府層のあいだで、ツァーリ・ロシアの敵という風評を取っていた。なかんずくそれに影響したのは彼の著作『ロシアとヨーロッパ[91]』（一九一三年）で、同書でマサリクは、専制政体とスラヴ派に対して批判的態度を取った。ロシア外務省はマサリクの権威は認めたが、信頼したのはドゥリフ議員の方で、彼をチェコとスロヴァキア団体の議長でチェコ民族の代表と見なした。ロシア外務省はシチェファーニクには異議を唱えなかったが、彼がロシアに着いた当初、ドゥリフとの面会を拒んだと言って咎めた。さまざまな引き延ばし策によって、ツァーリの参謀本部が置かれたモギリョーフの最高総司令部へのシチェファーニクの到着を遅らせた。命令によれば彼はそこで、フランス使節団長モーリス・ジャナン[92]将軍と会うはずだった。

ジャナンはしかるべき当局に陳情して、すぐさまシチェファーニクを、ロシア参謀本部長アレクセーエフ将軍[93]のもとに連れて行った。シチェファーニクがアレクセーエフに来訪の目的を説明すると、ただちに下った決定は、シチェファーニクがキエフに赴いて、チェコスロヴァキア諸団体間の紛争を調停するように努め、その後でジャナンとロシアの軍事事務局長チェルヴィンカ[94]のあいだの連結環になることだった。同局は捕虜から構成される部隊編成を統括する予定だった。チェコスロヴァキア人部隊が組織されたら、西部戦線と東部戦線のあいだで分割されるはずだ。

アレクセーエフとの会見から晩方遅くに辞去して、ジャナンと打ち解けた会話を交わしながら、シチェファーニクは突然立ち止まって言った。――

「チェコ国王が戴冠するその日は、きっとすばらしい日になります」

「確かにね」とほほえみながらジャナンが答えた。――

「私の無私の援助のお礼に、戴冠式に招待してもらえると、大いに期待しているよ」

「まちがいなく。でもぼくはその場にいないでしょう。その時はもう確実に死んでいますから」とシチェファーニクは予言的に言った。

　シチェファーニクはキエフから、キエフ覚書と呼ばれるチェコスロヴァキアの行動原則に関する文書を持ち帰った。そこではじめて「チェコスロヴァキア国民会議」という名称が用いられ、チェコ人とスロヴァキア人の代表者がはじめて公の場で、両者はひとつの民族を形成すると宣言した。――

「チェコ人とスロヴァキア人は生存上の利害関係によっても、文化と血縁関係によっても、相互に緊密に結ばれていることを意識しつつ、四国協商[95]の庇護と保護のもとで、政治的に不可分で自由な単一民族に発展することを願う」

　ドゥリフも署名したキエフ覚書によってシチェファーニクがめざしたのは、ルーシ〔ロシアの古称〕における軍事問題と捕虜問題を、当地のチェコ人とスロヴァキア人組織の権限から引き離して、チェコスロヴァキア国民会議に委ねることだった。これらの組織は国民会議に全面的支援を提供するはずだ。

　アレクセーエフとの二度目の会見の際にシチェファーニクは、キエフ出張について報告した。アレクセーエフはチェコスロヴァキア人部隊創設を支持すると述べたが、彼の言によれば、チェコ民族がしかるべく代表されるように大部隊になることが望ましい。ジャナンとシチェファーニクは今度も、ロシアの参謀本部長アレクセーエフのもとから満足して辞去したが、とくにシチェファーニクは喜びの感情を隠さず、ふたたびチェコ国王の戴冠式について話しはじめた。

「真の共和主義者が、君主主義者以外ではありえないような場合があります」とシチェファーニクは言った。

　九月三日にジャナンはモギリョーフで、シチェファーニクを皇帝ニコライ二世に紹介した。

スロヴァキアの処遇

モスクワでシチェファーニクはグスターウ・コシークと会った。コシークとシチェファン・オススキーにスロヴァキア民族解放をめざす活動を委任したのは、最大の在外組織のひとつ在米スロヴァキア人連盟[96]である。シチェファーニクとコシークは協力して、「広大なロシアの地」にいるスロヴァキア人捕虜に向けられたアピール文「兄弟のスロヴァキア人たちよ」を準備した。大モラヴィア国時代のスロヴァキア人の遠い過去が回想され、マジャール人が我が民族に対して行った民族的・社会的不正が指摘されて（作家のビョルンソンとトルストイとスコトゥス・ヴィアトル〔R・W・シートン＝ワトソンのペンネーム〕[97]がそれを全世界に伝えた）、チェコ人との共同国家における自由な生活の前途有望な展望が仄めかされた。

「我が自由なチェコスロヴァキアの国は、ウジホロトからチェコの西方国境まで広がることだろう……。おお、我が兄弟たちよ、我々は自分の家を持つことになるだろう……。立ち上がれ、一千年の眠りから立ち上がれ……。我々の牢獄、我々の枷であるハンガリー王国は解体されるだろう……。我が民族の最初の息子たちの隊列に加わることを望まず、垣根の向こうに戻るような者がいるだろうか」

当然のことながらスロヴァキア人組織の代表者の関心は、世界大戦終了後にスロヴァキア人の運命がどうなるか、についてのチェコスロヴァキア国民会議の見解だった。

ペトログラードで九月十五日に行われた在露のスロヴァキア人商人ヤーン・オルサークとの会話は、シチェファーニクがスロヴァキア＝チェコ問題を、とくに欧州の政治的問題設定の文脈のなかで理解していたことを証言する。彼はチェコスロヴァキア問題と関連づけて、世界大戦におけるその国際的意義を幅広く説明した。

シチェファーニクは語った。――

「スロヴァキア人は民族として生き延びたいと願っているが、スロヴァキアという独立した政治的単位の承認を期待できないのは、世界政治の趨勢が小国家群の統合をめざしているからだ。今次の大戦では、「真理」について大いに語られているが、実際のところ問題なのは欧州の勢力均衡である。連合諸国が相互間のわだかまりを忘れて、同盟関係を結ぶことができたのは、大陸の列強ドイツの東方への道を封じるためである。こうして、ポーランド問題、チェコスロヴァキア問題、マジャール問題、南スラヴ問題、つまり中欧の小民族の問題が生じた。オーストリア＝ハンガリーがドイツ帝国主義を支持したのは、重要な連絡の動脈ベルリン―バグダッド鉄道がこの国を通っていたからである。諸大国がチェコ問題に関心を示したのは、チェコの解放によって、ドイツとハンガリー、ブルガリア、トルコの結合が断ち切れるからだ。もっとも我々は、チェコ国家の生命力を証明する必要があった。ドイツの東方侵略を食い止める役割は、一千年の過去を誇る大ハンガリーも遂行できるからだ。西欧とロシアに対するマジャール人の共感なるものが作り話であり、ハンガリー王国が、不満を持った小民族の複合体にすぎないことも立証する必要があった。我々は、ハンガリー王国こそが今次の大戦の共同発起人であり、それに対してチェコ人とスロヴァキア人は、戦争のなかで革命的に行動したことも示した。チェコ諸邦とスロヴァキアから創設される国家は、北方（ポーランド）と南方（南スラヴ）の反ゲルマン障壁を結びつけることになると、連合諸国を説得した。

スロヴァキアは、計画されているチェコスロヴァキア国家にとってひじょうに重要だ。スロヴァキア抜きでは、政治的・戦略的・地理的に脆弱なチェコは、反ゲルマン障壁を形成できないだろう。だがかりにチェコ諸邦と結合されないとしたら、スロヴァキアはどうなるだろうか。ロシアの県のひとつになるか、それともハンガリー王国の枠内に留まらざるをえない。第一の可能性については、他の欧州列強が看過せず、政治的パンスラヴ主義の危険性を見て取るだろう。かりにスロヴァキアがマジャール人の手中に残ったら、マジャール人は単一民族国家創設のフリーハンドを獲得し、チェコもクロアチアもその衛星国になってしまう。

スロヴァキア人にとってマジャール人との結びつきは危険である。我々の前途有望なチェコスロヴァキア国家の内的政治力量への危惧を呼び起さないために、そしてマジャーリア〔マジャール人の「単一民族国家」としてのハンガリーを意味する表現〕の庇護者に有利な論拠を与えないために、我々チェコ人とスロヴァキア人が二つの違った民族だと強調するのはやめよう。

それに対して、東方と西方の連結環としてのチェコスロヴァキア国家の意義には疑いの余地がない。我々の領土はベルリン―バクダッドの重要なラインを断ち切り、ハンガリーはドイツ人から分離されて、北西の隣人チェコスロヴァキアに依存する純粋な農業国になるだろう」

チェコスロヴァキア国民会議の政策はこうした諸原則に則っている。自身の告白によればシチェファーニクは、ことさら議員資格を求めたわけではなく、要するにこれまでの業績のおかげでそこに達したのだ。最後にヤーン・オルサークに、我々の国家形成能力が国際的に承認されるために、チェコ人とスロヴァキア人のあいだの不一致に言及するのを避ける必要がある、と強調した。そうしないと我々の内的力量についての危惧を呼び起こして、敵の手に武器を渡すことになるだろう。我々スロヴァキア人は、統合によって強者になることを自覚しなければならない。我々に必要なのは、チェコ人とスロヴァキア人の二重体制ではなくて同権である。

シチェファーニクと、在露スロヴァキア人団体の代表者オルサークの会話からのこれらの抜粋は、「チェコスロヴァキア民族」という用語を使用する妥当性について、当時の政治状況と国際外交を念頭に置いて説明している。これまでの諸章で見たように、シチェファーニクは話し相手の知識の程度に応じて、〔「チェコスロヴァキア」という用語だけでなく〕「チェヒ〔狭い意味でのチェコ〕」、「チェスコ〔広い意味でのチェコ〕」、「スロヴァキア」といった概念も使用した。後に原則として「チェコスロヴァキア国民会議」、「将来のチェコスロヴァキア国家」と言われるようになったのは、彼の尽力のおかげもあった。これはある意味で、協商列強の政治家と交渉する際に国民会議の仕事を難しくしたが、また反面で、自由を求めて立ち上がった親密な両民族の統一を明示した。こう述べたからと言って著者〔ユリーチェク〕は、シチェファーニクがすでに学生時代から、統一された、あるいは「三位一体」のチェコスロヴァキア民族理念の信奉者であり、チェコ人とスロヴァキア人は隷属から逃れる道を共同で模索しなければならないという確信から、プラハの環境のなかで、この理念をかなり無批判に受け入れた事実を隠蔽するつもりはない。シチェファーニクはヴァヤンスキーのように、マサリクがチェコ人とスロヴァキア人の国民的統一を強調したのは、チェコ政治の拡大理念としてであることに気付いていていなかった。

彼がこうした会話を交わした時期に、ロシアは革命の瀬戸際にあり、ロシア政府はすでに真剣に分離講和構想を検討中だった。ペトログラードの外務省は、チェコ人とスロヴァキア人捕虜の部隊への編成について、モギリョーフの最高総司令部とは見解を異にしていた。外務省は基本的にパリのチェコスロヴァキア国民会議を、外国の非スラヴ的組織と見なして、世界中に散在するすべてのチェコ人とスロヴァキア人の機関と認めることを拒んだ。外務省外交部長M・プリクロンスキーは、チェコ問題をロシアの内政問題だと公言した。

シチェファーニクは一時的譲歩のなかに、予測不能な状況からの打開策を見出した。チェコスロヴァキア問題の早急な解決にとっての障害を除去するために、ドゥリフ議員が合意された民族綱領に忠実に留まるものと想定して、彼に行動の自由を認めた。同時に在露の国民会議支持者に、ドゥリフに反対するいかなる意見表明も差し控え、チェルヴィンカ将軍の呼びかけに答えて、軍隊に入隊するように呼びかけたのは、軍事問題をチェコスロヴァキア抵抗運動にとっての基本課題と見なしたからである。

ルーマニア滞在

ドゥリフが実際に自由に活動できるように、シチェファーニクはジャナンに驚くべき計画を打ち明けた。ルーシの地でのチェコスロヴァキア軍事問題が成熟するまで、自分は、数万人のチェコ人とスロヴァキア人移民（大半は労働者）が暮らすアメリカ合衆国に赴いても構わない、というのだ。彼らのあいだで宣伝活動を行って、自分の影響力を行使し、連合諸国向けの供給品の工場における労働生産性を高めることができるだろう。フランス参謀本部はこの案を歓迎したが、シチェファーニクはその間にフランス使節団に加わって、ベルトロ将軍の指揮下でルーマニア軍の組織と作戦を助けるために、同国に赴いた。シチェファーニクはルーマニア戦線で気象観測ステーションを設置し、ブカレストの天文台と協力関係を樹立した。そのあと副官ラレンタン・ドゥ・トロザン伯爵と一緒に、〔フランスの〕サラーユ将軍の攻勢とルーマニア司令部間の協力を確立するために、テッサロニキに飛び立つ準備をした。敵の領域に着陸して情報を集めたいと望んだが、絶え間のない濃霧と、ドイツ軍のヴァラキア急襲によって、このリスクのある計画は実現不可能になった。だがルーマニアにおける使命の最重要部分を、シチェファーニクは首尾よく遂行した。連合諸国は、無条件にチェコスロヴァキア国家創設理念を支持することによってしか、ドイツのドランク・ナハ・オステン〔東方進出〕を阻止できないと、ベルトロ将軍を説得することに成功したのだ。その後ベルトロの配慮で、ルーマニア軍参謀本部の車でほぼすべての捕虜収容所を訪問して、ロシア指揮下のチェコスロヴァキア人特別部隊で、自民族の自由のために戦う意欲を持った約千五百名のチェコ人とスロヴァキア人捕虜を集めることができた。シチェファーニクは短期間で、ルーマニア政府とジョフル将軍とロシア皇帝ニコライ二世の同意を勝ち取って、一九一七年一月初頭に兵士の第一陣を連れてロシアに戻った。

革命前夜のペトログラードで

だがシチェファーニクが三か月間ロシアを留守にしていたあいだに、ドゥリフ議員がチェコスロヴァキア国民会議のメンバーとの共同歩調よりも、ロシア政府の指針を優先したことが疑問の余地なく示され、それによって我々の在外運動は明らかな危機に陥った。ペトログラードの雑誌『チェコスロヴァキア人』の周囲に集まった活動家（スロヴァキア人ではI・マルコヴィチ以外に、最近〔一九一六年八月〕亡くなったスヴェトザール・フルバン＝ヴァヤンスキーの息子ヴラジミールも、このグループに参加していた）は、ロシア外務省の親ゲルマン的で親オーストリア的派閥、とくにプリクロンスキーが、あいかわらずチェコスロヴァキア国民会議に対する陰謀をめぐらしていると確信して、一九一七年初頭に自分たちの代表フェルディナント・ピーセツキー[98]をロンドンに派遣した。彼はマサリク教授に、ロシアにおける芳しくない状況についての情報を知らせて、教授をロシアに連れて来るはずだった。ピーセツキーはイギリスから単身で戻って来て、「自分〔マサリク〕がペトログラードにいることが本当に必要だったら赴くつもりなので、電信による連絡を待っている」という伝言を伝えた。ピーセツキーがロンドンから戻った数時間後に、マサリクに電信を送る準備をしていたとき、シチェファーニクがロシアの首都に到着した。シチェファーニクは、マサリクをこの諍いに巻き込むと、権威を損ないかねないので、最大の困難が克服されてから来させる方がいいと判断した。

疲労と消耗をもたらす交渉の日々が続き、おまけにシチェファーニクの病状がますます悪化した。一月十五日の朝方、参謀本部次長グールコ将軍[99]との会談の日に、急激な発作に襲われて意識を失い、雪のなかに倒れた。

五時間に及ぶグールコとの会談の折に、多くの興味深い事実が判明した。ロシア側のチェコ王座の候補者が、ミハイル・アレクサンドロヴィチ大公であること、ロシアはルーマニアを自国の影響圏と見なして、同国でのフランス軍事使節団の活動に嫉妬していることも含まれていた。シチェファーニクはジャナンに、ロシアの最高総司令部に出頭する予定のベルトロ将軍のもとに行って、デリケートな状況への心構えをさせるように勧めた。この機会にシチェファーニクはジャナンに、チェコ王座の候補者として、オルレアン家の皇太子のだれかも考慮に入れていると語った。

翌日シチェファーニクは最高総司令部の長アレクセーエフから、チェコ人とスロヴァキア人の捕虜のなかで、兵士になるか、労働者として工場で働く意欲のある者たちを募集して組織する委員会を、設置するように委任された。見て取れるように、チェコスロヴァキア軍の組織問題はシチェファーニクが〔一九一六年十月に〕ロシアを去ったとき以来、進展していなかった。

一九一七年一月二十七日にシチェファーニクは、連合国間委員会に出席するジャナンに同伴してペトログラードに赴いた。シチェファーニクは同席した連合国の外交官たちとの会話を、チェコスロヴァキア問題に有利なように利用した。同時にロシア外務省での陰謀に対抗措置を講じようとしたが、それはラスプーチンの殺害〔一九一六年十二月〕後に就任した新外務大臣N・N・ポクロフスキー[100]のもとでも続いた。ペトログラードでは一時的平安が支配しているように見えた。多くの者が根拠を挙げて革命を予見したが、代表団のメンバーは、当面は危惧するに及ばないと楽観視した。シチェファーニクも革命の勃発は夏以降と考えた。

一月末にグールコはジャナンに、捕虜を兵士として獲得する努力が、ロシア外務省の永続的な拒否の姿勢に遭遇していること、自分〔グールコ〕としては、シチェファーニクがアメリカに立ち去る方がいいように思う、と告げた。同時にグールコは、シチェファーニク少佐に聖ウラジーミル勲章を授与した。その折にシチェファーニクはイタリア公使から、マルゲリータ王妃が、イタリア皇太子がチェコ王座に就くことを希望していると知らされたが、それは三人めの外国の候補者だった。

ドゥリフとの諍い

一九一七年二月初頭に、ロシア閣議の決定に関する書類がシチェファーニクの手に入った。書類は、ドゥリフを筆頭とするチェコ人とスロヴァキア人の新組織をロシアに創設するように、シチェファーニクに命じていた。同組織は財政的にロシア政府に依存して、ロシアに「敵対的な」チェコスロヴァキア運動を麻痺させるはずで、すなわちパリの国民会議の対抗組織になる予定だった。

その後じきにシチェファーニクは、自分をオーストリアのスパイと非難したドゥリフと公然と衝突した。ジャナンは、シチェファーニクが決闘というかたちで名誉回復を求めることを禁じた。戦時には決闘はご法度だった。シチェファーニクはこの諍いについて、ポクロフスキー外相に報告することを自分の義務と見なして、ドゥリフとの対決を求めた。公然たるスキャンダルを避けて、「この諍いが早急に、スラヴ問題の利益のために完全に解決される」ためだった。ポクロフスキー宛ての書簡の巻頭でシチェファーニクはこう書いた。――「私は誠実に熟考した後で、ヨゼフ・ドゥリフ氏の最近数か月の行動が、我々の民族問題に悪影響を及ぼしたので、ただちに彼を政治舞台から排除しなければならないと確信するにいたりました。彼に対して断固として振る舞うことを、とはいえこの闘いに礼儀正しさの性格を保持して、避けがたく必要な程度に止める決心をしました」。以下の行でシチェファーニクは、自分のドゥリフ訪問の顚末を詳細に記述した。ドゥリフに、外務大臣の立会いのもとで、貴殿に対する反論を言論で行いたいと提案したのに、返答として受け取ったのは侮辱だけだった。

シチェファーニクは同時に、すべての在露のチェコ人とスロヴァキア人団体と組織に宛てて、ドゥリフ議員はチェコスロヴァキア国民会議の副議長職を罷免されたと告げた。パリのベネシュには次のような電報を送った。

――「名誉と民族的利害が、ドゥリフとの急激で決定的な決裂を余儀なくさせましたが、この者は無能力と陰険さの新たな証拠を提出しました。スラヴ問題に対する我々の誠意について疑惑をかき立て、西欧列強に偏向した立場を取っていると非難しつつ、ロシア政府に我々を中傷しようとしましたが、自分の方は同政府の補助金を請求したのです……」

シチェファーニクは断固とした関与によって、チェコスロヴァキア在外抵抗運動内の分裂を未然に防いだ。これは彼のもっとも責任重大で、最重要な決定のひとつで、それによってルーシの地のチェコ人組織のあいだでマサリクの権威が固められた。結局のところ、ロシア外務省の差し金で行われたこの闘いで、イタリア大使とイギリス大使はシチェファーニクを支持したが、フランス大使はそうではなかった。ペトログラードの軍事外交事務局長N・A・バシーリがフランス当局に、チェコ人とスロヴァキア人捕虜問題担当使節団についての立場を、ロシア側に説明するように要請すると、「チェコ人のあいだの今回の論争は、シチェファーニクが正しいと確信をもって断言できる」という返答がパリから返ってきた。

二月十九日にペトログラードのシチェファーニクのも

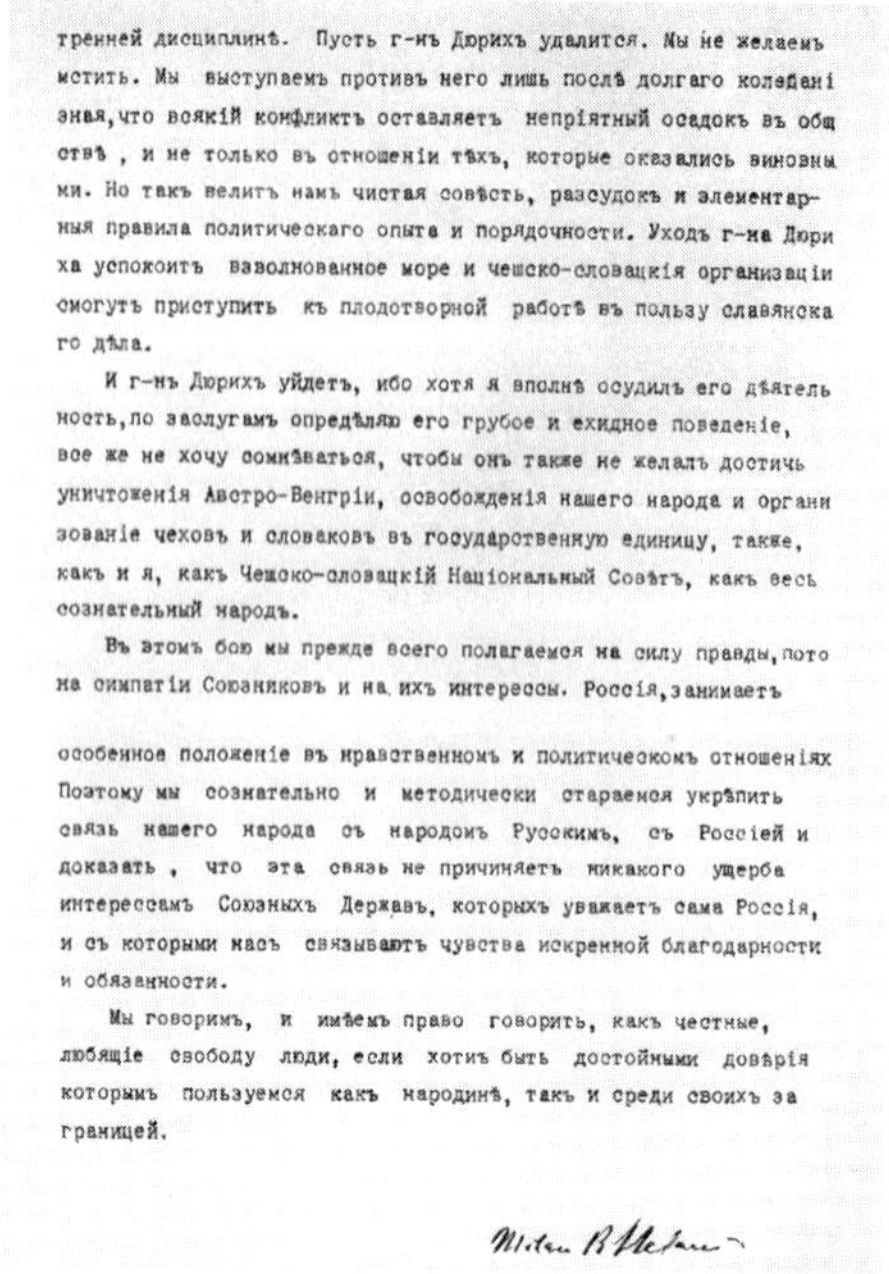

тренней дисциплинѣ. Пусть г-нъ Дюрихъ удалится. Мы не желаемъ мстить. Мы выступаемъ противъ него лишь послѣ долгаго колебанi зная,что всякiй конфликтъ оставляетъ непрiятный осадокъ въ общ ствѣ , и не только въ отношенiи тѣхъ, которые оказались виновны ми. Но такъ велитъ намъ чистая совѣсть, разсудокъ и элементар-ныя правила политическаго опыта и порядочности. Уходъ г-на Дюри ха успокоитъ взволнованное море и чешско-словацкiя организацiи смогутъ приступить къ плодотворной работѣ въ пользу славянска го дѣла.

И г-нъ Дюрихъ уйдетъ, ибо хотя я вполнѣ осудилъ его дѣятель ность,по заслугамъ опредѣляю его грубое и ехидное поведенiе, все же не хочу сомнѣваться, чтобы онъ также не желалъ достичь уничтоженiя Австро-Венгрiи, освобожденiя нашего народа и органи зованiе чеховъ и словаковъ въ государственную единицу, также, какъ и я, какъ Чешско-словацкiй Нацiональный Совѣтъ, какъ весь сознательный народъ.

Въ этомъ бою мы прежде всего полагаемся на силу правды,пото на симпатiи Союзниковъ и на ихъ интерессы. Россiя,занимаетъ

особенное положенiе въ нравственномъ и политическомъ отношенiяхъ Поэтому мы сознательно и методически стараемся укрѣпить связь нашего народа съ народомъ Русскимъ, съ Россiей и доказать , что эта связь не причиняетъ никакого ущерба интерессамъ Союзныхъ Державъ, которыхъ уважаетъ сама Россiя, и съ которыми насъ связываютъ чувства искренной благодарности и обязанности.

Мы говоримъ, и имѣемъ право говорить, какъ честные, любящiе свободу люди, если хотимъ быть достойными довѣрiя которымъ пользуемся какъ народинѣ, такъ и среди своихъ за границей.

ロシア外務大臣ポクロフスキー宛てのシチェファーニクの覚書の末尾(1917年2月)(ロシア語)
出典：Bartůšek J. (red.): Štefánik, kniha druhá. Praha/Bratislava 1938.

とを、在露チェコ人スロヴァキア人団体連合（在キエフ）議長ヴァーツラフ・ヴォンドラークが訪問して、軍事問題に配慮していないとシチェファーニクを非難し、シチェファーニクがポクロフスキー外相の求めに応じて提出を準備中だったドゥリフに反対する覚書の内容を見たいと望んだ。シチェファーニクは同文書をヴォンドラークに見せることを拒んで、友人たちの前で自分のふるまいを、「信頼というものはある種の報酬だ。全員を等しく扱う者は、より良き人々を侮辱している」という言葉で弁明した。

忍び寄るロシア秘密警察の影

ペトログラードでシチェファーニクは、サドーヴァヤ通りのダグマル・ホテルを定宿にした。交渉の最中にいきなり、発作的痛みのために口を閉ざして青ざめ、食事後に吐くようなことが頻発したので、ボフダン・パヴルーは、ペトログラードの某病院で働いていた捕虜のチェコ人医師ルドルフ・ペリカーンに、シチェファーニクの脆弱な健康に気を配るように依頼した。ペリカーンは患者を診察してから、人々との絶えざる会見と旅行と会話が、彼の健康状態に悪影響を与えたと診断した。わずかしか食べず、たいていはコーヒーとロールパンだけで、もどす際の出血は深刻だった。ペリカーン医師は新たな手術を提案した。残念ながら当時はまだ特効薬がなかった。三か月の休養が必要だと知ると、シチェファーニクはほほえんで、今そんなに長い休息を取ることはできないと言った。

「ぼくが携わらなければならない問題は、健康よりも重要です。余命いくばくもないことはよく承知していますから、残りの時間を最良のかたちで活用しなければなりません。自分の仕事を成し遂げたら、その後は心穏やかに死ねます」

ペリカーンは医師生活ではじめて、激痛を鉄の意志で克服しつつ、たいしたことではないと考える患者と出会った。他にもう打つ手がなかったので、週に二、三度シチェファーニクを往診することにした。あるとき患者は、自分が急死した場合は、解剖して死因を突き止めてほしい、という尋常でない願いによって彼を驚かせた。シチェファーニクはこう説明した。――

「三日前の夜に眠りのなかで、刺激臭のあるなにかの液体で湿らせたハンカチを、口と顔に押しつけられたような感覚を覚えました。両手でハンカチを押しのけようとしましたが、意識を失ってしまい、その後でなにが行われたのか分かりません。朝になって目が覚めたとき、鋭い頭痛とめまいと心臓の動悸を感じました。おそらく力ずくで眠り込まされたのです。すぐに自分の文書を保管した戸棚を点検しましたが、置き場所がおかしいことに気づきました」

ペリカーンは、自己暗示と結びついた悪夢だと考えた。

「なるほど」とシチェファーニクは答えた。――「でも、朝方ぼくのところに来た副官コシークが、ぼくがなにも話さないうちに、自分について同じような体験を語ったことを、どう説明したらいいでしょうか」

それに対してペリカーンは、部屋は夜間に内側から施錠されて、鍵は錠前にさされたままだと反論した。

「それについても考えました」とシチェファーニクは続けた。――「とはいえ秘密警察にとっては、内側から施錠されたドアを開けるなど造作もないことです。ぼくはそう確信しました。自己暗示でないことを確かめるために、施錠した際に鍵の方向をドアに鉛筆で印をつけておきました。昨夜も同じことが繰り返されて、朝方に目が覚めたとき、鍵の位置を調べてみましたが、昨晩とは違った方向を向いていました。だれか他人が、まちがいなくぼくの部屋に侵入したのです。言うまでもありませんが、書類はもう安全な場所に移しておきました」

ペリカーンはドアの印を確認して、シチェファーニクはダグマル・ホテルから、ネフスキー大通りのエヴロペイスカヤ・ゴスチニツァ（ヨーロッパ・ホテル）に移った。一九一六年九月二十六日付けのロシア外務省の指令によって、秘密警察は実際に彼とコシークの足取りを、とくに二人の外国との交信を追跡した。陰謀は止んでいなかったのだ。

結局ロシアの諸機関が、チェコ人とスロヴァキア人捕虜の募兵のために準備した組織規則は、ドゥリフを議長とする国民評議会の設置を想定した。幸いなことにアレクセーエフは監査宣伝委員会を設置して、国民評議会がみずからの課題を民族的な意味で、ロシアの最高総司令部の指示に従って遂行するように監督させた。別れの際にアレクセーエフはシチェファーニクに、安心してアメリカに出発していい、貴官がロシアに戻って来るまでに、チェコスロヴァキア軍の組織化は終わっている、と告げた。バシーリはシチェファーニクに、貴官の意見に賛成しない人間はいるかもしれないが、貴官を重んじない者はいないと語った。シチェファーニクとジャナンが口にした「さようなら」には実感がこもっていた。

　三日後にシチェファーニクはペトログラードで二月革命に遭遇した〔同革命は一九一七年二月二十七日（露暦）に勃発〕。彼は新政府が、チェコスロヴァキア民族解放運動を支持すると期待して、喜びをもって革命を歓迎した。期待は裏切られなかった。外務省の新大臣P・N・ミリュコーフ[101]のもとで、このたびは完全な理解をもって迎えられた。

「私が思うに」とシチェファーニクは革命のすぐ翌日に、集まったチェコ人とスロヴァキア人団体の代表を励ました。――「今日では我々の独立達成は確定事項だと言っても、過言ではないだろう」

第十四章　ロシア・ロンドン・パリ・ローマ・アメリカ合衆国（一九一七年）

民族は、みずからの血潮によって自由を贖わなければならない……

イギリス行きの船上で

シチェファーニクはコシークとピーセツキー大尉を同伴して、ペトログラードからイギリスに向けて出発した。ムルマンスク行きの旅が丸一週間もかかったのは、線路の状態が悪く、列車がしばしば停車しなければならなかったためだ。ある駅に停車したとき、彼らはトナカイに曳かせたソリを借りて、白海沿岸のカンダラクシャの町に雪原の遠出を企てた。海路でシチェファーニクはイギリス船ウムタリ号の甲板を散歩しつつ、世界政治の諸問題、戦線の状況、チェコスロヴァキア抵抗運動、チェコ人とスロヴァキア人の関係、哲学と美学の諸問題について友人たちと語り合い、自分の見解を明言した。

今次の大戦ですでに二百万の人命を失ったフランスと比較すると、チェコ人とスロヴァキア人からなる我が民族は、しかるべき犠牲を払っていないように彼には思えた。当然のことだが、戦争初期には我が民族はいまだに覚醒しておらず、自由の観念の成熟が足らず、国内ではだれも独立獲得をめざして積極的に行動する勇気がなかった。戦争が我が民衆の一部を覚醒させた。幸いなことに世界は、我が民族全体の実態を知らない。それでもドイツ人とマジャール人が、我々チェコ人とスロヴァキア人の兵士の大半が、連合諸国に敵対する側に進んで勤務した事実を講和会議の席で指摘したら、ひじょうに危険だ。

　反面で、我々が世界中でほとんど知られていないのは欠点で、我々の怠慢のせいだ。シチェファーニクは、フランスの詩人で外交官ポール・クローデルをチェコスロヴァキア問題の支持者にするのに、丸一週間を要した。クローデルは二年間のプラハ滞在から、このチェコの都市は〔十四世紀の〕カレル四世の時期に最盛期を迎えて、そのとき一気に西欧文化を受け入れたという印象を持ち帰った。一方フス派の時期は、フランスの外交官にとっては縁遠い出来事だった。スロヴァキア人については、スモタナ〔サワークリーム〕の川と砂糖でできた山とハルシキ[102]の森についての民話のなかに、彼らの〔即物的な〕願望が表現されていると看破した。

　シチェファーニクは、将来の共同国家のなかで自分の能力を磨けば、スロヴァキア人はチェコ人に多大な貢献ができると確信していた。でもまず、みずからの学校を手に入れなければならない。学校を組織する際には、チェコ人の助けを借りなければならない。

「ぼくたちスロヴァキア人の性癖なのだけれど」とシチェファーニクは語った。――「戦争前にマジャール人とドイツ人に抑圧されていたときは、嘆くだけだったのに、解放の可能性がほの見えるやいなや、もう独立したスロヴァキア国について語る連中が出てくるだろう。ぼくたちが存在できるのは、チェコ人と結合した場合だけだ」

　シチェファーニクはマサリクについて、我々にとって民族の純粋な代表で、彼のなかには最良部分すべてが集中していると述べた。

　現代世界の政治状況や軍事状況に関してシチェファーニクは、フランスで平和主義運動が起こるかもしれないという危惧を洩らした。なぜか連合国間の絆が弱まっているように感じられた。ロシア人将校がフランス人将校に敬礼しなくなりはじめている……。

　四月三日の晩に汽船で受信された電報によると、ドイツ軍ははじめてアメリカの軍用船を沈めて、W・ウィルソン大統領は、合衆国はこの瞬間からドイツと交戦状態にあると議会に通告した。シチェファーニクによるとこの出来事は、フランスへの武器供給の低下という結果を招くだろうが、その巨大な意義は、すでにアメリカが決定的に、ドイツ敗北の必要性を確信したことにある。これに関連してシチェファーニクはロシア情勢も総括した。在露のチェコスロヴァキア軍事行動を懐疑的に見ていて、ペトログラードで協力者たちと別れる際に口にした励ましの言葉にもかかわらず、革命ロシアの地で、我が捕虜の組織化が実現するとはあまり信じていなかった。ロシアからフランスへの我が軍兵士の輸送に関連して山積する問題も、見ないわけにはいかなかった。シチェファーニクは、全神経を西欧に集中する必要があると確信した。

この時期のシチェファーニクの発言の多くは、ピーセツキーが文字通りのかたちで日記に記録したおかげで後世に残された。それらは彼の人柄のプロフィールを巧みに描き足している。いくつかを列挙してみよう。――

利他主義なしには人間の生活は考えられない。

財産を貯めこむことは有害で非道徳的だ。

誠実さは言葉ではなくて、生活の論理的帰結だ。不誠実な人間は大きな行為をなすことができない。

権利は義務の遂行とともにやって来る。

ヒエラルキーは必要だが、しかし各人は自力で高まって行かなければならない。

組織への服従は必要だ。

我々が自分の自由の一部を譲渡するのは、その他の自由を護るためだ。

ぼくは古い地主貴族の家柄の出身だが、ぼくが上流社会に達したのは、自分の貴族性をみせびらかすことではなく、自分の仕事によってだ。――「人間は貴族に生まれるのではなくて、貴族になるのだ」がぼくの父親の口癖だった。

善――人々はつねに善をめざしていた。善が神秘主義的に理解されたとき、その意義は減少した。

人類の発展はらせん状ではなく、高まっていく波線だ。波は絶えず高くなる。

己から悪を払い除けるだけで、もう我々は善を行なっている。

黒人も白人も存在しない。

四月十日にピーセツキーは日記にこう記録した。――

「晩七時に私たちは甲板を歩いた。遠くから灰色の壁が迫ってくる。吹雪だ。じきに白い粉雪が吹きつけてくる。その後はすべてが五里霧中。視界は際立って狭まった。数メートル先が見えるだけ。波は恐るべき様相を呈している。雪が吹きつける。シチェファーニクは、これは美しい、これは美しい……と有頂天だ」

シチェファーニクは気象学者として、天候は回復するが、二日後にアイリッシュ海にたどり着くとき、休息を終えて自軍の基地から出撃して来るドイツの潜水艦に出くわすかもしれないと予測した。幸いなことに、このたびは彼の予測は完全に厳密ではなかった。丸一日の航海が残っていたが、船長はシチェファーニクに、「敵の潜水艦（複数）がアイルランドの北部沿岸に出現」という内容の電報を見せた。敵の潜水艦は四時間遅れた。汽船ウムタリ号は無事にイギリスのリヴァプール港に入港した。

ロンドンでマサリクとともに

シチェファーニクはロンドンでT・G・マサリクと会い、影響力のあるイギリスのジャーナリストのウィッカム・スティード[103]を一緒に訪問して、ロシアでの最新情勢の展開を知らせた。シチェファーニクの表現によると、ロシアは止めがたく破局の方向に向かっている。モギリョーフとペトログラードとモスクワに滞在した時期に、汚職、増大する道徳的堕落、親ゲルマン的傾向を観察する機会があった。ツァーリの宮廷の舞台裏も覗き、そこではラスプーチンと皇后の破壊的影響力が現れていたが、無力なツァーリはなにも手を打つことができなかった。スティードはイタリア戦線でのシチェファーニクの活動に感嘆したが、シチェファーニクは過去にこだわることを好まなかった。自分の全存在をかけて未来に焦点をあわせた。再度イタリアへの宣伝遠征旅行を準備中だが、それはアメリカから戻って来てからの話だ……。マサリクと夕食を取った。二人とも上機嫌だった。マサリクは革命運動の初期に、チェコ人とスロヴァキア人の兵士たちが自発的にロシア側の捕虜になったことを回想した。

「そもそも私［マサリク］に国外亡命を強いたのは、我々の兵士たちの行動だ。我々が長年公言していたことを、彼らは実行に移したのだからね」

シチェファーニクがパリに出発した翌日、途方にくれた様子のベネシュがロンドンに到着して、オーストリアの分離講和提案について審議するために、英仏伊の首相がフランスで会談中という情報をもたらした。この状況下でなにをなすべきかを指示するために、すぐさまコシークがシチェファーニクの後を追って派遣された。

協商国の政治家たちの講和交渉に関する知らせは、シチェファーニクにも不愉快な驚きをもたらした。彼自身、ロシアでの自分の使命の結果に満足していなかった。四月のある日シチェファン・オススキー、グスターウ・コシーク、レフ・シフラヴァとの昼食の席で、在露チェコスロヴァキア運動の苦境を指摘しつつ、かりに年末までに、フランスでのチェコスロヴァキア軍団の組織化に成功しなければ、我々の問題は敗北だ、と危機感を露わにした。しかもそれはアメリカ合衆国の援助があってのみ実現可能だ。なんとしても渡米して、ワシントン政府から、フランス戦線のためのチェコスロヴァキア志願兵の募兵許可を勝ち取らなければならない。

「必要なのは」とシチェファーニクは語った。――「ぼくたち一人一人が今すぐ、持てる力を使った万策を尽くすことだ。ぼくたちはいつなんどきパリの大通りで、自動車にひかれてしまっても悔いが残らないように生きるべきだ。歴史において勝利した事業では、少なくとも一〇人の献身的な人間がそのために働いた」

当時の状況下で問題だったのは、〔英仏伊とオーストリア＝ハンガリーの〕講和交渉が終了する以前に、独立したいというチェコ人とスロヴァキア人の意志を宣言する志願軍を、早急に連合諸国で組織することだ。

シチェファーニクはロシアから、ペトログラード駐在イタリア大使カルロッティの、ローマの知人たちに宛てた伝言を携えて戻った。そのため一九一七年五月にイタリアの首都に赴いた。約一か月間滞在して、あらゆる機会を、影響力を持った政治家と外交官をチェコスロヴァキア問題の支持者にすることに利用した。（ローマにおけるこの宣伝活動を、ベネシュが同年九月―十月に引き継いだ）。政治的接触をつける際にバチカン法王庁のことも忘れなかった。

その後で渡米の準備をはじめた。コシークの情報に依拠して、在米チェコ人とスロヴァキア人のなかから、欧州戦線での戦いに赴く二万人の志願兵を獲得できると想定した。五月にフランス参謀本部は、アメリカ合衆国で

ワシントンの国会議事堂付近で同郷人たちに囲まれて（1917年7月1日）。左端はフェルディナント・ピーセツキー（後のシチェファーニクの副官）、1人おいてアルベルト・ママテイ（在米スロヴァキア人連盟議長）、1人おいて中央の軍帽軍服姿の人物がシチェファーニク、カレル・ペルグレル（後のチェコスロヴァキア駐日公使）」　出典：Štefánik vo fotografii. Praha 1936.

の彼の特殊任務を承認した。同時にフランス政府は、在米ポーランド人志願兵の募兵も支持したので、合衆国に国務大臣フランクリン＝ブイヨン[104]を派遣した。

アメリカ合衆国における募兵活動

六月なかばにシチェファーニクはニューヨークのプラザ・ホテルで、チェコ人とスロヴァキア人組織の役目の訪問を受けた。最初に彼を訪れたのは、雑誌『スロヴァキアのソコル』の編集者で、スロヴァキア民族連盟議長ミラン・ゲティンク[105]だった。彼は在米同郷人の問題点を説明してくれた。

在米スロヴァキア人のあいだでは諸団体（もっとも著名なのはスロヴァキア人連盟）が啓蒙活動を展開していた。この活動は、おもに民族的諸目的のための募金活動の組織（一九一六年十二月十五日にスロヴァキア人体育団体ソコルのメンバーは、ロンドンのＴ・Ｇ・マサリク宛てに最初の五百ドルを送金した）と、チェコスロヴァキア構想の段階的受け入れにあった。在米スロヴァキア人に影響を与えたのは、ペテル・ロウニアニェク[106]の啓蒙活動で、彼は同郷人のなかでスヴェトザール・フルバン＝ヴァヤンスキーの親スラヴ主義の精神で活動を展開した。残念ながら在米スロヴァキア人は、宗教的帰属によって二つの陣営〔プロテスタントとカトリック〕に分裂して、教会と団体の利害がしばしば民族的利害に優先された。一九一三年にパヴェル・ブラホが短期間訪米して、スロヴァキア人はマジャール化政策に反対する闘争で、チェコ人の援助に頼るという新たな方向性を仄めかした。だが民族解放運動におけるチェコ人とスロヴァキア人の統一行動が焦眉の問題になったのは、第一次世界大戦開始後のことである。ゲティンクは、在米同郷人が革命的情熱に欠けることを承知していたので、志願兵募集活動に乗り気でなかった。シチェファーニクはこの機会に自分の活動方法を説明した。――

「いちばん大事なのは、目的とその価値を説明してから、起こりうるあらゆる予測不能な障害を数え上げることです。でもそうするのは、譲歩の言い訳のためではなく、障害をひとつひとつ除去するためです。そもそも我々の活動とはいったいなんでしょうか。障害を除去するなかで、我々の目的がいっそう身近に明らかになり、その価値が大きくなって、エネルギーが増すのです」

シチェファーニクは七月二十日に、最大の障害を確実に除去することに成功して、信じられないような短期間で、チェコスロヴァキア志願兵募集に対するアメリカ政府の同意を勝ち取った。合衆国における最初の一か月間の彼の活動は、ワシントンとニューヨークにおけるアメリカ上流社会の、影響力を持った外交官、政治家、ジャーナリスト、財界人に集中された。セオドア・ルーズベルト元大統領とその取り巻きも、チェコスロヴァキア国家理念の支持者にした。言うまでもなくその際に決定的役割を演じたのは、フランスの外交代表団、とくに団長のジャン・ジュセラン大使[107]で、大使は、シチェファーニクを見つめるだけで、彼の国を愛さないわけにはいかない、と表現した。

シチェファーニクはほぼ毎晩、影響力のある上流社会の軽食会や夕食会に招待された。英語はあまりできなかったが、彼が登場すると女性陣の注目を集めた。ゲティンクはふつう朝方に彼を訪問したが、夜更けまで続いた会話に疲れ果てた彼の姿が見られた。あるときゲティンクの前で憔悴した様子で、「今日ぼくは、フランス軍将校の三か月分の給料を花束に使ってしまいました」と溜息をついた。

シチェファーニクが（フランス軍少佐の青色の軍服で）はじめて公衆の前に登場したのは、七月十二日のニューヨークの労働者ソコル体育館での、チェコ人とスロヴァキア人団体の代表会議においてだった。

「我々は、チェコ人とスロヴァキア人に分かれてはなりません」と、彼は一時間以上に及ぶ演説のなかで述べた。——「我々はひたすら、チェコ人とはモラヴィアとチェコに住むスロヴァキア人であり、スロヴァキア人とはスロヴァキアに住むチェコ人であるかのごとく振る舞わなければなりません」

彼は同郷人の共感を勝ち取るすべを心得ていたが、志願兵募集の際に大きな困難に遭遇した。スロヴァキア人とチェコ人団体が慎重だったのは、各会員に平均して千ドルの生命保険をかけていたからで、当然のことながら、前線では一定の損失を想定しなければならなかった。

シチェファーニクは、スロヴァキア人連盟議長アルベルト・ママテイ[108]にも連絡した。折り返し返事が来ると期待したが、いたずらに待たされた。結局二週間後に、がっかりさせられる内容の長文の手紙を受け取った。支援組織代表と自己紹介した手紙の書き手は、戦死者の数が増えた場合、同組織には遺族年金を支払う資金がないという。募兵はマサリクの協力者エマヌエル・ヴォスコのもとでもうまくいかず、体育団体ソコルの代表者も期待された理解を示さなかった。

同胞の無理解に対するシチェファーニクの幻滅と落胆は、オーストリア＝ハンガリーの講和提案についてのパリから届く情報が、具体化するにつれていっそう大きくなった。この危機的状況下で最後には、同郷人団体を通さずに募兵活動を実施しなければならず、そうしてのみ成功できるという見解にいたった。一九一七年八月二十一日にシカゴの会議で、軍事担当としてこの問題全体を統括したのは、チェコ側はヨゼフ・トゥヴルジツキーとヴォイタ・ベネシュ（シカゴとクリーヴランドから西側の地域）、スロヴァキア側はミラン・ゲティンク（ニューヨークからクリーヴランドまで）だった。

説得のための論理

シチェファーニクはチェコスロヴァキア軍事綱領の影響力を強化するために、アメリカとフランスの政治家や同郷人大衆の前に、公の場で姿を現す決心をした。それは在米チェコ人とスロヴァキア人のもっとも重要な意思表示のひとつだった。九月十六日にニューヨークのカーネギー・ホールで、ニューヨーク市長J・P・ミッチェル（開会演説を行い、集会を司会した）とフランス国務大臣フランクリン＝ブイヨンの出席を得て行われた。

「我々は自由に対する請求書を、みずからの血によって書かなければなりません。講和会議の緑のテーブルで、我々の請求書が拒否されることのないように」とシチェファーニクは宣言して、フランス国務大臣ブイヨンに向かってこう続けた。――「我々は自由を獲得するまで戦い続けることを誓います……。我々が擁護しているのは自分の取り分だけで、侵略に赴くのではありません。我々は平和を求めていますが、しかしそれは栄誉ある平和でなければならず、小さな諸民族の墓場の上の平和であっては断じてなりません……」

この大規模な大衆集会については、アメリカの何紙かの一流日刊紙（『ザ・サン』、『ニューヨーク・ワールド』、『ニューヨーク・タイムズ』、『ニューヨーク・ヘラルド』）が報道した。参加者はウィルソン大統領を人民の権利の偉大な擁護者と讃えて、彼に電報を送った。集会後にシチェファーニクはプラザ・ホテルで、国務大臣ブイヨンのためにレセプションを催したが、それには連合諸国の外交代表と、いく人かの在米チェコ人とスロヴァキア人の要人が列席した。

シチェファーニクは聖職者が我が民衆、とくに女性層に、いかに大きな影響力を持っているかを熟知していたので、スクラントンの銀行家ミハル・ボサーク[109]の助けを借りて、九月二十日にニューヨークでカトリック神父の会議を招集した。宗教的観点からの革命の問題と、自民族に対する神父の義務についての徹底した議論の後で、神父たちは「もっとも危機的時期に民族を捨てなかった」と結論した。ヤーン・クバシコ師と、神父で発明家のヨゼフ・ムルガシ[110]が起草した決議は、スロヴァキア人

ニューヨークのプラザ・ホテルでのスロヴァキア人カトリック神父たちとの会合（1917 年 9 月 20 日）。中央の白い軍服の人物がシチェファーニク
出典：Juríček J.: M. R. Štefánik. Životopisný náčrt. Mladé letá, 3. vydanie, Bratislava 1990.

連盟の政治綱領、つまり共同国家によるチェコ人とスロヴァキア人の解放を受け入れると声明した。

じきに病気がシチェファーニクをふたたびベッドに縛りつけた。ロックフェラー研究所の著名な医師Ａ・カレルが彼のもとに呼ばれた。医師はワシントンの救急病院で彼を診察し、手術と、少なくとも三か月の入院加療を提案した。そうすれば回復の見込みがあるだろう。シチェファーニクはためらうことなく拒否した。――「我々の問題がぼくをいちばん必要としている時に、治療に時間を割くわけにはいきません」

十月初旬に、クズマーニの頌歌「真理のために燃える者は」という荘厳な題辞の、在米チェコ人とスロヴァキア人募兵の宣言文を各方面に送った。一九一七年十月四日にスロヴァキア語新聞『ニューヨーク日報』にも掲載された。序文でシチェファーニクは、これまでいかなる民族も、自力で獲得して、財産と人命の大きな犠牲によって浄化しなければ、永続的自由を享受できなかったと指摘した。チェコスロヴァキア国民会議に、小民族の自決権に関するウィルソン大統領の「不滅の言葉」に依拠して、我が軍を組織するという責任ある課題が委任さ

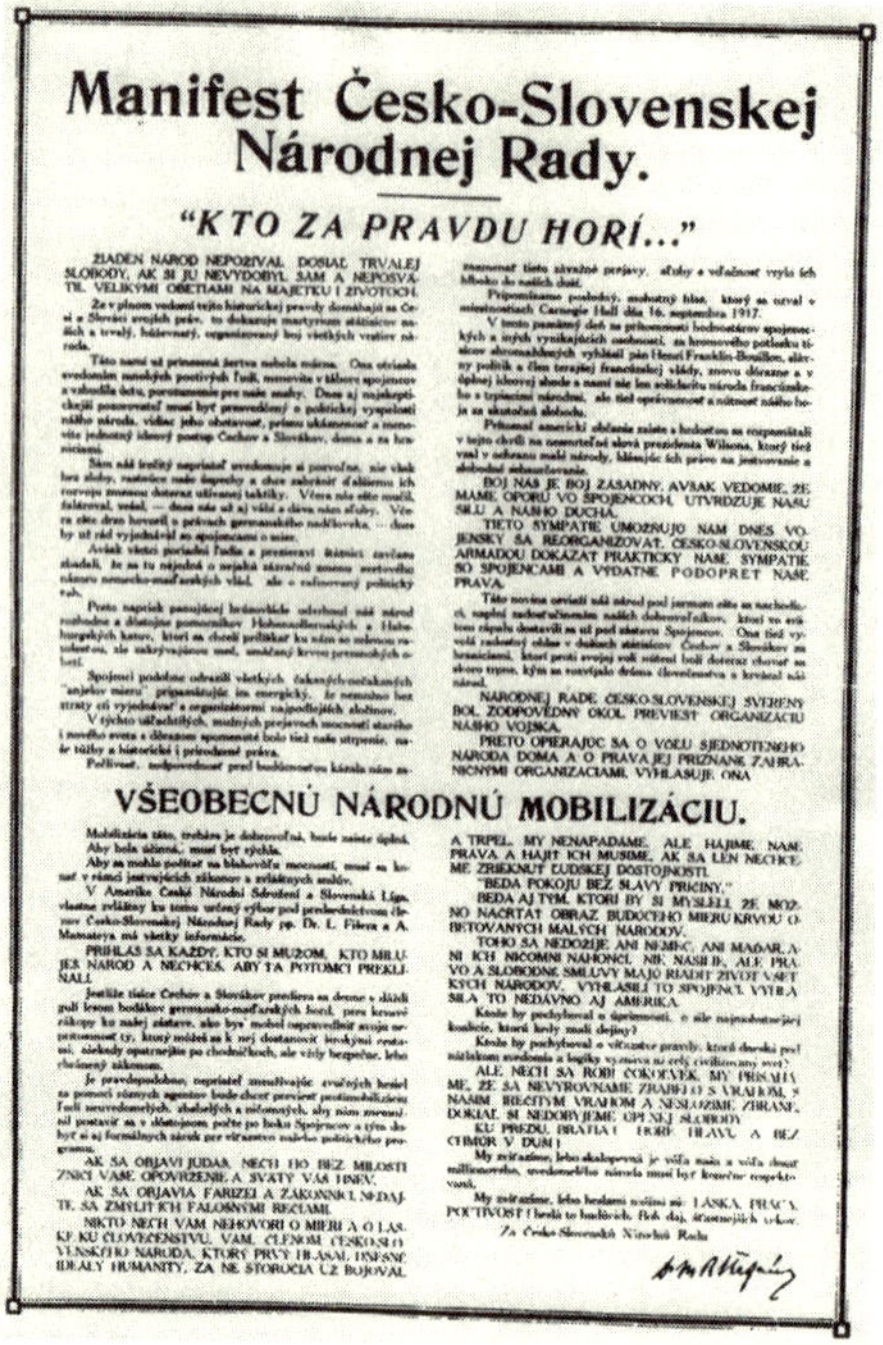

Manifest Česko-Slovenskej Národnej Rady.

"KTO ZA PRAVDU HORÍ..."

VŠEOBECNÚ NÁRODNÚ MOBILIZÁCIU.

シチェファーニクが起草したチェコスロヴァキア国民会議の宣言文「真理のために燃える者は……」 出典：Slovenské národné múzeum: Katalóg k expozícii Milana Rastislava Štefánika. Košariská [1990].

れたと説明した。――

「国内の統一された民族の意志と、在外諸組織によって承認された権利に依拠しつつ、チェコスロヴァキア国民会議は民族的総動員令を発布する。

何千人という国内のチェコ人とスロヴァキア人が、弾丸の雨と、ゲルマン＝マジャールの徒党の銃剣の林を潜り抜け、血まみれの塹壕を乗り越えて、やっと我が軍旗のもとにたどり着いているというのに、大通りを通って、ときには慎重に歩道沿いに、つねに安全かつ合法的に我が軍旗のもとに馳せ参じることができる君は、どうやって自分の不在の言い訳ができるのか。

我々は攻撃しているのではなく、自分の権利を擁護しているだけで、人間の尊厳を放棄したくなければ、それらを擁護しなければならない。

我々は勝利する。我々のスローガンである「愛、仕事、誠意」は、将来の、願わくばより幸福な世紀のスローガンだからだ」

その直後にシチェファーニクは、ニューヨーク在住のチェコ人とスロヴァキア人女性の招待を受けた。母親、妻、姉妹としての彼女たちに、民族に対する義務を説明するためだった。この集まりでシチェファーニクは、いつも我が国の女性に感嘆して、自分がこれまで結婚しなかったのは、身辺にスロヴァキアの娘たちがいなかったからだ、と告白した。私はじきに戦場に戻るが、何千人ものチェコ人とスロヴァキア人男性が同行すると期待している。

十月十四日にシチェファーニクは、シカゴの大規模な大衆集会で語りかけた。演説の初めに、ワシントンの政府筋のあいだで活動していたので、在米チェコ人とスロヴァキア人公衆の前にほとんど姿を現さなかったことを詫びた。――

「私がアメリカに来たのは、ワシントン政府のもとで我々の独立の基本条件を整えるためであり、チェコスロヴァキア国民会議の代表として、独立したチェコスロヴァキア軍創設への同意を得るためです。この軍隊のなかで諸君の一人一人が、みずからの義務を果たせるようになります。

私たちは面と向かって、なにを望んでいて、なにが期待されているかを語らなければなりません。利己主義から解放されないかぎり、我々の問題のために戦う力は生まれないことを、各人が自覚しましょう。我々の独立はベルギーやセルビアのように、形式上まだ宣言されていませんが、我々がみずからの義務を果たすならば、まったくの確定事項です。

施しではなく犠牲をもたらしましょう。民族は、みずからの血潮によって自由を贖わなければなりません。固有の民族旗を持ったチェコスロヴァキア軍部隊は、連合諸国の勝利が我々の問題の勝利ともなることのもっとも確実な保障です。

私はチェコとスロヴァキアの女性に訴えます。暖炉の前でぬくぬくと温まっているような男たちには、こう言ってやってください。――「私たちが子供を作るのは、奴隷制度のためではなくて自由な民族のためよ」

集会後にシチェファーニクは、二つのチェコ系銀行の総裁フランク・G・ハーイチェクに、自分と一緒に、影響力のあるフランス外交官ドゥ・モンタル伯爵がシカゴに来ているが、伯爵は多分講和会議のフランス代表団のメンバーになるだろうと耳打ちした。彼のために晩餐会を催して、我々の成熟ぶりを見せることができたら好都合だろう。こうして翌日、アメリカとフランスとチェコの国旗で華やかに飾られたチェコ文化協会の広間で、祝宴が開かれた。

シチェファーニクは十月二十三日スロヴァキア人連盟事務局に、ピッツバーグでの中央委員会の会議に出席を約束した。雑誌『スロヴァキア青年』の編集者パヴェル・ヤマーリクは、病弱の客人シチェファーニクを、ニューヨークから連れて来るように依頼されたが、スロヴァキア人連盟の願いを叶えることができなかった。シチェファーニクはロング・アイランドの避暑用ホテル・ナッソーで、医師の看護のもとに置かれていたからだ。シチェファーニクは約束を果たせないことを詫びて、午前中から昼食をはさんで午後四時まで、スロヴァキア人連盟の代理人ヤマーリクに、同郷人団体はスロヴァキア民族の解放というひとつの目的に活動を集中させるべきだ、と倦むことなく説いた。——

「スロヴァキア人はチェコスロヴァキア国家のなかで、自由な活動のあらゆる条件を保障されます。このことは戦争初期に、チェコスロヴァキア民族の指導者間で合意済みです。それについて議論する必要はありません。

今日、我々にとってもっとも大事なのは、我々が独立するにふさわしいと証明することです。連合諸国は我々に独立を勧めていますが、我々はそれに断固とした大胆な手を差し伸ばさなければなりません。我々がそうできるのは、チェコ人とスロヴァキア人全員がひとつの強力な軍隊に組織されるときです……。連合諸国にとっては、チェコスロヴァキアの旗のもとでの独自の軍隊が、いかなる論拠よりも効果的です」

パヴェル・ヤマーリクはシチェファーニクとの出会いについて、こう書いている。——「私は多くの人間を、多くの演説者を見てきたが、これほど熱中して、これほど急かすように物事を語る人間は見たことがなかった。彼は一日中でも喋っているだろうし、いっさいの行動がそれにかかっているかのように話す。彼に対しては、腹を立てて苛立たしげに立ち去るか、それとも説得されて、確信に満ちて立ち去るか、のどちらかだ」

一九一七年十一月五日にシチェファーニクは、在米チェコ人とスロヴァキア人青年の第一陣と、レジオン・ド・ヌール将校勲章を携えてフランスに戻った。

「もっとも高尚で、もっとも高貴な感情に燃えて、霊感を受けたこの偉大な愛国者を、どれほど賞賛しても充分ではないだろう」と、ワシントンのフランス駐在武官ヴィニャル将軍は、パリ宛ての報告書で書いた。――「彼は節度と慎重さによって、アメリカ外交当局の高官の共感を勝ち取るすべを心得て、チェコスロヴァキア人の募兵を見事に組織した。脆弱な健康にもかかわらず、ひたすら野戦の一兵士として自分自身を律しつつ、限界を超えた克己心を発揮することもしばしばだった」

シチェファーニクがヨーロッパに向けて大西洋を航海していた時期に、アメリカの読者は彼の浩瀚なインタヴュー記事を読んだ。カーネギー・ホールでの意思表示の集会の後で『ニューヨーク・ワールド』紙の記者の取材に応じたものだ。シチェファーニクは広範な読者に、オーストリア＝ハンガリーに対する現在のチェコスロヴァキア抵抗運動の背景をかいつまんで紹介しつつ、総人口の二〇％に及ぶチェコ人とスロヴァキア人のきわめて高い移民率を指摘した。それには疑いなく社会的諸原因が潜んでいた。ハプスブルク帝国については地理的概念としてのみ語った。この不自然な国家形態の住民は、二つの非和解的な陣営に分断されているが、スラヴ系とルーマニア系住民は連合諸国の側に立つことを、すでに行為によって証明した。――

「ドイツは、自国が思ったほどには強くないと悟って、今では講和交渉に乗り気だ。連合諸国もやはり講和交渉に応じる気があるかもしれない。全世界が平和を望んでいる。しかしどのような平和だろうか。どのような未来だろうか。私見によれば、全世界の未来はかなりの程度、東欧とバルカンの諸民族の講和体制にかかっている。

今後もパン・ゲルマン主義に耐えることを望むかどうかを、全世界が決定しなければならない時が訪れた。かりに望まないのであれば、決着をつける道はただひとつ、この病根を切除することだ。幸いなことに、我々の意図には論理的・歴史的根拠があるだけでなく、連合諸国が宣言した道徳的諸原則と一致する。そのためにすでに何百万人もの人々が倒れた諸原則を、貴国の大統領ウィルソンほど適切かつ明瞭に述べた人物は、いまだかつていなかった。この世界が民主主義のための安全な場所になることを望むのか。小民族も大民族と同じ分だけ、自分の民族活動に対する権利を持っているのか。戦争はこの二つの問題を解決しなければならない。その道徳的諸原則が適用されなければならない場所は中欧である」

第十五章　パリ・ローマ（一九一七―一八年）

我々の自由は実現するはずであり、
それゆえに今日もう存在している……

チェコスロヴァキア軍の基礎を置く

一九一七年十一月半ばにシチェファーニクがパリに戻ってきたとき、ベネシュは、フランス政府のために準備されたチェコスロヴァキア軍の創設規約の本文を準備中だった。シチェファーニクは、チェコスロヴァキア軍を創設するのはフランス政府であるという規約の第一条に、すぐさま異議を唱えた。彼はフランス政府筋と交渉して、同軍を創設するのはチェコスロヴァキア国民会議であるという意味の、新たな表現を勝ち取ろうとした。なんと言っても軍隊は、チェコスロヴァキア独立の象徴でなければならない。チェコ人とスロヴァキア人の代表者は、軍隊をフランスの援助によって創設するとはいえ、政治面では無条件に国民会議に服属しなければならない。結局シチェファーニクは、受け入れられやすい折衷的条文で満足した。――

「独立した軍隊に組織されたチェコスロヴァキア人は、軍事面でフランス総司令部の権威を認めつつ、中央列強に対して独自の旗のもとで戦うだろう」

こうしてチェコスロヴァキア軍の基礎が置かれた。シチェファーニクは、各国でチェコ人とスロヴァキア人捕虜から編成中の全部隊が、統一された軍隊を形成して、中央司令部に服従するように強く主張した。十一月末に、ロシアから帰国したばかりのジャナンを探し出して、チェコスロヴァキア軍総司令官の職務を引き受けてくれるように依頼した。それでは各国における部隊形成の状況は、どのようなものだっただろうか。

この時期に在露チェコスロヴァキア人兵士は、一九一七年十月の〔ボリシェヴィキ〕革命勃発後、最初の数週間の混乱状況を利用して、独自部隊の組織化を加速させたので、フランス戦線への移動プランは一年前よりも実現可能に思えた。イタリアには三万人に及ぶ捕虜がいた。彼らのあいだに多数の志願兵が見つかることは確実だった。フランスには、シチェファーニクがルーマニアで獲得した千五百人の志願兵が結集していた。西部戦線用に少なくとも一個師団を編成することができ、同師団は後に軍団に成長する見込みがあると根拠を持って想定できた。

ジャナン将軍の戦略

十月革命後にジャナンは、ロシアが連合国としての今後の戦争遂行に乗り気でないことから、戦略的帰結を導き出し、対露戦線から解き放たれたドイツ軍が、軍勢を西方に移動させるので、連合諸国側にとって兵士一人一人が貴重になると想定した。スラヴ情勢を熟知していたジャナンは、チェコスロヴァキア人兵士は連合国の側でのみ、首尾よく自民族の自由に対して責任を負うことができると計算した。ジャナンは、ペタン将軍や軍事大臣官房と相談してから、薦められたチェコスロヴァキア軍総司令官の職務を受諾した。

ジャナンの参謀本部は、ボナパルト通り十八番地のチェコスロヴァキア国民会議本部内に置かれた。十八世紀に広い庭園の真ん中に建てられた、古い個人所有の三階建ての屋敷で、後年に、堂々とした建物の正面を覆い隠す平屋の建築物群で覆われた。見事な階段、大きな応接間と、高価な時代物の家具が備わった小ぶりな居間が、室内装飾の特徴だった。この建物のなかで将来のチェコスロヴァキア国家の政府権力が誕生した……。

十二月初頭にフランス政府は、外務省付属ロシア問題委員会を設置した。委員長はフランクリン゠ブイヨン、副委員長はジャナンとシチェファーニクとベネシュ、フランス人のE・ドニ教授らがメンバーだった。議論の中心はおもに変化するロシア状況だった。チェコスロヴァキア人兵士がルーマニア軍と結合して、「抵抗の中核」を形成するように提案した者もいたが、ジャナンはこの計画を、我が軍にとってリスクが高すぎると見なして却下した。ルーマニアは去年〔一九一六年〕の敗北後、ロシアからの補給に依存している。かりにロシアが降伏したら、ルーマニアも同じ運命に見舞われて、モルダヴィアのチェコスロヴァキア人兵士は孤立無援の状態に陥ってしまう。シチェファーニクがテッサロニキに赴いて、そこから飛行機でルーマニアへ飛び、さらに在露チェコスロヴァキア軍部隊のもとに行くことはできないか、という案も論議された。シチェファーニクはこのプランが気に入った。即座に某フランス人将校が、自分の経験と軍人としての階級に依拠しつつ、この大胆な旅に同行したいと申し出た。

「階級のことを話題になさっていますが、私が認めるのは仕事と犠牲のヒエラルキーだけです」がシチェファーニクの答えだった。――「私が一緒に働けるのは、私と同じくこの問題に専念している友人だけです。私の技師ブルドンは友人ですが、貴官はそうなれないでしょう」

だがジャナンはこの計画にも反対して、こうして彼らの関心は、すでにシャラント川畔の小さな町コニャックに集められた二千二百人の兵士に集中した。彼らは在仏チェコスロヴァキア軍の最初のグループで、総じてシチェファーニクがルーマニアとアメリカで集めた志願兵から編成された。余談になるが、土地の住民は我が軍兵士とすばやく親密になり、結婚式もまれではなかったが、それにはチェコスロヴァキア国民会議とジャナンの許可が必要だった。だがチェコスロヴァキア軍の組織者たちの前に、いきなり大問題が持ち上がった。フランス陸軍省が、創設を許可されたすべての外国人の軍隊は、西部戦線で用いられるように、組織と命令の簡素化のために、フランス人将校を含んだ外国人部隊タイプの形態に編成替えされなければならない、という見解に達したのだ。シチェファーニクはジャナンと一緒に、コンピエーニュのペタンのもとに赴き、チェコスロヴァキア軍部隊の自治が持つ道徳的意義の大きさについて説得した。彼らがみずからの民族旗のもとで戦うならば、それによってチェコ人とスロヴァキア人のフランスに対する忠誠心も強まることだろう。同時にフランス軍司令官ペタンに、オーストリア＝ハンガリー国内の我々の住民が、戦争中にフランスと連合諸国に対する共感を表明したために蒙った迫害を思い起こさせた。ふたたび事はうまくいった。

連日シチェファーニクとベネシュに会っていたジャナンは、二人の見解上の相違にも気づいた。それは将来のチェコスロヴァキア国家の内政と外交問題にも及んだ。シチェファーニクは概してベネシュより保守的で、立憲君主制に対するある種の共感を隠さなかった。それはシチェファーニクが、洗練された貴族との付き合いを好んだだけでなく、長年のフランス滞在期に、ブルジョア民主主義のさまざまな欠点を見聞する機会があったことでも、説明できるかもしれない。さらに、シチェファーニクの「貴族主義」を評価する際に念頭に置くべき重要な現実は、社会の最上層のメンバーとの彼の面識が、我が両民族の解放をめざす闘いのなかで肯定的役割を演じたことである（周知のように〔フランスの〕貴族は、オーストリア＝ハンガリー国家保全を支持するもっとも頑固な社会層のひとつだった）。最後にシチェファーニクの性格、学問を通してパリの一流のサロンに達しようとする努力、疑いのない社会的成功などのすべてが作用して、貴族の屋敷に出入りしていたフランスの教養あるブルジョアジーのスタイルを身に着けたのだ。彼は確かに、同時代の社会紛争にも注目したが、突っ込んで研究しようとはしなかった。慢性的な金銭不足、「乞食のような財政状況」もそれを強いることはなかった。

まれに寛いだひととき、ふつうは昼食の際にシチェファーニクは、禁欲的なベネシュが美食を愉しむすべを知らず、ワインを軽んじると言ってからかった。彼自身は美食とワインへのこだわりをスロヴァキア出身のせいにして（もっとも、いずれにも節度を保った）、料理の腕前も自慢した。同郷人の習慣について話すことも好きだった。

官庁めぐりと社交の会合がシチェファーニクのすべての時間を奪った。朝方に自分の住居を出て、戻って来るのは晩遅くになってからだった。万事を自分の手で手配する癖があった。ペンを取るのはつねに苦手だった。ジャナンとパヴルーの回想によると、便箋用紙に数行の文章を書く代わりに、馬車での道のりが片道で一時間かかっても、三十分の訪問に出かけるほうを好んだ。

またもイタリアへ

一九一八年二月なかばに、フランス政府のもとでチェコスロヴァキア軍の創設規約発布を確保して、内部組織についてジャナンと合意すると、シチェファーニクはイタリアに赴いた。

シチェファーニクはアメリカ合衆国に出発する前に、イタリア政府筋のあいだでベネシュのために活動の下地を整えた。ベネシュは後に二か月の交渉の時期に、イタリア政府がチェコスロヴァキア国民会議を、チェコ人とスロヴァキア人の政治機関として公式に承認し、戦線の背後でのチェコ人とスロヴァキア人捕虜からなる労働部隊編制に同意を与えるという成果を勝ち取った。だがシチェファーニクはこうした成果に満足しなかった。彼の確信によると、イタリア戦線に配置されなければならないのは自治的なチェコスロヴァキア軍部隊である。アペニン半島への彼の旅を早めたのは、ローマ駐在国民会議事務長フランチシェク・フラヴァーチェクの情報だった。スピンガルディ将軍はイタリア総司令部の名で、国民会議が遅くとも二月二十日までに五千人のチェコスロヴァキア人兵士を、軍事地帯での作業のために組織するように、フラヴァーチェクを急かしている。そうならない場合、彼らはそこに捕虜として送られるだろう。

フラヴァーチェクがパドゥーラの収容所で労働部隊を組織しているあいだに、シチェファーニクはイタリア政府と軍部の要人のもとで、自治的なチェコスロヴァキア軍組織化の許可を勝ち取ろうとした。ベネシュが打ち破れなかった最大の難関に、シチェファーニクも突き当たった。閉鎖的な外務大臣シドニー・ソンニーノ男爵のことである。大臣が原則として同意したのは、第二線とそれ以後のラインにおける軍事作業用の、自発的な捕虜労働者中隊の形成に限られて、それもイタリア軍将校の監視下においてだった。ソンニーノは国際法に依拠して、同部隊を敵との直接の戦闘に投入しないように頑固に主張し、人道的・政治的理由を論拠に挙げた。この時期にイタリアは、強化されたオーストリア軍の攻撃に対抗するために、他になすべき仕事があった。共感を持っていたとはいえ、イタリアはチェコスロヴァキアの願望の遂行を保障できなかったので、我が両民族のメンバーから犠牲を募ることをためらった。さらにここには大きなリスクがあって、志願兵がオーストリア＝ハンガリー側の捕虜になった場合、まちがいなく野蛮な取り扱いを受けるはずだった。ソンニーノが挙げたのはチェーザレ・バッティスティ事件だった。彼はトリデント[112]の弁護士でウィーン議会の社会民主党系議員だったが、イタリアのアルプス中隊司令官として捕虜になり、重傷を負っていたにもかかわらず絞首刑に処された。

ソンニーノの危惧は、オーストリア＝ハンガリー側のイタリア捕虜に対する報復迫害の可能性にも関わっていて、イタリア軍兵士の嫌悪感を呼び起こし、イタリアでの反戦気分を強めかねなかった。

シチェファーニクは万事を判断してソンニーノ外相に、我々の捕虜出身の志願兵から自治的なチェコスロヴァキア軍を創設するが、その使用について決定を下すのは連合国間会議とすると提案した。最初の会談の際にソンニーノを、一定の妥協の方向に導くことに成功した。そこからシチェファーニクは、外相の立場はびくともしないものではないという結論を引き出した。同時にソンニーノの政敵と接触するなかで（彼らはシチェファーニクが、どうやってソンニーノと接触できたのかを知りたがった）、チェコスロヴァキア軍問題が野党の手中の武器にならないように、入念に配慮した。

V・E・オルランド[113]首相は予想外に早く、チェコスロヴァキアの論拠を受け入れた。だが炯眼なシチェファーニクは、こうした安易な外交的成功にいささかも酔うことなく、それはむしろ彼のなかに警戒感を呼び起したので、オルランドに影響を与え続ける決心をした。オルランドは国王（ヴィットーリオ・エマヌエーレ三世）との謁見を仲介してくれ、国王は一時間話し合った後で、シチェファーニク大佐の政策と提案した方策を、もっとも有利と見なすと明言したが、不幸なことに自分は政府ではないと付け加えた。

軍人のなかではシチェファーニクは、国防最高長官A・V・ディアツ[114]と交渉したが、ディアツは慎重な待機の姿勢を取っていた。だが彼は、政府からまだ指示を受け取っていなかったにもかかわらず、ソンニーノの論拠を脆弱と見なした。ディアツが危惧したのは、技術的・組織的難点、言語上の障害、チェコスロヴァキア軍団内における脱走とスパイ行為だった。

フランス軍事使節団長のパリの陸軍省宛ての機密電報の情報によると、三月十日の状況は以上のようだった。三月二十日頃にシチェファーニクはソンニーノとディアツに浩瀚な覚書を提出して、外交的な慇懃さと巧みな手腕をもって、だが直接かつ公然と、イタリアの地での独立したチェコスロヴァキア軍編成に反対するイタリアの外交官と軍人のあらゆる論拠を、ひとつひとつ覆した。まず、他の連合諸国はもう確信済みだが、スラヴ人の大半、とくにチェコスロヴァキア人は、中央列強と戦うことを決意して連合国側に移ってきたのだから、言葉の真の意味での捕虜ではないと指摘した。連合諸国はチェコスロヴァキア人兵士と協力して、彼らの多くはセルビア、ドブルジャ〔黒海沿岸のルーマニアとブルガリアにまたがる地方〕、ロシア、フランスの戦線で勲功を立てた。フランス政府は独立したチェコスロヴァキア軍を公式に承認した。イタリアがその例にならえないはずはない。――「イタリアは、仇敵ハプスブルク帝国のあった地域に、自国の価値を自覚した誠実な国家群が誕生するように望んでいるだろうか。もしそうだとしたら、諸民族を解放するだけでは足りない。人類の歴史が示しているように、勝ち取られた自由を維持できるのは、血の犠牲を払うことができる民族だけだ。今イタリアが、チェコ民族の自発的犠牲を受け入れることができないなら、チェコ民族の将来の道徳的発展に対して、ある意味で障害を置いてしまうことになる」

シチェファーニクの革命的倫理とはこういうものだった。チェコスロヴァキア人兵士の犠牲を人道的と見なしたのは、それが敵の弱体化を、連合国の勝利への貢献を、自民族の隷属の終焉を意味するからだ。

捕虜を正規軍兵士として認めると望ましくない前例になってしまい、イタリア軍の隊列のなかに脱走を呼び起こすかもしれない、という軍高官の危惧に対してシチェファーニクは、オーストリア＝ハンガリー軍を捨てたチェコ人とスロヴァキア人兵士は、民族的規律を維持して愛国的勇敢さを発揮しているので、たんなる脱走兵と見なすことはできないと反論した。今次の大戦によってハプスブルク君主国の非合法性は、白日のもとに晒されたので、スラヴ諸民族は同国に対してもういかなる義務も感じていない。

イタリア政府がさしあたって、自国の立場を変えることを妥当と見なさない場合、シチェファーニクは、せめて在仏チェコスロヴァキア軍の補充を可能にする一時的打開策を提案した。イタリア政府は、チェコスロヴァキア志願兵の小集団のフランスへの退去を許可するか、それとも（オーストリアがドイツに、かなりの数のイタリア人捕虜を引き渡したように）イタリアもフランスと、一定数のスラヴ人捕虜をドイツ人捕虜と交換したらいい。

結論部のコメントでシチェファーニクは、自治的なチェコスロヴァキア軍の結成をめざす国民会議の努力の、政治的帰結を論拠づけた。強力なチェコスロヴァキア国家の創設が東欧の政治的均衡を保障すると確信する彼は、チェコ人の学者と作家と芸術家、さらに超党派の議員たちが最近の意思表明〔一九一八年一月六日の三王宣言をさす〕で、チェコスロヴァキア民族は完全な解放を勝ち取るまで闘いをやめない、と断固として宣言した事実に依拠した。――

「この民族は将来、独立して存在したいという固い決意を示しましたから、チェコスロヴァキア国家は建国されるでしょう。その結果、今日のハプスブルク帝国は消滅します」

シチェファーニクは、将来のチェコスロヴァキア、ルーマニア、南スラヴ国家がブロックを形成すると予見した。そのブロックは地理的・軍事的・政治的に、部分的には経済的にも、イタリアとの相互協力と合意に依拠するだろう。覚書は、中欧の再編プロセスにおいて主導権を握るように、というイタリア政府への呼びかけで終わっている。

シチェファーニクの外交交渉が続くあいだに、世界大戦は最高潮に達した。〔一九一八年三月のブレスト・リトフスク条約によって〕対露戦線から解き放たれたドイツ軍は、対仏戦線でふたたび主導権を握り、オーストリア＝ハンガリー軍の増大する圧力に耐えるという深刻な課題がイタリアの上に落ちかかった。イタリアの指導的政治家たちは、協商諸国の全面的勝利への信念を失っていたので、イタリア軍の国防最高長官ディアツ将軍が、オーストリアとの和解構想を検討したことは驚くにあたらない。驚くべきことにこうした危機的状況のなかで、ディアツはある会話の後で、シチェファーニクに片手を差し出してこう言った。――「私の手を握ってくださってかまいません。このたびは、信念を持った人間の手だからです」

「犠牲と死を覚悟しているチェコスロヴァキアの人々の勧めを、我々〔イタリア側〕が受け入れるようにお望みですが、我々はさしあたり貴方がたに対して、いかなる義務も誠実に負うことはできません。今日の状況下ではなにも保障できないからです」というソンニーノとオルランドの反論に対して、シチェファーニクはこう答えた。

――

「だれが貴方がたから保障を求めているのですか。私は貴方がたからいかなる代償も求めていません。報奨も求めていません。義務も保障も求めていません。なにも求めていません。私が唯一貴方がたに求めているのは、祖国のために死ぬことを決意した人々に、死に場所を与えて欲しい、ということだけです。貴方がたはこれを拒むことはできないでしょう。なぜならそれは正義にもとるからです」

　外交官シチェファーニクのかくも感情のこもった言葉には逆らうことができなかった。ソンニーノとオルランドがシチェファーニクに同意を与えたとき、二人の目には涙が光っていた。

オーストリア＝ハンガリー隷属諸民族会議

　一九一八年四月はじめ、オーストリア＝ハンガリー隷属諸民族会議に出席するためにベネシュがローマに到着したとき、シチェファーニクは、チェコスロヴァキア師団創設に対するイタリア政府の同意を確保して、すでに協定の文面について交渉中だった。会議の出席者たちはそれについてシチェファーニク自身から知らされたので、交渉の過程にある程度の影響を与えた。出席者たちは後にオルランド首相からも直接に聞かされた。

　隷属諸民族会議には我が代表団以外に、イタリア、ルーマニア、ポーランド、南スラヴの四つの代表団が参加した。九人の団員からなるチェコスロヴァキア代表団には、シチェファーニク以外に二人のスロヴァキア人、シチェファン・オススキーとルドルフ・ガブリシ[115]が加わった。会議に先んじて、三月七日付けでイタリア・南スラヴ間の和解原則に関する協定が結ばれたが、その締結は最後の瞬間まで不透明だった。協商列強の諸政府が、オーストリア＝ハンガリーの被抑圧諸民族に独立の言質を与えるのを拒んでいたからである。彼らが中欧の細分化構想の受け入れをためらったのは、新生国家間のライバル関係と相互の紛争を危惧していたためだろう。同会議の提唱者で、イギリス政府顧問兼ジャーナリストのウィッカム・スティードも、こうした公式見解をもって三月十九日にローマに赴いた。しかし三月二十一日のフランス領内のイギリス軍に対するドイツ軍の強力な攻勢、三月二十三日のドイツ軍の長距離砲によるパリへの直接砲撃、予測される対イタリア攻勢とイタリア軍参謀本部の見解（オーストリア＝ハンガリー軍の団結は、被抑圧諸民族に独立を約束しなければ攪乱できない）などが、フランスとイギリスとイタリア政府を動かして、会議の開始以前に独立の言質を与えることを決心させた。

シチェファーニクは同会議でシートン＝ワトソンとも会ったが、「我々の自由は実現するはずであり、それゆえに今日もう存在している」という楽観論で彼を唖然とさせた。

国際的影響力を持ったこの政治的事件（隷属諸民族会議）の提唱者ウィッカム・スティードとは、ローマの駅頭での心のこもった握手と、「これは貴方の仕事ですよ」という言葉とともに別れた。

会議終了後オルランドは、各代表団の団長を招待して演説を行った。彼は合意された決議を支持して、オーストリア＝ハンガリーの全被抑圧民族と協力するイタリアの熱意を表明し、シチェファーニクの交渉術に賞賛の念を込めて言及した。シチェファーニクのなかに大きな道徳的力の証しを見た。後年ベネシュは、シチェファーニクがオルランドの評価を自分の外交的成功の勲章と見なしたと書き、シチェファーニクにとって、戦争中の活動の見事な一頁のひとつだったと記している。チェコスロヴァキア問題の勝利への揺るぎない信念と、覆しがたい確信にあふれた続く日々に、彼はベネシュに、解放された祖国のイメージを描いてみせた。前面を占めたのは、相互の愛情と調和によって結ばれた両民族の、将来の統一された組織の壮大なヴィジョンだった。シチェファーニクの愛国主義は、全世界的な和解への信念と、諸民族間の憎悪と戦争は消え失せるという信念を含んでいた。輝く白い太陽がその印になるだろう……。

在伊チェコスロヴァキア師団創設に関するチェコスロヴァキア国民会議とイタリア政府間の軍事条約は、協定と呼ばれた（フランスでは規約にすぎなかった）。それは独立したチェコスロヴァキア国家を承認する最初の国際文書で、シチェファーニクの見事な外交的成果である。文案の作成に際してシチェファーニクは、イタリアはチェコスロヴァキア軍を維持するための資金を貸与するにすぎないことを、条文に書き込むようにはっきりと要請した。シチェファーニクは文字通り、「そうしないと我が兵士は傭兵になってしまう」と表現した。

この要請はひじょうに徹底されたので、我が軍団兵向けのいかなるプレゼントの受け取りも拒否した。

一九一八年四月二十一日に、オルランド首相と陸軍大臣ズッペリ将軍とシチェファーニク大佐が協定に署名した。このときミランの両目には真珠のような喜びの涙が光っていた。ズッペリ大臣の証言によると、「……祖国の将来に対する揺るぎない信念は、シチェファーニクをひじょうに高ぶらせて、彼の言葉は予言のように響いた。顔つきは一変してひどく興奮したので、もうそれ以前に病気で衰弱していた身体組織は、しばしばこうした激情に耐えられなかった。私の執務室で、憎むべき抑圧者と、自分の祖国の輝かしい将来について、攻撃的かつ情熱的に語ったとき、二度も失神した」

募兵活動でシチェファーニクを補佐したのは、シチェファン・オススキーとレフ・シフラヴァとヤン・シェヴァ大尉だった。四月二十五日シチェファーニクはディアツ将軍のもとを訪れて、在伊チェコスロヴァキア軍司令官には、シチェファーニクの賛美者で、チェコスロヴァキア問題に無条件に忠実だったA・グラッツィアーニ将軍が就任すること、在伊チェコスロヴァキア軍部隊は、総司令官がフランスに駐在する軍隊の有機的一部として、チェコ人とスロヴァキア人の民族的願望のシンボルと見なす必要があることで合意した。

シチェファーニクはつねに随所で、粗相のない社交的振る舞いの意義を強調した。五月はじめにローマのホテル・チェントラーレで、国民会議の新任委員ヨゼフ・リプカ教授に与えた指示から、そのことがうかがえる。――

「パドヴァで社交感覚を培って、チェコスロヴァキア人を代表することも、貴方の課題になるでしょう。これが貴方にとって馴染みのない課題であることはわかっています。ですから赤面したり恥じたりするには及びません。我々には社交生活の伝統がありません。我々の知識人には社交感覚を培う可能性も機会もありません。我々の民主主義は、酒場でのジョッキ片手の政治談義に限られています。我々には貴族がおらず、豊かで洗練された本物のブルジョアジーも存在しません。庶民風の帽子と無造作に結ばれたネクタイが、進歩思想の証しと見なされています。隙のない装いと社交的振る舞いは、我々のところでは非民主的という疑惑を呼び起こします。この点でも変化が生じなければなりません。社交界を敬遠せず、眩しいような肩書を耳にしても、いたずらに卑屈にならないでください。彼らも、人間的な長所と短所を備えた普通の人間にすぎません。私は彼らを買い被ってはいませんが、この社交界を介して（そこには世論の作り手もいるのです）、我々の問題が広まって、文化的欧州全体の要求になることができるのです……」

ローマでの軍旗授与式

シチェファーニクにとっての晴れの日が、チェコスロヴァキア第三十四連隊への軍旗授与式が迫っていた。本来はどこか田舎の守備隊でひっそり行われる予定だった

ローマでのチェコスロヴァキア軍団への軍旗授与式で演説するイタリアのオルランド首相（中央）。左端の軍帽軍服姿の人物がシチェファーニク（1918 年 5 月 24 日）
出典：Štefánik vo fotografii. Praha 1936.

同じく軍旗授与式の際のシチェファーニク大佐（軍旗の左上の軍帽軍服姿の人物）（1918 年 5 月 24 日）　出典：Štefánik vo fotografii. Praha 1936.

が、シチェファーニクは軍旗の授与が、ローマ帝国の世界史的諸事件の目撃者であったローマのヴィットーリオ・エマヌエーレの壮大な記念碑の前で、行われるように取り計らった。祝典には全連合国の公使と駐在武官、オルランドを筆頭とするイタリア政府代表が列席して、ソンニーノも姿を見せた。軍旗を受け取ったとき、シチェファーニクの顔は幸せそうに輝いた。

「新たな民族の誕生という感慨をお持ちでしょうね」と出席者の一人がシチェファーニクに言った。だが彼にとっては、それだけではじゅうぶんでなかった。

一九一八年五月二十四日のイタリア参戦三周年記念日のことだった。チェコスロヴァキアの式典の後で、晩にアウグストゥス廟の大広間でイタリアの式典が続いた。その席でローマの招待客たちを前にして、イギリスの王位継承者ウェールズ公、フランス大臣シモン、イタリアのオルランド首相、アメリカ合衆国公使ネルソン・ページ（彼はシチェファーニクの天賦の才能を信じた）とべルギーの議員ロランドが、（各国歌の後で）発言する予定だった。イタリア政府が新しいチェコスロヴァキア軍を、同等の軍事的同盟者として承認したので、シチェファーニクは、将来のチェコスロヴァキア国家の軍隊を代表して演説を行う機会を与えられた。だが彼が最後の演説者として発言しようとしたとき、イギリスの王位継承者（皇太子）が自分の桟敷から立ち去ろうとしているのに気づいた。シチェファーニクは、イギリスと肩を並べてみずからの自由のために戦う民族の国歌が吹奏される際に、イギリス代表が欠席することは、政治的に誤解される恐れがあり、自分はそれに対して責任を負いたくないので、演説できないと述べた。こうして彼は、皇太子に席に戻ることを余儀なくさせた。彼の演説の骨子は次のようだった。——

「本日の朝方ご覧になった部隊は、上手の塹壕のなかで彼らを待っている戦友たちに合流しに赴きます。独立したチェコスロヴァキア軍は新たな軍事的要素であるばかりか、強力なシンボルでもあります……。

不屈の信念に貫かれ、正義が勝利することを確信しつつ、暴力に対する権利の勝利、隷属に対する自由の、特権に対する民主主義の、偽りに対する真理の勝利を確信しつつ、人類史の新たな地平を切り開くこの厳粛なときに、我々はみずからの手を挙げて、祖先の大切な記念碑のそばで、蘇った民族の眼前で、我々の戦死者たちの墓標の上で、たがいの魂と力強く共鳴しつつ、独立したチェコ国家に挨拶を送ることができるその日まで、戦い続けることを誓います。

抑圧された者たちが差し出しているのは、連合列強の代表者のみなさん、片手だけ、心臓に近い左手だけです。一方彼らの右手は決然として剣を握りしめ、それを手放すのは、勝利の旗を、将来に世界平和を保障できる唯一の旗を翻すときだけです」

ベンゾーニ侯爵令嬢

シチェファーニクが、世界的大事件の渦中にあることを切実に意識し、みずからの鉄の意志によって、それらに方向づけを与えようと試みていたちょうどそのとき、熱い恋愛感情が彼を捉えた。〔彼は友人にこう告白している」――

「予期していなかったことが起こった。ぼくは、若くて美しくて、道徳と知性の面で申し分のない娘に惚れ込んだ。草地に立ち昇って、朝の太陽の前で消え失せてしまう霧の軽やかなベールのような純愛。ぼくたちは相手の名前も知らないまま、子供のように語り合った。彼女と母親以外のだれもこのことを知らなかった」。――彼にとっては新たな現実の発見だった。――「たとえて言えば、まるで生きている風景を見ている気分で、以前にぼくが目にしていたのは、たんなる絵にすぎなかった。彼女は、遠方から春のそよ風に乗って運ばれてくる芳香のようだ」

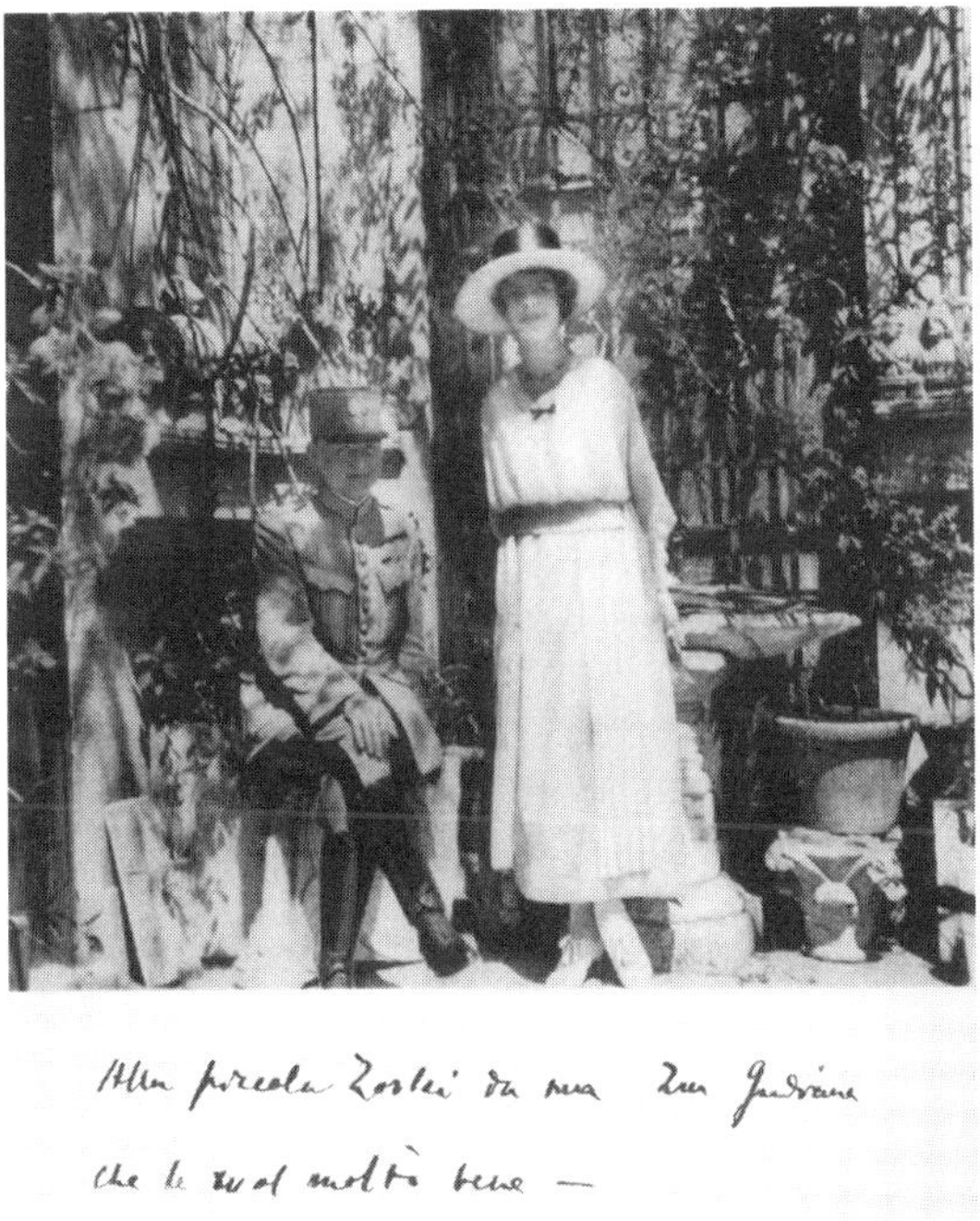

許嫁のG・ベンゾーニ侯爵令嬢とローマで　出典：Osuský Š. - Pavlů B. (red.): Štefánik, kniha prvá. Praha/Bratislava 1938.

彼女の名前はジュリアーナ・ベンゾーニ侯爵令嬢、親戚のヴェノーサ伯爵夫人のもとで暮らしていたが、夫人はその昔名だたる美女だった。家族のもとをイエズス会士が定期訪問していたので、乙女は会士に自分の甘い秘密を洩らした。こうして顛末は教皇庁国務長官P・ガスパッリ枢機卿[116]の知るところとなり、彼からジャーナリストのヴィスコンティが嗅ぎつけた。この男は卑劣にも、シチェファーニクは他の者を前線に送り出しているのに、自分はイタリアで女たちと戯れていると新聞に書き立てた。

敵たちは、シチェファーニクが貧乏で、おまけにプロテスタントの出だと指摘して、彼の病気をあげつらうこともためらわなかった。彼は苦労して純愛を手に入れたにもかかわらず、ふたたび家庭の幸せを断念した。

「ぼくは細部にいたるまで戦争を味わった。あの血を、あの傷を、あれらの哀れな負傷兵たちを見て、心のなかで言った。——いまエネルギーを分散してかまわないだろうか。他人を戦争に誘っているときに、喜びと個人的幸せへの権利があるだろうか。ぼくは穏やかかつ率直に、結婚によるぼくたちの愛の成就は考えられない、と彼女に告げた。将来どうなるかはわからない。将来はだれのものでもない。でもこれは、ぼくが捧げた最大の犠牲だった」

シチェファーニク将軍の肖像写真（1918 年）
出典：Štefánik vo fotografii. Praha 1936.

　六月六日にバレール駐伊大使は、パリのケ・ドルセー〔フランス外務省〕宛てに暗号電報を打った。——「シチェファーニク大佐は、委任された使命を見事に遂行した後、パリに帰国した。彼の尽力の完全な成功と、チェコ軍団編成のすばやい完了に捧げられた献身と巧みな手腕を、政府に報告することを、私は自分の義務と見なす。今日では軍団は既成事実である……」

　ローマからパリへの道すがら、シチェファーニクはシフラヴァとともにモデナ〔北イタリアの小都市〕に立ち寄ったが、そこの駅前広場にある偉人の銅像が立っていた。人間精神の可能性はほぼ無限だ、が口癖だったシチェファーニクは、歴史については懐疑的に語った。

「ここに銅像を立てられた人物が」と彼は訊ねた。——「そのために称賛されている事業を、本当に行なったと信じていいのだろうか。それに関与したのは、たいていは無名の人々ではなかったか」

パリの社交界でジャーナリストのジュール・ソウエルヴァインは冗談半分で、シチェファーニクの軍帽はチェコスロヴァキア構想の進展ぶりを反映していると語った。七月にはそこにもう将軍を示すオークの葉が輝いていた。

第十六章　パリ・アメリカ合衆国・日本（一九一八年）

ぼくにとっては、活動しないで
命を購うなど問題外だ。
この先二十年も三十年も長生きしたくはない。
ぼくは今を、今を生きたいのだ……。

十月革命後のチェコスロヴァキア軍団の行動

一九一七年二月と十月の二つのロシア革命によって、在露チェコ人とスロヴァキア人捕虜は独立した軍隊を編成することができたが、同軍は連合諸国に対するチェコスロヴァキア国民会議の立場を著しく強くした。嵐のような革命の時期、我が軍団はよく組織された武装団体になり、初期にはロシアの双方の国内諸党派、ツァーリ君主制支持者もボリシェヴィキも、彼らを自分の側につけようとして、双方とも軍団の〔ロシアからの〕退去を望んでいなかった。ペトログラードにおける十月革命勃発の目撃者だったマサリクは、我が兵士ができるだけロシアの内政に干渉しないように主張して、武装中立と軍団兵のシベリア経由の退去の線で、ソヴィエト側代表者と合意しようと努めた。チェコスロヴァキア軍団はフランス、イタリアと同じくロシアでも、オーストリア＝ハンガリーおよびドイツと戦うために創設されたので、〔一九一八年三月に〕ソヴィエト・ロシアが両国と〔ブレスト・リトフスクで〕分離講和を締結したとき、彼らのロシア駐留は意味を失った。肝要なのは、我が軍ができるだけ早くフランス戦線に到達することで、そこではドイツ軍がブレスト・リトフスク講和後、自国の援軍を移動させて、ふたたびパリを脅かしはじめた。指摘しておく必要があるが、ソヴィエト政府がドイツの脅威を危惧していたあいだは、チェコスロヴァキア人兵士は彼らにとってなんら重荷でなく、一九一八年三月にはバフマチ〔ウクライナの町〕近郊でボリシェヴィキとともにドイツ軍と戦った。だが軍団兵がウクライナからロシアを通ってウラジヴォストーク方面に撤退しはじめると、現地のソヴィエト権力は彼らの進路を絶えず妨害した。シベリアで反ボリシェヴィキ諸勢力と結びつくかもしれないという恐れから、チェコスロヴァキア軍団を武装解除しようとした。その際に衝突が発生したので、結局軍団兵は東方へのルートを、武力で切り開かなければならなかった。

シベリア出発を前にしたシチェファーニク将軍（1918 年）　出典：Štefánik vo fotografii. Praha 1936.

　チェコスロヴァキア軍団の武装行動は、連合諸国の軍事的・政治的戦略の対象になった（はじめはフランスの意向に適わなかった。久しく期待されていた援軍〔軍団をさす〕の西部戦線への移動が脅かされることを危惧したからである）。こうして一九一八年五月二日にアブヴィルで外務大臣たちも同席して、連合国側列強の最高軍事会議が招集され、我が軍兵士のロシアからの輸送問題を審議した。ソヴィエト政府はデリケートな立場に置かれた。連合諸国は共同通牒のなかで、チェコスロヴァキア軍（連合国側の軍隊に属する）を武装解除して、その撤退を妨げるソヴィエト政府の試みに抗議する一方、モスクワ駐在ドイツ大使ミルバッハは我が軍兵士の西部戦線への移動許可を、ブレスト・リトフスク講和への違反と見なしたからである。

だが一九一八年七月に、チェコスロヴァキア軍団兵はシベリア鉄道全線の占拠を決定し、同時期に連合諸国は対露干渉決議を可決した。我が軍は〔ロシアにおける〕東部戦線再建と併せて、反ボリシェヴィキ闘争のための基盤になるはずだった。ボリシェヴィキの政策は（連合諸国の観点からすれば）協商側戦線の弱体化を意味しただけでなく、あらゆる賠償なしの講和を宣伝することで、戦場では貧乏人が金持ちの利益のために死んでいると強調して、連合軍のなかに革命的動揺を生み出しかねなかった。

シベリアに旅立つ

八千キロの長さの路線をみずからの手中に握るというチェコスロヴァキア軍団（約五万人の兵士）の大胆な決断は、欧米を驚嘆させた。このアナバシス（大遠征）は、ウラルの向こう側〔シベリアと極東〕にいるドイツ人捕虜が帰国して、西部戦線での戦闘に再投入されることを防いだ。シチェファーニクがシベリアでの事態の展開を知ったのはイタリア滞在中で、オルランドとソンニーノのもとでの重要な外交交渉を終えるとすぐに、シベリアへの新たな旅のプランを練った。ドゥ・ジュヴネル夫人のサロンで、広大なルーシの国の頁を広げた地図帳の上に屈みこみ、シベリアの河々の力強い流れに感動して、「ユニークな土地だ、新たなカナダだ」と繰り返した。

ロシアにおける我が軍の状況への関与は、シチェファーニクにチェコスロヴァキア抵抗運動における軍事情勢の再検討を強いた。彼は、軍団兵のフランス移動が最大限に長引くことをすでに承知して、そのために最初は、もっとも数の多い我が軍がロシアの地で、みずからの活動を首尾よく展開できると計算した。連合軍側は、春季攻勢の後で、ヴォルガかウラルのどこかに反ドイツ〔ロシアにおける〕ドイツ・オーストリア軍の南方からの防衛ライン構築を意図した。だが目下のところチェコスロヴァキア軍団兵は、対ボリシェヴィキ戦の渦中にあり、ボリシェヴィキ政府はツァーリ政府の古い借款（外国資本、とくにフランス資本の投資）の返済を拒否していた。シチェファーニクは、目下の状況下では在露チェコスロヴァキア軍の政治的方向づけが不可欠と意識した。パリ

友人のルドヴィーク・ストリムプル（向かって左手）、イヴァン・マルコヴィチ（右手）とともに、パリのボナパルト通り 18 番地のチェコスロヴァキア国民会議本部が置かれた屋敷の庭で（1918 年）出典：Štefánik vo fotografii. Praha 1936.

の外務省では、シベリアの連合国軍の指揮をジャナンが引き受けて、チェコスロヴァキア国民会議副議長シチェファーニクを、チェコスロヴァキア軍副司令官の役職でジャナンに同行させる決定が下された。フランス陸軍省の指令によるとジャナンは、連合諸国の干渉軍と協力してチェコスロヴァキア軍の行動を統括する任務を委ねられた。冬が到来する前にシベリア鉄道全線にわたって障壁を確保して、白海から黒海にいたる拠点網を創出する予定で、それはドイツの東方進出の防壁になるはずだ。連合国は我が軍団兵のフランスの西部戦線への移動を、国民会議の指令がジャナンにその準備も委任したとはいえ、もう考慮していなかったようだ。だがこの作戦は全般的状況と、国民会議と連合諸国の特別の決定に依拠していた。

出発前日の八月十七日にベネシュは送別会を催して、シチェファーニク以外にベルトロ、ジャナン、ドゥ・ジュヴネル夫人と、国民会議のいく人かの主だった活動家が出席した。フランスの干渉準備を知らされていたミランは、楽天主義にあふれて、シベリアにおけるチェコスロヴァキア軍の今後の軍事的成功への確信を周囲に広めた。戦争はまだ一年ほど続くと予測して、我が軍はその間に南ロシアを経由して、スロヴァキア国境に達すると考えた。翌日ベネシュと、「次はプラハで会おう」という言葉とともに別れた。

　しかし別れたとき、彼らの意見は一致していなかった。哲学的・政治的見解の相違はますます深まっていた。二人のあいだの緊張関係を証言する事実として、ベネシュは七月二十八日付けのマサリク宛ての手紙で、シチェファーニクとの協力関係が最近ひじょうに悪化して、衝突寸前だとこぼした。シチェファーニクの方は、その後まもなくアメリカのマサリクの前で、ベネシュには独裁的傾向があると述べた。ベネシュはこの点についてこう書いている。――「私が彼〔シチェファーニク〕のプランの実現を疑っていると感じると、時として病的なまでに敏感になった……。私の印象では、彼の神経は無線電波のように指先から発して、他人が声に出して喋りたがらないことも感じ取った」

　シチェファーニクと一緒に、日本語ができる通訳〔アルザス出身のユダヤ人ダニエル・レヴィ中尉〕（ロシアへの旅路はアメリカと日本経由だった）とピーセツキー大尉が同行した。大尉はブレスト発の汽船モンゴリア丸での航海中に、シチェファーニクの考えを書き留めた。――「裕福な父親を持った怠け者のならず者が、人生のあらゆる快楽を手にすることができる金を持っている一方で、額に汗して働く労働者にはかろうじて家族を養う分しか残らないのは、恐ろしいことじゃないか。将来は享楽の権利も作成する必要がある。各人は、自分の仕事に相応しいだけの享楽の権利を持つことになるだろう」。字句通りにこの言葉を語った人物が、ロシアのソヴィエト政府に対するマサリクの、程度の差はあれ中立的見解に同意せずに、そうしないと（連合諸国のもとでの）我々の立場を損なうことを論拠に、あからさまに干渉政策に同意したのだ。

ワシントンでマサリクとともに

　シチェファーニクは合衆国に到着したとき病気がち

だった。だが治療については聞くのもいやがったので、最後には病気が彼をベッドに縛りつけた。八月半ばの数日間にわたるT・G・マサリクとジャナンの会話は、シチェファーニクの部屋で行なわれた。話題はシベリアのチェコスロヴァキア軍のことに絞られた。シチェファーニクに言わせると、軍団にいっそうの秩序と堅固な規律を導入する必要があった。マサリクは、軍団はロシアの内政諸問題に干渉すべきではないと強調して、ドイツ軍とその同盟軍との戦闘だけに同意した。だがもうこの時期マサリクは、チェコスロヴァキア軍団の反ソヴィエト活動を押し止めることはできなかった。さらに、ウラジヴォストークの軍団兵は自発的にロシアに留まる決定を下し、そのことを連合諸国にも通知したが、なによりも連合諸国が約束を守らず、我が軍をフランスへ輸送するための船舶を使用させなかったという事情があった。

シチェファーニクは壮大な構想のかたわら、細部にも気を配った。数日を我が兵士用のソコル勲章のために費やした。規約を執筆したばかりか、勲章のカラーのスケッチも仕上げた。国旗については、チェコの民族色（赤と白）の他に、スロヴァキアの青も取り入れるように提案した。

八月二十一日にサンフランシスコの駅頭では、旗を持った同郷人と市の公式代表の華やかな出迎えに驚かされた。だが彼は熱狂せず、むしろその栄光を、さしあたりアメリカ東部に留まったジャナンに譲りたいと望んだ。シチェファーニクは、自分のために準備された祝宴への出席を拒み、取材に来た新聞記者たちには、パレードと祝賀のための時間は、戦争が終わってからじゅうぶんにあるし、連合諸国は我々を承認したことによって（合衆国は八月二日にチェコスロヴァキア国民会議を承認した）、我が民族への抑圧を拱手傍観したという不正を正したにすぎない、と声明した。サンフランシスコでは、在露国民会議支部の使者シパチェクとホウスカに会って、かの地の状況を知らされた。彼らとの話し合いのなかで（マサリクとの申し合わせで）、我が軍兵士の生命は大切にされるべきだと述べた。──「だれであろうと我々の死は、無駄死にであってはならない」

アメリカを去る直前に二人の使者〔シパチェクとホウスカ〕に託して、マサリク宛てに手紙を送り、チェコスロヴァキア在外運動の現状についてのコメントを手早くまとめた。戦争の早期終結を予測して、それを前提に、チェコスロヴァキア国民会議の今後の活動のための重要な帰結を導き出した。

シチェファーニクは太平洋を航海中の九月二十八日、汽船これや丸の甲板でピーセツキーに、マサリク宛ての長文の手紙を口述筆記させた。チェコ人とスロヴァキア人の最高政治機関としての国民会議は、連合諸政府と軍事条約を締結したことによって、マサリク議長が連合諸国に宛てた宣言を発布すべき段階まで成長した、と指摘した。――「現代の政治家たちに、貴方が感じている真理を表現してください」と恩師〔マサリク〕を促して、宣言のテーゼを簡潔にスケッチした。シチェファーニクによると宣言で強調されるべきなのは、歴史的・道徳的側面でのチェコスロヴァキアの願望の妥当性、チェコスロヴァキア国家の国際的意義（反ドイツ障壁）、その生命力の論拠（自分の国家を創設しようとする我が民族の意志は、戦争の全期間を通じて表明された）である。第二部では、国民会議をチェコスロヴァキア臨時政府と明言して、メンバー間の連帯を確認し、執行権と、中央列強に対する戦争を遂行中の十万人の軍隊も掌握していることを仄めかすように、マサリクに提案した。確かに敵は頑固に、我が兵士を正規軍と認めるのを拒んでいるが、それはチェコスロヴァキア人捕虜に対して犯した残虐行為を正当化するためだ。シチェファーニクは宣言のなかに、ハプスブルク家、ウィーンとブダペシュトの政府閣僚をこうした残虐行為の責任者に指名して、今日この犯罪を看過している敵国の貴族の財産を、将来の損害賠償と見なすと強調する一節も入れるように提案した。宣言が連合国側列強だけでなく、セルビア、ベルギー、エクアドルのような小国にも手渡されるように配慮し、宣言が公表される以前に、本文の決定稿を知りたいという希望を述べて、国民会議のメンバー間でもっと活発な接触が必要だと語った。――「十字路になってください。将来いかなる場合も、貴方〔マサリク〕の同意か特別の全権付与なしに、国民会議が関与する行為を企ててはなりません。とくに条約には貴方の署名がなければなりません」

そのあと事態は急展開した。十月初めに欧州から届きはじめた情報によって、まもなく戦争が終結すると推測できた。シチェファーニクは上機嫌で冗談を言い、スロヴァキアの一口話を披露した。ピーセツキーが、戦後に我々の自由への旅路について詩形式の戯曲を執筆する計画を打ち明けると、異論を唱えた。――

「詩、なかでも長編詩は廃れかけている。人々はそれに耳を傾けない。なにか新たなものが求められている。そのために厳密な形式が放棄されて、韻を踏まない自由詩が生まれた。今日の生活は新しく、過去のそれとはまったく異なっている。劇作家は好んで道徳的真実をだらだらと引き伸ばす。お説教したいなら、戯曲ではなくて説教をしたらいい。教訓小説を書いたらいい。説教は短くなければならない。仏陀やキリストの炸裂するような簡潔な言葉……」

四週間の日本滞在

十月十二日、シチェファーニクを横浜に運んだ汽船これや丸の甲板に、フランス大使館のアタシェがやって来て、ドイツがウィルソンの十四カ条に基づいて、スイスを仲介して講和を求めたという情報をもたらした。

「講和か、それとも否か」、シチェファーニクは十月十三日に、東京駐在フランス大使〔M・F・ドラネー〕と論議した。――「もしも講和なら、ロシア情勢はそれによって決着が着いて、我が軍は血を流さなくてもいい。ロシアを通過してまっすぐに帰国できるだろう。だが講和が期待できないなら、講和を早めるような状況をロシアに作り出すことが必要だ。それが意味するのは、我が同胞を戦闘から引き上げて、連合軍部隊によって置き換えることだ」

十月半ばに日本の外務大臣[117]に、シベリアの我が軍のために、日本がもっと大量の食糧や武器とともに、軍隊も派遣するように陳情した。原首相[118]にはこう言った。――「かりにチェコスロヴァキア軍が全滅したら、将来の歴史家はそれが日本の責任だったと書くでしょう」

国民会議の外交代表として日本に残すつもりだった副官ピーセツキーにはこう助言した。――「外交官になるのはやめた方がいい。間違いを犯したら陰険に悪用されるし、あらゆる成功は反感を買うだろうからね」

十月二十五日にシチェファーニクは、フランス政府の仲介でパリから受け取った電報から、チェコスロヴァキア臨時政府が樹立されて、自分が国防大臣に任命されたことを知った。疲労していた彼はこの情報に苛立った。〔十月二十四日に〕ジャナンが横浜に到着したが、彼はすでに太平洋横断航海の最後の日々に無線電報で、チェコスロヴァキア独立が宣言され、連合諸国は好意的に受け入れたという情報を得ていた。ジャナンは東京到着後すぐに、当地の英字新聞紙上で、マサリクとシチェファーニクとベネシュによって署名された宣言に気がついた。シチェファーニクがこの出来事を知ったのは、ジャナンが見せてくれた新聞からだった。彼は興奮して、宣言の内容を知るとまったく取り乱した。留保条件を付けたテクストの末尾に、同意なしで自分の署名が添えられたことには我慢がならなかった。

臨時政府のチェコスロヴァキア民族独立宣言〔一九一八年十月十七日のワシントン宣言をさす〕は、文中の表現によると、「ホーエンツォレルン家が連合軍の勝利の進撃を押し止めるために講和を提案して、オーストリア＝ハンガリーとトルコの分割を防ごうとしていたときに、ハプスブルク家が支配下に置かれた不満な諸民族に、帝国の連邦化と自治を約束したときに」発布された。同宣言は歴史権と自然権に依拠して、ハプスブルク王朝に対して、チェコスロヴァキアの国の統治権を拒否し、チェコ人にスロヴァキアに住む兄弟〔スロヴァキア人をさす〕と結びつくように求めた。チェコスロヴァキア国民会議の代表者は近代ブルジョア民主主義の理想に賛同し、アメリカ大統領A・リンカーンとW・ウィルソンの人間と市民の理想、諸民族の平等と、自己の権力を被支配者の同意から導き出す統治原則に賛意を表明した。末尾で憲法の主要原則を、「チェコスロヴァキア国家は共和国になるだろう……」と素描した。

「ぼくは共和制を間近で見た。これは最悪の部類の密かな暴政だ」――ピーセツキーは十月二十七日に、ワシントン宣言の内容に対するシチェファーニクの憤った反応を書き留めた。――「我が国では模倣品にすぎない共和制に、ぼくは断固として反対だ。最後まで反対するだろう。ぼくは君主制にも反対で、それは今日ぼくたちにとって、昔は良質で美しかったけれど、今ではもう似合わない古外套みたいなものだ……」

シチェファーニクは、将来のチェコスロヴァキア国家体制の形態について述べた宣言中の諸条項を、予想外に急進的と見なして、こうしたかたちでの宣言が連合諸国にとって、時宜に適っていたかどうかに確信が持てなかったのだろう。十一月二日に東京駐在フランス大使館の仲介でマサリク宛てに送られた急送電報のなかで、宣言中のいくつかの点に同意しないと述べた。諸々の政治的原則の声明を出発点にすぎないと見なして、今後進むべき進路の決定を人々の意志、すなわち憲法制定会議に委ねる必要があると結論した。それゆえ彼によれば「共和国」という名称は時期尚早だった。共和国は「純粋なジンテーゼであり、自由と階級利害を現実に尊重せず、健全に理解された個人の尊厳の権利と合致しないなら、いかなる名前を持っていようと、遅れた封建主義体制から逃れようとする、我々の堅固な意志を理想化したもの」と説明して、「チェコスロヴァキア国家が望んでいるのは、状況にそぐわない急進主義を見せびらかすことではなく、状況や諸々の複雑な社会問題が要求する現代性のための、実務的感覚を備えている証拠を提出することである」と述べた。

さらに、フランスに対する忠誠心に疑問の余地がなかったシチェファーニクは（チェコスロヴァキア軍団のシベリア滞在を公然と批判した駐日アメリカ大使モリス[119]との、その当時の会話の悪印象も手伝って）、アメリカ型民主主義へのマサリクの一方的依拠を是認できなかった。

結局十一月二日に受け取ったマサリクの電報（十月十七日付け）が、シチェファーニクの幻滅と苛立ちを和らげて、我々の国外抵抗運動におけるかくも重要な行為が、彼抜きで、しかも彼の名前で行われたという確かに根拠のある悪感情を、部分的に解消した。マサリクは彼に、国民会議はオーストリアの欺瞞的約束によって〔独立〕政府宣言の発表を強いられたので、宣言をシチェファーニク自身が提案した案に置き換えると告げた。

後にもシチェファーニクはときおり、マサリクのワシントン宣言に立ち戻って、なかでも大臣の任命に異論を唱えた。国内で政府が樹立されたらどうなるのだろう、と彼は考えた。それに大臣という概念は、臨時性、交代の概念と結びついている。国民会議という名称を残して、いっそう発展させることができたのに。

ほぼ四週間の日本滞在のあいだ、シチェファーニクは集中的な外交活動を展開したが、その目的はシベリアのチェコスロヴァキア軍団のために、連合諸国の効果的援助を獲得することだった。連日フランス、アメリカ、イタリア、ロシアの大使、日本の外務大臣と日本軍参謀本部を訪問した。彼らとの度重なる会話から、在露チェコスロヴァキア軍団の状況が錯綜して、自分の使命がいっそう困難になったことが判明した。

アメリカ大使モリスはウィルソン大統領の見解を伝えて、シチェファーニクの前でためらいなく、合衆国はチェコスロヴァキア軍のロシア滞在に同意しないと述べた。大使は十月二十九日に持ち札を公然とテーブルの上に広げた。フランスは今後もロシア情勢に関与して、同国から数十億ルーブリの借款を取り戻すために、チェコスロヴァキア軍を唆していると非難した。最後に大使は、軍団を引き揚げれば、合衆国はチェコスロヴァキアに対する全面的な物資的・金銭的支援を与えると提案した。

シチェファーニクは〔モリス〕大使の姿勢のなかに、シベリアにしっかりと根を下ろして、その地の天然資源を利用したいという願望を、平和愛好の外套で覆い隠そうとする貪欲なアメリカ人の意図を見て取った。在露チェコスロヴァキア軍は彼らの打算の障害になっているという感触を受け、合衆国は干渉に加担しないように日本に圧力をかけていると確信した。この外交ゲームにはイギリス人も参加している。シチェファーニクはイギリス大使に、連合諸国からの援助の約束が、チェコスロヴァキア軍の活動展開に大いに寄与しており、守れない約束をすることが妥当かどうかは、各国政府の判断の問題だと説明した。イギリス大使は、ヴォルガ川から退却させるためにはチェコ人になにを与える必要があるか、という〔見当はずれの〕質問でシチェファーニクを驚かせた。

だがいちばん不愉快な驚きは、我が軍の状態と士気についてのチェコスロヴァキア・シベリア軍司令官シロヴィー将軍[120]の電報で、シチェファーニクはそれを十一月三日に受け取った。電報によると、衣服と靴がじゅうぶんでないチェコスロヴァキア人兵士は、四か月にわたる絶えざる戦闘によって、肉体的にも精神的にも完全に消耗した。大きな損失を被り、約束された連合諸国の援助が来ないために、これ以上戦うことを拒んでいる。軍隊を完全な解体から救えるのは、後方での休息と規律強化だけである。

このようにシベリアの状況は、ジャナンとシチェ

日本滞在中に京都の和楽庵を訪問した折の記念写真（1918 年 11 月 10 日）。前列左端から二人目は渋谷伊之彦少佐（陸軍参謀本部の接伴官）、シチェファーニク、稲畑きく（稲畑勝太郎の長女）、モリス・ジャナン中将（フランス軍事使節団長）、稲畑勝太郎（関西の財界人、和楽庵の主人）、ビュクセンシュツ少佐（フランス軍事使節団員）
出典：Štefánik vo fotografii. Praha 1936.

ファーニク両将軍がヨーロッパからアジアに到着した時期に根本的に変化していた。我が軍団はすでに「シベリア鉄道の主人」ではなかった。

十一月五日にジャナンとシチェファーニクは天皇[121]の謁見に赴いた。そうすることで日本の世論において最大限の敬意を獲得しようと望んだのだ。天皇は二人を順番に一人ずつ謁見した。

シチェファーニクは、短いズボン〔袴?〕をはいた侍従たちに同伴されて、豊かに飾られ見事に照らされた縦長の謁見の間に入った。宮中の仕来りに従って、入るときにまず一度軽くお辞儀をし、二度目に広間の真ん中で見てわかるほど深くお辞儀をし、三度めに天皇の手前二、三歩のところで、深々とお辞儀をして挨拶した。天皇は肘かけ椅子の前に将軍の野戦服姿で立ち、背後に黒い制服姿の二人の高官が控えていた。天皇のいくつかの慇懃な言葉のなかに、二人が荒涼としたシベリアの地に赴かれる、という一節があった。シチェファーニクはそれに、「日本の太陽の光が、かの地でも私たちを暖めてくれることでしょう」と答えた。

　シチェファーニクは日本滞在を、国際新聞協会、東京大学、それに外務省が催した晩餐会や昼食会への出席で締め括った。大学の学者の集まりでは、チェコスロヴァキア問題を日本に関係づけた講演を行い、共通の文化的目的と、侵略的なドイツ軍国主義の精神を根絶する必要があると指摘した。ステファニー、ロイター、ハワーズ通信社代表マックケネディには、ドイツの講和交渉の誠意に疑念を呈した。連合諸国は講和交渉に理想を持って臨んでいるが、ドイツ人は冷酷な商人だ。皇帝ヴィルヘルム二世を犠牲にするかもしれないが、彼への共感を失ってはいない。ドイツ人は戦争を遂行しているか、それとも戦争を準備中である。警戒心が必要だ。

　十一月十三日、シチェファーニクがジャナンとともに下関で乗船する直前に、電報が届いて、在仏と在伊の我が軍が、ベネシュとともにプラハに凱旋入城したと知らせた。シチェファーニクはこの朗報の後で、汽船が港を離れるやいなや失神した。翌日には、自分は国内にいるべきだ、と何度も繰り返した。自分が祖国にたどり着くまでに、もう幕が開いて、あれこれを訂正する必要が生じるだろう。だがひとつの想念が他を圧していた。――チェコ人とスロヴァキア人はとうとう自由になった。チェコ人は三百年ぶりだけれど、スロヴァキア人はそもそも何年ぶりなのだろう。

「ぼくは自分自身に満足している。心穏やかに死ねるよ」

第十七章　シベリア・ハルビン・ウラル戦線（一九一八―一九年）

連合諸国の敬意と信頼を失ったら、講和会議の席上で彼らの支持も失ってしまうだろう。

我々は事件を作り出すことはできない。それは千ものファクターの結果であり、我々はそれらすべてに対して影響力を持ってはいない。だがそれらに一定の方向性を、形態を与えることはできる……。

シベリアのチェコスロヴァキア軍団が置かれた状況

荒涼としたシベリアを横切ってウラジヴォストーク方面への、チェコスロヴァキア軍団兵の大胆なユーラシア大陸横断は、絶えざる戦闘を伴いはしたが、ヨーロッパに、故国に近づこうとする構想に培われて、総じて首尾よく実現された。後になって我々の兵士が（一部はすでに太平洋岸〔ウラジヴォストークをさす〕に達した）、ボリシェヴィキとの武力衝突にいたると、彼らの士気と規律は低下しはじめた。ヨーロッパからは、ドイツと連合諸国間に休戦協定が結ばれ、チェコスロヴァキアの国はすでに自由になったという朗報が届いた。兵士たちは、なんのためにさらに戦わなければならないのか理解できなかった。連合諸国の利益のためだろうか。彼らには手ひどく幻滅させられた。約束された効果的援助の代わりに、軍部と民間の高官がシベリアに派遣されてきただけだった。兵士たちは見捨てられたと感じて、ソヴィエト軍のますます増大する成功の影響を受けて弱体化した。戦闘

ウラジヴォストーク到着の際の記念写真（1918年11月）。左端から4人目がボフダン・パヴルー、ギルサ博士、チェチェク将軍、シチェファーニク、1人おいてジャナン将軍、1人おいて、ビュクセンシュツ、副官F・ピーセツキー　出典：Štefánik vo fotografii. Praha 1936.

の代わりに休息を要求して、言葉にできないほど故郷を恋しがった。平の兵士と将校のあいだの関係もめだって悪化した。兵士たちは、野心的だが戦闘経験に乏しい将校の大げさな要求に不満を洩らした。チェコスロヴァキア軍司令官は、ロシアの白衛軍が戦闘意欲に乏しく、敵前で逃亡するか、投降してしまうので、我が兵士の士気を阻喪させていると苦情を述べた。シベリアの反ボリシェヴィキ軍の現地司令官は、（ジャナン指揮下の）チェコスロヴァキア軍を、ロシアの内政に無作法に干渉していると非難した。シチェファーニクとともに十一月十六日にウラジヴォストークに到着したとき、ジャナンはシベリアにおける混乱状況を辛辣に、その昔、ヴァリャーグ族到来以前のロシアの状況にたとえた。

だがウラジヴォストークは、いまだ戦争の影響が及んでいない街のような印象を与えた。住民の気楽さに驚かされ、通りには日常の生活が流れて、晩には若い健康な男たちが歓楽街に群がった。ウラル戦線での出来事は、彼らにはまったく無関係なように見えた。しかしシベリアの反対の端では、チェコスロヴァキア人兵士が防衛障壁を形成しなければならなかった。

ウラル戦線へ

ウラジヴォストークでシチェファーニクのために、急いで特別列車が仕立てられた。チェコスロヴァキア国民会議ロシア支部副議長で友人のボフダン・パヴルー、フランスの護衛隊と二人の高級将校に伴われて、シチェファーニクはすぐさまウラル戦線に赴いた。

チェコスロヴァキア軍団と現地の公式代表のあいだの関係については、彼らのうちのだれも、シチェファーニク大臣を出迎えにハルビン駅に来なかった事実が物語る。ジャナン将軍やシロヴィー将軍との電話連絡の後、フランス領事館と日本の将軍武内〔徹中将〕のもとへの儀礼訪問が続いた。翌日、中国吉林省代表の李家鰲将軍〔吉林省濱江道長官〕はシチェファーニクに、ガイダ将軍[122]のいくつかの失策に対する憤りを表明した。シチェファーニクは思い上がった中国の高官を宥めたばかりか、中国式の数の数え方と十二支の知識で驚かせて、全面的な好意を勝ち取った。その後で慎重な外交的議論は、すばやく友好的な会話に変わった。

シチェファーニクは中国第一師団長高士儐将軍を訪問するために、ハルビンの隣の中国人街の傅家甸に立ち寄った。将軍は彼のために正餐会を催し、さらに晩には当地の劇場で祝賀公演があった。劇場の建物に通じる通り沿いに儀仗兵が立って、公演の後で客たちは祝宴に赴いた。

この歓迎ぶりと対照的だったのが、コサックの「白色アタマン」セミョーノフ[123]の拠点チタでのシチェファーニクに対する冷遇である（十一月二十五日）。数日前にシチェファーニクはシロヴィーとの電報連絡を妨害された。同じ頃アタマンの参謀部付き将校たちが、チェコスロヴァキア某部隊に対して侮蔑的に振る舞ったので（我が軍団兵は一般に、「ボリシェヴィズムに傾斜した過激な社会主義者」と見なされていた）、シチェファーニク大臣は、政府代表としての自分にしかるべき敬意が表明されないような事態を回避するために、わざと事前に到着を通告しなかった。セミョーノフは駅に栄誉儀仗隊を派遣したが、シチェファーニクとの面会をかなり無礼に断った。

十一月二十八日にシチェファーニクがイルクーツクで、

編制中のスロヴァキア人連隊の問題に携わったとき、将校代表団の某中尉が兵士たちの意見を代弁して、こう質問した。――「我々がそのために努力してきたみずからの国家チェコスロヴァキアが、すでに獲得されたというのに、連合諸国が我々を救援にやって来ず、ロシア人はボリシェヴィキとの戦闘の重荷のすべてを、我々に委ねているというのに、なぜまだここで戦わなければならないのですか」

シチェファーニクはこう反論した。――

「生まれたばかりの我々の国家は、五年間の戦争〔第一次世界大戦〕の衝撃の後で、妨げられない発展を必要としているが、それはロシアが満足することなしにははじまらない。今日我々は連合国に属しており、共通の利害関係と課題と目的によってみずからを律さなければならない。我々の国家は独立したとはいえ、国境画定、水運、通商条約のような、発展に有利な諸条件すべてを決定するのは講和会議の席上である。我々はショプロニ、プレシポロクの領有を望んでおり、ルーマニアと国境を接したいと願っている。連合諸国が我々の意向を支援してくれるためには、彼らと歩調を合わせて行動することが不可欠だ。我々はみずからへの援助を求めて、それは提供された。我々は連合諸国に、彼らのかたわらに名誉ある場所を割り当てるように求めて、それは与えられた。ロシア自身が最初に、我々が自分自身を組織する機会を提供してくれた。いま我々に、ロシアを助けるという課題が降りかかった。この課題を拒むことはできない。それは忘恩であり、非スラヴ的であり、つまるところ先見の明の欠如で、なぜなら蘇った強力なロシアは、我々にとって死活問題だからだ。おそらく我々は将来、ロシアの援助を必要とするだろう。我々は悩んで、苦しんで、神経もずたずただが、しかし新生国家チェコスロヴァキアはこの苦悩と苦痛の賜物だ。流血と苦悩なしに、全世界が我々について知ることはなかっただろう。連合国としての名誉が、我々に降伏を許さないのだ」

シチェファーニクはハルビンで、コルチャーク提督[124]が〔一九一八年十一月十八日に〕、ドイツ人から君主制復興を期待していたシベリア右派の助けを借りて、オムスクでクーデターを行ったことを知った。チェコスロヴァキア国民会議支部はこのクーデターを非難した。同会議支部

シチェファーニク（右手を挙げて敬礼している人物）のエカチェリンブルク到着（1918 年 12 月 8 日）　出典：Štefánik vo fotografii. Praha 1936.

の宣言で述べられているように、「あらゆる国家が（ロシア国家も）その上に構築されていなければならない合法性と敬意の原則を乱した」からである。シチェファーニクはチェコスロヴァキア組織の信用を落とさないために、また樹立された独裁体制に同意できないという意思表示をするために、オムスクに到着した際にコルチャークへの表敬訪問をしなくてもすむように、列車から下車せずに戦線への旅を続けた。

とうとうチェリャビンスクで、我が軍のシロヴィー、ガイダ、ジーチェリフス[123]各将軍、チェコスロヴァキア軍団の全幕僚と会った。十二月八日の日曜にエカチェリンブルクの市民は、チェコスロヴァキア国防大臣シチェファーニクの歓迎式典を目撃した。美しく飾られたアメリカンスカヤ・ゴスチニツァ（アメリカ・ホテル、国民会議支部の事務局が置かれていた）から鉄道駅まで、チェコスロヴァキアとロシアの歩兵や騎兵隊の整列した隊列が通りを縁取った。駅頭では、我が軍と国民会議支部と連合諸国の代表が待ち受けていた。

エカチェリンブルク駅での歓迎風景。中央の将軍の制帽を被った人物がシチェファーニク　左手上に機関車の上で演説を朗読するシロヴィー将軍の姿が見える（1918年12月8日）　出典：Štefánik vo fotografii. Praha 1936.

シチェファーニク大臣は毛皮外套をまとわず、空色の将軍服姿で慎重にゆっくりと列車から下りた。随員はチェチェク将軍[126]、支部のメンバーB・パヴルーとJ・パテイドル、書記のF・リフテルとJ・クラールで、イギリス軍のボウズ将軍、フランス軍のヴェルジュ司令官、ポワロ大佐と〔ガストン・〕フルニエ少佐も同伴した。報告の受理と部隊の短い閲兵の後で、シロヴィーが機関車の上によじのぼり、医師に話すことを禁じられたシチェファーニク大臣の名前で、次のような演説を朗読した。——

　チェコスロヴァキア共和国の兵士諸君、

　我が軍の揺籃に立ち会った私は、その運命を最後の瞬間まで分かち合いたいと願う兄弟として、諸君のもとにやって来た。私はチェコスロヴァキア政府の一員として、解放された民族の意志によって任命された国防大臣として、諸君のもとにやって来た。チェコスロヴァキア政府は、当地の民族軍と直接に接触したいと望むが、同軍の名誉と連合国としての連帯は、今後も戦い続けることを課している。

　私は、すでに組織された民族の代表として、その忠実な息子たる諸君に、熱い感謝の念を表明するために諸君のもとにやって来た。諸君はいかなる犠牲にも怯まず、大いなる時代の精神を理解して、自由の旗を高く掲げ、自民族に自由を保障した。

　私は勇敢なる諸君の軍隊を連隊ごとに訪問して、諸君の願いに耳を傾け、当地でなお我々を待ち受けている課題について説明する。こうした課題が遂行されたら、我々はともに自由な祖国への家路につこう。

兄弟たちよ。帰国の時期はなによりも我が軍の統一と士気に、諸君が最初の民族政府に寄せる信頼の程度に、かかることになるだろう。

頭を挙げよ。我が兄弟たちよ、諸君の苦悩は終わりに近づいている。我が軍の苦悩は大きかったが、我々がみずからの事業を、私心のないスラヴ人としての、誠実な連合軍としての事業を堂々と完成させれば、その栄光はいっそう大きなものになるだろう。

独立して統一されたチェコスロヴァキア民族万歳。チェコスロヴァキア共和国万歳。我らのマサリク大統領万歳。

エカチェリンブルクでの聖ゲオルギー勲章授与式で。ボフダン・パヴルー（左）とシチェファーニク（1918年12月10日）
出典：Štefánik vo fotografii. Praha 1936.

国民会議支部副議長の詩人ヤンコ・イェセンスキー[127]と、友人ヨゼフ・グレゴル＝タヨウスキーの、アメリカンスカヤ・ゴスチニツァでのシチェファーニクの歓迎ぶりは兄弟のようだった。タヨウスキーは贈られた冬物コートのことも回想した。ほぼ二十年前にともにプラハの貧乏学生だったとき、まともな夕食が取れるように九十グフイツィアルで売り払ってしまった例のコートのことだ。

「我々には偉大で強力なロシアが必要だ」——歓迎の辞に続いてシチェファーニク大臣は、パヴルーの部屋の広い接客間で、支部と軍隊の代表に語ったが、彼らは大臣のまわりに輪になって立っていた。——

「我々はボリシェヴィキと戦闘中で、彼らからはなにも求めない。だが我々は自力でアルハンゲリスク、ムルマンスク方面に突破しなければならない……。当地に連合軍の援軍はやって来ない。しかし君たちに内密に告げるが、モスクワ方面への攻勢のための大規模な準備が進行中だ。

ルーマニアには、タンクを備えたフランスの数個師団が集中された。ベルトロと五個師団だ……。ムルマンスクの連合軍も強化されるだろう……。我々はクングールを占領する必要がある……。ペルミの占領は我々に、アルハンゲリスクへの道を切り開くことになるだろう……。その後で私は軍隊を戦線から引き揚げる。休息しに行こう。軍隊は生気を取り戻し、再編成されて、我々は家路につくだろう……。私を先頭にして家路を切り開こう……」

国民会議支部を廃止する

翌日〔十二月九日〕シチェファーニクは国民会議支部の会合に出席した。午前中の審議の後で、軍団の傷病兵になみならぬ関心を寄せた。一人一人の患者と病院関係者に、いくつかの優しい言葉をかけたので、視察は夕方近くまで延びた。その後再開された会合で、革命運動機関としての支部の使命は、チェコスロヴァキア共和国成立によって終わったことを入念に説明した。その機能は自動的に政府のしかるべき官庁に移行した。シチェファーニクはチェコスロヴァキア国民会議支部の廃止だけでなく（二年前にキエフとペトログラードで、大きな努力を払って同会議を創設したのは彼だった）、在露チェコスロヴァキア軍議会、連隊代表部、政治全権委員と中隊委員会のような、いわゆる「自治組織」の解散も求めた。これらの組織は疑いもなく民主的な獲得物で、志願制の革命軍においては正当なものだが、チェコスロヴァキア政府の従順な手段であるべき正規軍においては、すでに無益である。シチェファーニク大臣のこの決定が抵抗に遭遇したのは、軍団がウクライナから撤退した時期に、これらの自治組織が軍団のための物資調達に貢献したからでもあった。その当時ボリシェヴィキのコミサール〔政治委員〕は、チェコスロヴァキア軍将校との交渉を断固として拒否したので、自治機関が我が軍とボリシェヴィキのあいだの仲介者になったのだ。シチェファーニクは、「私はロシアを担当する我が政府の全権代表として、我々を生かしてくれた民主的正義の基本的諸原則が、いささかも侵害されないように断固として配慮する」と述べたが無駄だった。

支部の社会主義系メンバーは辞表を書くのをためらった。自分たちは軍事革命大会によって選出されたのだから、自分たちの委任状を撤回して、支部を廃止できるのは新たな議会だけだ、と彼らは反論した。

「ひとつの政府、ひとつの議会だ」とシチェファーニク大臣は言った。

プラハは遠いので、混乱した当地の状況にはプラハの議会も政府も、すばやく対応できない、そのためには当地に特別機関が必要だ、という社会主義者たちのもうひとつの反論に対して、シチェファーニクは異議を申し立てた。――

「そのために、政府の全権代表で国防大臣である私がここにいるのだ」

「それでは独裁だ」

「これは大統領命令である」

こうしてミラン・ラスチスラウ・シチェファーニクは、イェセンスキーが回想録『自由への旅路』のなかで描いたように、シベリアの軍団兵の多くにとって、「好感の持てない非民主的でブルジョア的な旧体制側の西側の将軍」となり、彼のエカチェリンブルク到着は双方の側に幻滅をもたらした。

前線視察

シチェファーニク大臣が兵士たちのもとに来たのは、なによりも前線の状況を直接に視察するためだった。四日間のウラル戦線視察から、陰鬱な気分でエカチェリンブルクに戻って来た。目撃した軍隊は解体状態で、義務の意識と目的を欠いていた。彼は、チェコスロヴァキア国内の政府がこれらの兵士の意見を考慮しなければならないと確信した。在露の我が軍の状態を政府筋に報告するために、支部の元メンバーから祖国派遣代表団を指名した（意図的に、シチェファーニクの非民主的干渉をもっとも非難した者たちを指名した）。

シチェファーニクはオムスクへの道中で、十二月十六日にチュメニで第二騎兵連隊の代表団を接見した。その場の兵士のなかに二人のスロヴァキア人がいたこと、とりわけブレゾヴァー出身の同郷人を見つけたことが彼を喜ばせ（全員に故郷を訊ねた）、すぐに会話がはじまった。彼の発言はごつごつして直截だったが、柔らかくて優しい言葉も含まれていて、荒々しい前線の戦士に心の奥深くで影響を与えた。彼の発言からシベリアの前線と銃後の実状について、連合諸国、とくにフランスによって承認された新生国家チェコスロヴァキアの軍隊のなかで、士気を蘇らせようとするシチェファーニクのシジフォスのごとき努力について、多くを知ることができるが、フランスは自国の利益のために、チェコスロヴァキア軍団兵に干渉活動の継続を期待した。

「私が諸君のもとにやって来たのは、当地の苦境を知っていたからだ。私は諸君と、良きことも悪しきことも分かち合いたいと願っている。いま私は、当地に来たのが正しかったことはわかったが、しかし当地に留まることが正しいかどうかはわからない。この恐ろしい言葉を諸君に語るのは、前線からの帰り道だからだ。私は前線で、敵との戦闘に参加することを拒否した中隊を接見した。これは私にとって、兵士としてだけでなく人間としても痛ましい。戦争の末期に、勝者のための月桂冠が編まれているときになって、我々のあいだに怯懦を、それも民主的スローガンのもとで怯懦を見ているのだ。

我々は、連合諸国が委ねてくれた戦線を裏切っても構わないだろうか。我々は数世紀の長きにわたって、いかなる自分の戦線も持つことができなかったというのに。諸君のなかの一部の者たちが、シベリアの銃後における一定の展開〔コルチャークのクーデターを暗示〕に好意を持っておらず、我々が確保している前線の背後で、民主主義が抑圧されたと考えているとしたら、私はその者たちに言いたい。――『民主主義者になりたいのかね。それならば、世界の民主主義に忠実でいたまえ。あのシベリアの百姓〔おそらくコルチャークを暗示〕だけでなく、はるか故郷の人々にも気を配りたまえ』。我々の共和国は宣言されたとはいえ、保障されたわけではない。保障されるのは講和会議の席上においてだ……」

二人の兵士の短い発言の後でシチェファーニクは、自分の南米旅行の陽気なエピソードで代表団と別れを告げようとしたが、話を最後まで終えることができなかった。長時間の発言は彼を疲労させ、青ざめて、生命力と情熱に満ちた彼の両目は、しだいに光を失っていくように見えた。立ち去る兵士たちに片手を差し出すのがやっとだった。

シチェファーニクが前線で訪問した軍団の全連隊で、対話がこのように滑らかに進んだわけではない。彼が接触した兵士たちは疲労困憊して苛立っていた。自分たちはもうじゅうぶんに戦ったし、故郷に出発したい、あまりに長いあいだ孤立無援で、約束された援軍はやって来ない、今後も戦い続けることは、ボリシェヴィキに対抗するのは防御の場合に限られる、というマサリク大統領の命令に違反する、と面と向かって述べるのをためらわなかった。

こうした状況下でシチェファーニクにとって、西側民主主義への信頼を回復させることが難しかったのは、驚くにあたらない。それにもかかわらず彼は、信頼回復をめざして努力することをやめなかった。だが十二月二十一日に構想したプラハ宛ての電報のなかでは、「チェコスロヴァキア軍は肉体的にも精神的にも動揺している。だが彼らを非難して、費やされた努力と達成された成果を考慮に入れないのは正しくないだろう……」と報告した。

打開策の絶望的模索

シチェファーニクは我が軍を再編成すれば、（「突破して故郷へ」のスローガンとともに）前線復帰を想定できるとあいかわらず信じていたが、これ以上シベリアに留まると、軍団解体と前線崩壊に行き着きかねないと痛感した。連合国の援助に頼れないことも承知して、デリケートな状況からの打開策を絶望的に模索した。ときには、軍隊を団結させるような上首尾の軍事攻勢によって、失われた自信を取り戻せるように思われたときもあり、オムスクでジャナンと長いこと、二つのプランを検討した。第一案はペルミ―ヴォログダ―アルハンゲリスクの線での攻勢に関係していた。第二案のさらに魅力的な計画は、ウラル川に沿って黒海方面をめざし、その後グーリエフ〔現在のカザフスタン領アトゥイフーイ〕からカスピ海を渡ってペトロフスク〔現在のロシア連邦ダゲスタン共和国のマハチカラ〕かバクーに至り、その先は鉄道で故郷をめざす、というものだった。だが目下の状況ではいずれの案も実現不可能だった。軍団兵は二百六十輛の列車に住んでいた。荒涼とした冬のシベリアで、どうやって列車を動かし、燃料を補給して食糧を入手できるだろうか。どうやって二千露里〔約二千百三十四キロ〕を徒歩で踏破して、その後で海を渡る輸送便を確保できるだろうか。おまけにソヴィエトの軍隊が前進中で、前提とすべき基盤が脅かされていた。

　ジャナンがふたたびシチェファーニクと会ったとき、彼は陰気で疲れて、以前のいつよりも病気がちに見えた。日中なんどか発作に襲われ、ときにはかなり長引いた。食べることを恐れて衰弱した。

　クリスマス・イヴの晩は言いようもなく陰鬱だった。果てしないシベリアの荒野の真ん中で、厳寒の白い夜に、故郷から遠く離れて、個人秘書F・ラコミーと二人きりで専用車両に取り残された。

　年末にエカチェリンブルクに到着したとき、〔一九一八年十一月二十二日の〕虐殺[128]の知らせが彼を憤慨させた。コルチャーク派がイルトゥイシ川の岸辺で、政治囚の立憲民主党（カデット）の支持者たちを野蛮に虐殺したのだ。シチェファーニクはただちに個人的に、オムスクの独裁者コルチャークに抗議し、コルチャーク派と民主党派の指導者たちとの和解の可能性について、何度か交渉した。コルチャークはこの事件を審査すると約束したが、シチェファーニクがロシアから去った後は、約束を果たす必要があるとは見なさなかった。

　この時期にシチェファーニクは、コルチャーク提督をオムスクに連れて来たガイダと何度か話し合って、コルチャーク軍に入隊しないように諫めなければならなかった。

　ウラル戦線の状況は我が軍団兵にとってますます悪化した。ヨーロッパ・ロシアのソヴィエト権力は打ち固められ、次第にシベリアにも拡大した。ときにはシベリア鉄道からわずか三キロのところで戦闘が行われた。銃後でもオムスクの虐殺以後は安全ではなくなった。ある鉄道橋が、シチェファーニクの列車の通過直後に空中に吹き飛び、ロシア人側はチェコスロヴァキア人に、これは見せしめにすぎないと伝えてきた。それに続く「事故」の際にシチェファーニクの車両が破壊された。

　シチェファーニクは極度に疲労して、我々の兵士を戦線に赴かせることができるという希望を、完全に放棄した。ジャナンは、シベリア滞在が友人にとって致命傷になることを恐れ、結局シチェファーニクはジャナンの助言を聞き入れて、欧州帰還を考えはじめた。最高の場所で連合諸国にシベリア情勢を説明して、彼らから援軍か、それとも軍団の故郷への引き揚げに対する同意を得ようと決心した。だが立ち去る前に、なんとかして軍隊の問題に片を付けておきたかった。

疲労困憊させられる仕事（婚約者ジュリアーナ・ベンゾーニに挨拶を書くひまもなかった）と、不充分な食事（ブラック・コーヒーとお茶以外はなにも喉を通らなかった）、熟睡できない徹夜の日々が、彼の健康状態を急激に悪化させた。ある朝、自分の主治医に、「死は怖くない。恐れているのは緩慢な死だけだ」と洩らした。

すぐに続いて故郷を恋しがったが、そこからはめったに知らせが届かず、届いたものも、心を励ますような内容とは限らなかった。一九一九年一月はじめに、陸軍大臣シチェファーニク宛ての、ヴァーツラフ・クロファーチ[129]が執筆した祖国からの挨拶を受け取ったが、クロファーチは国防大臣と署名していた。この称号はシチェファーニクが一貫して、自分のために用いていたものだった。彼は以前から、我々が持つべきなのは国防省で、それによって我が国が平和愛好政策の遂行を望んでいることを強調できると述べていた。こうしてチェコスロヴァキア軍の組織者シチェファーニクは、留守のあいだにプラハでの自分の管轄領域が横取りされたことを知った。軍団兵のあいだでシチェファーニクの人柄について、さまざまな憶測が広まったのは驚くにあたらないが、当然のことながら、今回ばかりは彼のせいではなかった。

プラハ駐在フランス公使はシチェファーニクのことを思い出したが（「我々がチェコスロヴァキア国家の奇跡的復興を、ともに感嘆できなかったことが心残りです……」）、イタリア国王もフォシュ元帥も、ひたすら歓声を挙げるプラハの街で、新生国家のもっとも深刻な問題のひとつを解決するという課題を負った友人シチェファーニクのことを失念した。それには、プラハの同僚たちの現在の政策に対するシチェファーニクの批判的姿勢も関係していたかもしれない。彼はその姿勢を周囲の前でなんら隠さず、そのことはプラハでも疑いなく知られていた。シチェファーニク大臣はチェコスロヴァキアの指導的政治家たちを、いくつかの重要な問題、連合諸国に対する態度や、とくにスロヴァキア問題への無理解の点で批判した。とはいえ、スロヴァキア人は自分たちへの命令がスロヴァキア語でなされるように要求している、というイェセンスキーの指摘に対しては、「軍隊内の言葉はひとつ〔チェコ語〕でなければならない」と一蹴した。

主治医には、「故郷に帰ったら、学術活動のためにじきにふたたびヨーロッパから姿を消して、ぼくがどこにいるか、だれも知らないことになるだろう」と語った。

この辛い時期にシチェファーニクをいささか励ましたのは、我が軍と連合諸国の軍事代表が列席した式典で、ジャナンが厳かにレジオン・ド・ヌール指揮官勲章を授与してくれたことだ。――「これはフランスが、養子の息子に送る愛撫のように思えました」とジャナン宛ての感謝の手紙に書いた。

シベリアを去る

当時すでにシチェファーニクの想いは、ヨーロッパの講和会議に飛んでいた。チェコスロヴァキア軍の戦線から後方への引き揚げの件で、ジャナンと最終的に合意して、今後の軍団の指導を委ねたパヴルーには、次のような指示を与えた。――

「我々は連合軍だ。連合諸国と歩調を合わせなければならない。彼らが行うのと同じことをしてくれ。だがそれ以上はなにもする必要はない。時期と機会が来たら、帰郷してくれ。君たちの軽率な行為が、西側の連合諸国のあいだで誤解されて、解放されたばかりの祖国の利益を損なう恐れがあることだけは忘れないでくれ」

前述したシチェファーニクの病気の徴候に、ひどくなる頭痛と異常な神経の苛立ちが加わった。窓の開閉や強烈な光のような些細な事柄が、彼の神経を苛立たせ、長くなる一方の痛みの発作にますます頻繁に襲われた。シベリアから逃れることで死を免れたように見えた。

「ここで死にたくはない」とパヴルーに洩らした。彼の乗った列車は、機関車を交換するために大きな駅だけに停車した。健康を気遣う主治医には、「海の上に出れば具合が良くなると思う。砂漠でオアシスを見たときのように、海を楽しみにしている」と言って安心させた。

だがオムスクで、ヤンコ・イェセンスキーと接吻して別れたとき、詩人の「また会いましょう」という挨拶に、

「もう会うことはないよ」と答えた。ジャナンには最後に、自分の棺にフランス外務大臣S・ピションの返答を入れることを忘れないように頼んだ。フランス市民としてチェコスロヴァキア国防大臣の職務を遂行してかまわないかどうか、同意を求める彼の請願に対する返答のことだ。ピション大臣はこう書いた。——

「チェコスロヴァキア国家が承認されたのは、その息子たちの愛国的信念、勇敢さと犠牲的精神のおかげです。彼らは自分の祖国のために、暴力に反対する権利の戦いの見事な一頁を書いて、来たるべき世代を感嘆させました。

貴官は、同胞市民のなかのもっとも忠実でもっとも勇敢な者の一人でした。いかなる瞬間にも勝利を疑わず、傾ける必要があった努力の前でためらったりしませんでした。

フランスの同盟国であるチェコスロヴァキア国家は、フランスが援助によって同国に寄与するように要求する権利がありますし、拒否されることはないでしょう。いま貴官は、今後も同国に奉仕するように求められています。貴官にはそれを拒む権利はありません。

私は貴官に、チェコスロヴァキア陸軍大臣の職務を受け入れる許可を与えます。フランスはつねに貴官のために、みずからの暖炉のそばに、貴官がかくも見事に獲得された場所を取っておくことでしょう」

第十八章　上海・パリ・イタリア・ヴァイノリ近郊（一九一九年）

ぼくは美しい人生を生きた。
一秒一秒のなかに永遠を味わった……。

パリ講和会議

不屈の意志以外のなにが、どのような力が、疲労困憊した病身のシチェファーニクを、生者の側に繋ぎ留めていたのだろうか。二か月の旅のあいだたいていは横になっていて、上海では汽船の甲板に上がるのもやっとだった。駐日チェコスロヴァキア外交代表を委任されたV・ニェメツとは、「ぼくの課題はとても重要なので、なんとしてもヨーロッパにたどりつかなければ」という言葉で別れた。

パリ到着後の最初の訪問先は、連合軍総司令官フォシュ元帥と、講和委員会議長のフランス首相ジョルジュ・クレマンソーだった。シチェファーニクは当初、シベリアの全般的な軍事・政治情勢について説明するなかで、政策決定権を持ったフランス要人たちに、対露干渉活動を強化する必要性を説得しようとしたが、大半のフランス政治家の明らかな及び腰に驚かされた。シチェファーニクは知らなかったが、G・クレマンソーとL・ジョージは、南ロシアに六個師団を派遣するという昨年〔一九一八年〕秋の計画をすでに断念していた。二人は、平の兵士が南ロシアで戦闘を拒否して、共産主義思想に染まるかもしれない、という根拠のある危惧を抱いていた。チェコスロヴァキア軍がロシアで捨て石になっていることを知ると、シチェファーニクは即時帰国を要求した。同軍のこれ以上のシベリア駐留は、完全な解体にいたる恐れがあり、若い国家の基盤を避けがたく揺るがすかもしれないと警告した。シチェファーニクは、ヨーロッパ・ロシア経由の帰還についてソヴィエト政府と交渉することを拒否したので、唯一可能なルートとしてハルビン経由の〔中東鉄道による〕撤退を提案した。我が軍団兵の船舶輸送の手配をするように、連合諸国に強く要求した。

シチェファーニクは講和会議の交渉の席にも積極的に出席した。彼以外に同会議でチェコスロヴァキアを代表していたのは、カレル・クラマーシュ首相とエドヴァルト・ベネシュ外務大臣だった。シチェファーニクはホテル・ルテティアに滞在して、彼のアパルトマン〔ホテルの高級個室〕は歴史家ヨゼフ・シクルテーティ[130]の部屋の隣だった。シクルテーティは、ハンガリーとチェコスロヴァキア間の国境画定のための資料を準備する委員会のメンバーだった。

スロヴァキア人としての民族意識が旺盛だった評論家シクルテーティは、一週間一緒にホテルに滞在した折に、シチェファーニクが彼の前で何度か、「平均的なスロヴァキア人は、他民族の平均的人間と肩を並べることができない」と繰り返したことに気づいた。シクルテーティはシチェファーニクのこの苦い言葉が、スロヴァキア人に対する体系的な過小評価を呼び起こしたと想定した。疑いなく、生涯スロヴァキアに対する優越的態度を克服できなかったベネシュの見解のことである。ベネシュは（シチェファーニクの際立った人脈と影響力のために）、講和会議でチェコスロヴァキアの次席代表〔クラマーシュ首相に次ぐ〕になるように取り計らった。だが同時にマサリクに、シチェファーニクが自分の管轄領域〔陸軍大臣〕を放棄して、パリかローマの公使のポストを受け入れることが望ましいと提案した。そうなればシチェファーニクは自分の部下になるはずだった。

クラマーシュは疑いなくもっと気配りを働かせて（周知のように政治の世界では、報恩の念など存在しない）、チェコスロヴァキア軍の創始者シチェファーニクにクロファーチの管轄領域〔国防大臣〕を勧めたが、シチェファーニクは受け入れをためらった[131]。彼は最終的に辞表を提出する決心をした。故郷スロヴァキアを訪問してから、〔プラハで〕マサリク大統領に個人的に自分の立場を説明し、軍団兵の祖国帰還を促進するために、早急にウラジヴォストークに戻るつもりだった。その後で休息して治療し、結局は自分の学問に専念したいと望んだ。

「ぼくは喜んで将軍の星〔印の記章〕を、本物の星の世界のために犠牲にするよ」とパリのあるサロンで語った。

フランスとイタリアの軍事使節団の論争

パリでシチェファーニクに、もうひとつの報われない外交課題が降りかかった。一九一八年末にT・G・マサリクとともにプラハに、ピッチョーネ将軍を筆頭とするイタリア軍事使節団が到着した。チェコスロヴァキア政府はピッチョーネ将軍に、スロヴァキアの軍事的統括を委ねたが、そこではハンガリーとチェコスロヴァキア間の境界線を確保して、準備中だったハンガリー軍の侵入に対抗措置を講じる必要があった。一九一九年二月にチェコスロヴァキア軍参謀本部長に、フランス軍事使節団長ペレ将軍が就任した。我が軍内で決定的地位を求める二つの軍事使節団のあいだで、スロヴァキアにおける権限をめぐって論争がはじまった。マサリク大統領とスロヴァキア統治全権大臣ヴァヴロ・シロバール（彼はイタリア軍司令部をあまり信頼していなかった）はシチェファーニクに、急いで故国に戻って、フランスとイタリアの軍事代表間の諍いを解決するか、場合によっては彼自身がスロヴァキアの軍事問題に携わるように繰り返し呼びかけた。

だがシチェファーニクは、新生国家に対する両ライバルの影響圏の拡大をめぐるこの複雑な問題を、パリとローマで解決した。ピッチョーネの課題は、イタリアで編成されたチェコスロヴァキア軍が、フランス人の援助のもとで〔本国で〕組織中の新たな軍隊に編入された時点で終わることを、フランスのフォシュ元帥と合意して、イタリアのディアツ将軍にそのように言葉巧みに仄めかしたのだ。

シチェファーニクはパリで人気者だった。チェコ人作家アドルフ・チェルニー[131]も彼をホテル・ルテティアに訪問して、ルジッツェ・スルプ人[132]に代わって、「もっとも打ち捨てられている」シュプレー河畔のスラヴ人のために、講和会議の席で発言してくれるように依頼した。

シチェファーニクの以前からの構想に従って、いまや中欧の地図が塗り替えられていたので、ドゥ・ジュヴネル夫人のサロンでも、だれもが彼と知り合いになって、話をしたがった。シチェファーニクは友人たちの輪のなかで、沸き立つような熱情とともにスロヴァキアについて語ったが、ノスタルジーのニュアンスがこもっていた。長年の後でふたたび見出した事柄ではなく、なにか貴重な、かけがえのないもの、永遠に失ってしまった事柄について話しているような口調だった。この憂愁の感情は、自分の使命がもう終わってしまったという予感から来ていたのだろうか。——

「いま問題なのは精神を入れ換えることです。これが、我々が勝ち取らなければならない新たな勝利になるでしょう。今後のいかなる発展もこの活動如何だからです」と、別れに際してクレール・ドゥ・ジュヴネル夫人に語った。フォシュ元帥と別れたときは、貴官〔フォシュ〕は自分が愛するフランスの化身です、と述べて、シチェファーニクの澄んだ目に深い憂鬱の影が宿った。

イタリアでの国土防衛隊の閲兵

イタリアには〔一九一九年〕四月二十日に到着した。ローマでチェコスロヴァキア軍事使節団長ヤン・シェヴァから、オーストリア＝ハンガリー戦線の崩壊後に、アペニン半島〔イタリア〕に約十万人の我々の捕虜が残されて、彼らのなかから国土防衛隊の大隊を編成中であることを知った。シチェファーニクは、この新たな大部隊に大きな関心を寄せて、故郷への帰還を準備中の部隊を視察したいと希望した。最初にパドヴァのイタリア軍参謀本部に出頭して、バドリオ将軍[133]と（以前ローマの最高司令部でそうしたように）イタリア軍事使節団のスロヴァキアからの退去問題を審議し、イタリアの地で編成中の新たな部隊のための装備を確保した。同時に彼は、祖国への帰路のために飛行機の貸与を申請した。

ミラノにはシェヴァと一緒に車で到着したが、気分は上々だった。旅疲れも感じず、むしろドライブは心地良い快適さと満足感をもたらした。膝の上に地図を広げて、注意深くあたりを観察し、北イタリアの風景美を堪能した。ミラノでは一晩じゅう同行者シェヴァと、軍団兵のロシアからの帰還に関連した技術的問題について話し合って過ごした。翌日の午後、ガッララーテの近郊で国土防衛隊の閲兵を行ったときは、喜びを隠さなかった。なかでも兵士と将校がスロヴァキア人だけから編成された第五十大隊には、うれしい驚きを覚えた。

帰路にミラノでシロバールからの電報を受け取ったが、彼はブラチスラヴァに急ぐように促していた。シェヴァはそれ以前にシチェファーニク自身から、交通手段として飛行機を使いたいという希望を聞かされたが、提供された専用列車にするように説得を試み、しばしば起こる飛行機事故と、戦時中に急いで設計され生産されたカプローニ型飛行機の信頼度の低さを指摘した。シェヴァはシチェファーニク大臣の説得に失敗すると、友人のグラッツィアーニに諫止してくれるように頼んだ。だがシチェファーニクは自分の決心にこだわって、オーストリアの土地に触れたくないという論拠を挙げた。すでにパリで友人たちに披露した論拠だった。

イタリアのガッララーテで祖国への出発を前にして。軍帽軍服姿で敬礼している小柄な人物がシチェファーニク（1919 年 4 月）　出典：Štefánik vo fotografii. Praha 1936.

ガルダ湖に突き出たシルミオーネ半島の近くに、コロンバーレという小さな村がある。その村の街道脇には今でも、シチェファーニクと随員が立ち寄って、一緒に一杯のワインを飲んだ居酒屋が残っているにちがいない。彼はふだんよりも饒舌になった。この近くのどこかにヴィラ〔別荘〕を建てたいという構想をシェヴァに洩らした。ここがとても気に入ったからで、六月はじめにおそらく自分の私生活に、ある種の変化が起こるだろう。

パドヴァに戻った後でシチェファーニクは、国土防衛隊の大隊宛ての命令を書き取らせた。――「かのシベリアの地で我々は、イタリアに数万人のチェコスロヴァキア系捕虜がいると聞いた。捕虜の群れの代わりに、良く組織された兵士の隊列を見たとき、私は心踊るような予想外の印象を受けた。隊列のなかの雄姿は、我が国のすらりとしたモミの木のようで、まなざしは鷹さながらだった。諸君はオーストリア＝ハンガリーの奴隷から自由な国の市民になったのだ……」

その後でベンゾーニ侯爵令嬢に手紙を書いて、手渡してくれるようにシェヴァに頼んだ。四月二十九日の火曜のことだった。

ヴァイノリ近郊の悲劇

この時すでに命令に従って、フランス駐在武官フルニエ少佐が、〔ブラチスラヴァ近郊の〕ヴァイノリ付近に着陸地点を準備した。大きなT字状で表示されて、遠くからも見えた。

プラハでもブラチスラヴァでも、ミラン・シチェファーニクの到着を鶴首して待っていた。彼の同僚たちは、最近の時期のシチェファーニクの活動ぶりと、同時に、新体制下の我が国のいくつかの現象に対する彼の不満についても、マサリク大統領に報告した。マサリクは、自分〔シチェファーニク〕に陸軍大臣のポストが与えられたのはベネシュの提案によるが、それは彼〔ベネシュ〕のために外務省のポストを残しておくためだ、というシチェファーニクの憶測を知っていた（おそらくストリムプルからの情報）。マサリク大統領は、個人的にはミランの到着を楽しみにしていたが、同時に彼に、国防省と重なる〔陸軍〕大臣職の放棄を提案するつもりだった。「この先ミランをどうしたらいいか」わからなかった。スロヴァキアでの活動も（彼が細かな行政業務が苦手なことを知っていた）、パリにおける活動も（彼はフランス国籍を持っていた）、あまり想定していなかった。考慮されたのはローマ駐在公使のポストだった。マサリクは五月四日にパリのベネシュ宛てに、「明日シチェファーニクが到着するという噂が広がった。どうなることやら」と書いた。

　ブラチスラヴァには到着は木曜〔五月一日〕か金曜〔五月二日〕と告げられたが、悪天候のためにあいついで撤回されたようだ。五月四日の日曜にドナウ河畔の政府の建物のなかで、スロヴァキア統治全権大臣シロバールの執務室に三、四人の役人が陣取っていた。シロバールが不在だったので（ピッチョーネ〔将軍〕とともに、スカ

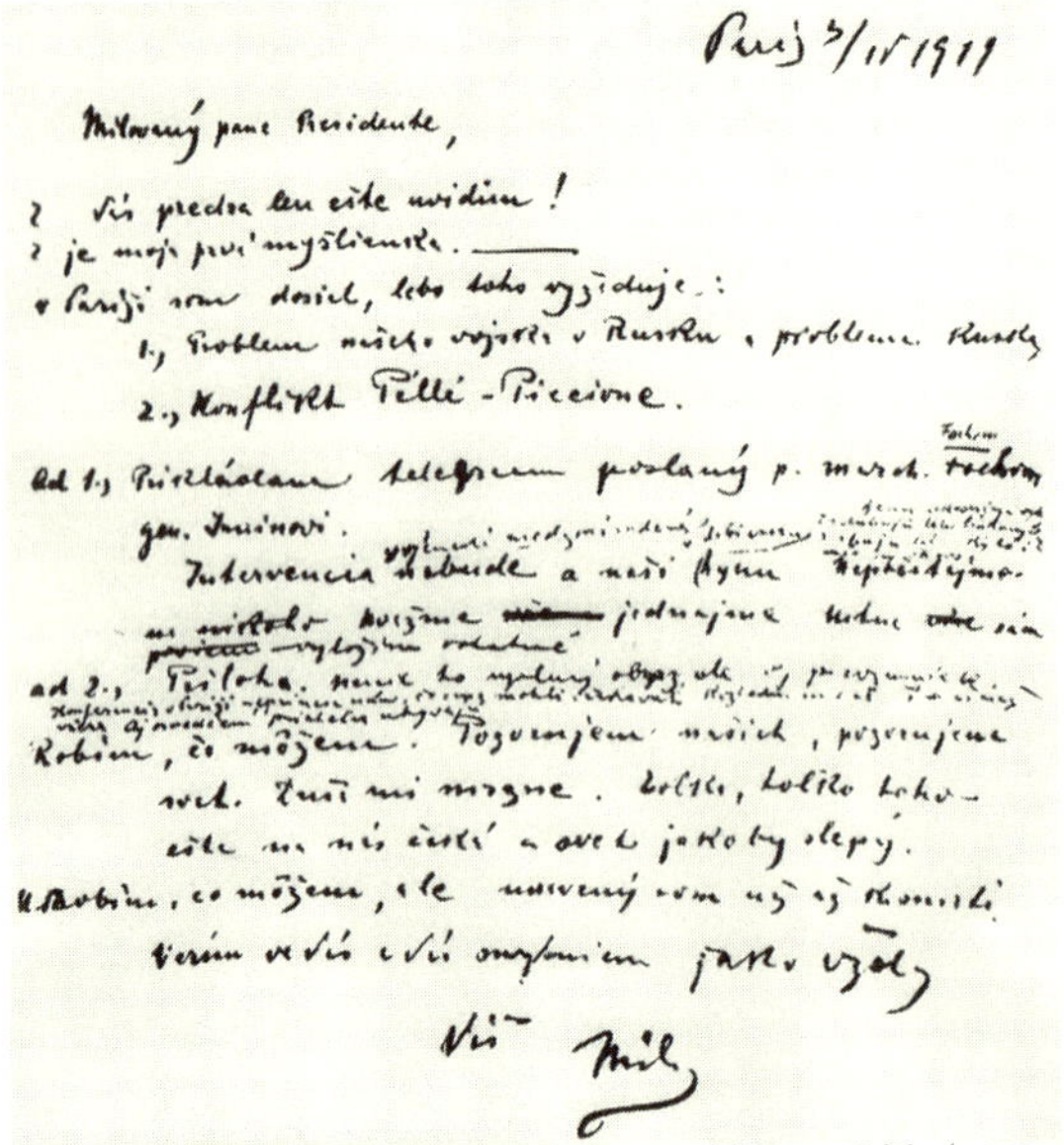
Paríž 3/IV 1919
Milovaný pane Presidente,

シチェファーニクのマサリク宛ての最後の手紙（パリ、1919 年 4 月 3 日）　出典：Slovenské národné múzeum: Katalóg k expozícii Milana Rastislava Štefánika. Košariská [1990].

リツァの「自由の菩提樹」植樹祭に出張中だった）、彼の名代として、陸軍大臣シチェファーニクにふさわしい歓迎式典を手配するはずだった。ヤーン・ハラ（詩人イヴァン・ガル）[134]が畏友シチェファーニクの思い出を語り、みなは興味深そうに将軍の学生時代のエピソードに耳を傾けた。

　十一時少しすぎに軍事司令官が省庁に、シチェファーニクの搭乗機が十二時にヴァイノリに着陸すると告げた。この情報を受けた後でヤーン・ハラ、ミラン・イヴァンカ[135]、リュドヴィート・メドヴェツキーらは自動車に向かった。彼らが政府の建物から出発した直後に、ジムニー・プリースタウ〔冬の港〕の上空に飛行機が姿を現して、ヴァイノリ街道を飛行場へと急ぐ自動車から、数分間も観察できた。やがて彼らの視界から姿を消した。その後になにが起こったかは、フルニエ少佐の報告書から知ることができる。――

　五月四日、我々は自動車でヴァイノリの野原から戻るところだった。きわめて悪天候だった。そのときブラチスラヴァの街の上空に飛行機の姿が見えた。我々は飛行

ヴァイノリの悲劇、事故直後のシチェファーニクの搭乗機（イタリア製カプローニ450型機）
（1919年5月4日）　出典：Štefánik vo fotografii. Praha 1936.

機を視界から放さずに、すぐさま着陸地点に戻った。着陸の準備は万端整っていた。飛行機は何分間かドナウ河の上空を、四百—五百メートルの高度で旋回し、それから、どこかかなり離れた野原に着陸するつもりであるかのように、低空に下りてきた。だがその直後にふたたび、百—二百メートルぐらいに高度を上げた。大きなTの文字で表示された着陸地点を煙によって強調するために、技師が石油に点火して飛行機に合図を送った。近くには何台かの自動車が停まっていた。飛行機はこちらの方に近づいて来て、我々の頭上を飛び越し、もと来た方向に向きを変えながら、大きく旋回しはじめた。我々はこの旋回の大きさに驚かされた。我々の方角に近づくために、飛行機が二度目の旋回をはじめた瞬間、約百メートルの高度からいきなり真っ逆さまに地面に墜落した。木々に遮られて墜落の最後の瞬間は目撃できなかった。続いて空に煙の柱が立ち上って、飛行機が燃えはじめたことを示した。我々は墜落地点から三キロほど離れた場所にいた。事故が起こったのは十一時半のことだった。

シロバールの官庁〔スロヴァキア統治全権省〕の役人の乗った自動車が飛行場に近づいたとき、フランス軍の兵士たちが、「イ・レ・トンベ（落ちたぞ）」と叫びながら彼らの方に走って来て、ハンノキの林の向こうに立ち上る煙を指し示した。取り乱した役人たちはすばやく自動車から降りて、フランスの兵士と力のかぎり、耕地の水たまりを横切って走ったが、不安と恐ろしい予感でいっぱいだった。彼らは約半時間後に悲劇の現場に駆けつけた。飛行機はもう燃え尽きて、暗色の革製飛行服を着た三体の動かない身体が、畑の道に横たわっていた。ヤーン・ハラは絶望的な気持ちで友人の姿を探した。シチェファーニクは目を閉じて、鼻からは血が流れていた。ハラは心臓の上に手を置いた。もう脈を打っていなかったが、しかし身体はまだ温かかった。動かない手に金貨でできたネックレスがかかっていて、その上には「アモール〔愛〕—ローマ」という銘句が刻まれていた。ハラは彼の胸のポケットから手紙を引き出した。——

ウディネ、一九一九年五月四日
友よ、この上なく親愛な友よ。
さようなら。ああ、なんという恐ろしい言葉が、ぼくたちの人生を隔てることか。ぼくはときおり、さしあたり純潔で清らかなぼくたちの恋愛を、息つく暇もなく試練に晒している運命の神に不平を洩らす。さようなら。でもぼくは戻って来る。今後も君のかたわらに留まるために（それがぼくの望みだ）、熱愛する人よ、ぼくは戻って来る。発動機が唸っている。行かなければならない。行かなければ、絶えず行かなければ……。さようなら。目の前には輪が舞って、ぼくの心は不安におののく。けれど今回ばかりは、このいとも人間的な弱さを大目に見ている。ジュリアーナ、君から離れるべきではないけれど、久しぶりにぼくの家族を、ぼくの祖国を見ないでいられるだろうか。ぼくはふたたび自分の祖国を見る。ぼくには祖国がある。なんという喜び、なんという憂愁だろう。飛行機がぼくを呼んでいる。さようなら、ジュリアーナ。さようなら、ふさぎ込まないで。つかのま山々の頂きと黒雲の上高く、処女の光線の接吻を、紺碧の波の戯れを求めて、ぼくの魂はふたたび平安を見出し、ぼくの唇は、真心をこめて君にこう囁くだろう。——さようなら、ジュリアーナ。さようなら、ぼくの熱愛する妻よ。

ミラン

兄弟とお母さんと叔母さんによろしく

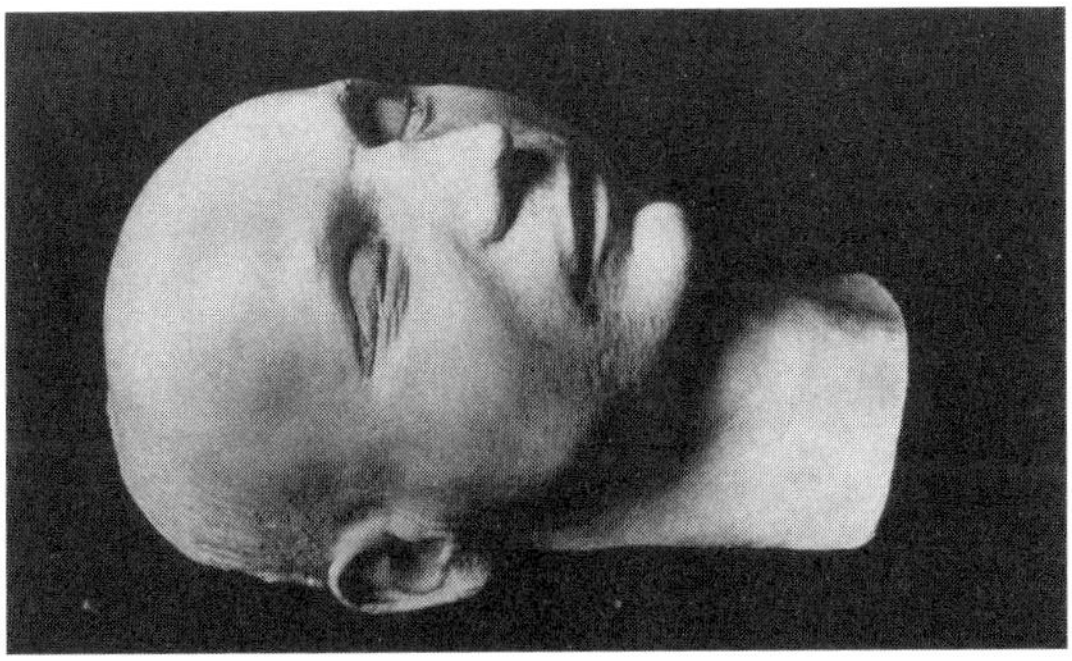
「シチェファーニクのデスマスク
出典：Štefánik vo fotografii. Praha 1936.

結語に代えて

第4版の「結語に代えて」は、第2版（1969年）に収録されたものの再録である。

山間の僻村出身の同郷人ミラン・ラスチスラウ・シチェファーニクの類まれな生涯は、地球上のほぼ全大陸で演じられ、絶えざる探究と巨人のごとき闘いに満ちているが、この闘いは最後の時期には民族解放闘争の性格を帯びた。国際レベルでの自由な学術研究プランを実現しようとする、ほぼ十年間の努力の後で、前線で最初の手榴弾が爆発するやいなや、何世紀も安定していた中欧の政治地図を塗り替えるという「常軌を逸した」意図を持った恐れを知らない兵士として、魅力的な外交官として、世界大戦の歴史に足を踏み入れた。シチェファーニクは疑問の余地なく、現代スロヴァキア史のもっとも傑出した偉人の一人である。彼の歴史的意義は、（チェコスロヴァキア国民会議の他の代表者とともに）チェコ人とスロヴァキア人の共同国家創設に決定的に関与したことだけでなく、自民族のなかで最初に、驚くべき外交活動によって直接間接に欧州政治に影響を及ぼした点にある。オーストリア＝ハンガリー君主国の解体をめざす彼の政治活動を可能にしたのは、当時の世界政治の展開だが、この活動はその影響範囲の点で、チェコスロヴァキアの利害関係の境界をはるかに越えた。

特筆しておく必要があるのは、民族社会のためのシチェファーニクの自己犠牲、道徳的情熱、障害を克服する際の意図と手段の純粋さである。あるとき彼は、協力者を獲得する仕事のなかでこう表現した。——「ぼくの願いは、全員がぼくの後に従うことではなくて、誠実な人がぼくに従うことだ」。脆弱な健康にもかかわらず強靭で、なみならぬ影響力を持ち、物事を壮大なカテゴリーで考え、認識と真実に飢えて、絶えずパイオニア的な活動に携わり、同時代人に強烈な印象を与えた。

シチェファーニクの英雄的生涯とイカロスの運命は、

数世代の詩人たち（〔マルティン・ブラクサトリス＝〕スラートコヴィチョウ、フヴィエズドスラウ、イエセンスキー、ラーズス、クルチメーリ、ロイ、スムレク、ルカーチ、ベニアク、ジャルノウ、コストラ）を魅了して、彼らはそこから叙事詩を、ギリシャ神話を思わせる民族的伝説を作り上げた。実際、二十世紀初頭の我が故郷スロヴァキアは、民話のなかの呪いをかけられた姫君に、シチェファーニクの方は、克服しがたい障害にもかかわらず、彼女を解放した勇敢な若者さながらではなかっただろうか。

　白人がタヒチの現地住民に、シチェファーニクは死んでしまったのでもう会えない、と話すと、彼らの顔は訝しげにこわばった。「星々と話す人間」の魂は、この天国の島々の、木々や花々のなかに体現されて生き続けているのに……。

　本書の準備に携わった者はみな、スロヴァキアの人々、なかでも若い人々がそう感じてくれるように熱望している……。

〔ヤーン・ユリーチェク〕

第三版への序言

参考のために、第3版（1990年）に収録された「第3版への序言」もあわせて訳出しておく。

書物にもその運命がある。本書は文芸批評界だけでなく、なによりも広範な読者に歓迎された。さらに名誉なことに、一九六八年十月にチェコスロヴァキア連邦法の署名者たちは、〔署名会場の〕ブラチスラヴァ城から本書をプレゼントとして持ち帰った。だが〔スロヴァキア〕文化省はじきに、その他の出版物とともに、「危機の年々」〔一九六八年の政治的自由化の時期をさす〕をすばやく克服するために、スロヴァキアの全図書館から本書を排除した。続く二十年間、M・R・シチェファーニクの歴史像は〔体制側の〕不興を被ったのである。

　各世代が過去に対して、自分独自の見解を創り出すことを前提とすれば、歴史的人物の再評価にはさほど驚かされることはない。むしろ注目すべきは意図的な歪曲であり、二千年前に証明済みの原則である不偏性、客観性、即事性が守られなかったことである。最近〔一九八八年〕のチェコスロヴァキア共和国成立七十周年記念に際して、我が国の歴史家たちは、チェコ人とスロヴァキア人の共同国家創設を、全体として際立った意義を持った革命的事件として語った。一部の歴史家は作家たちとともに、チェコスロヴァキア在外抵抗運動におけるミラン・ラスチスラウ・シチェファーニクの役割に対するこれまでの評価は、不十分でふさわしくないと指摘した。

　本書はこの問題を、しかるべき規模で扱っていると思う。私は秀でた人間の政治・外交・軍事活動を再現しようと努めたが、その人物のモットーは「労働、愛、誠実さ」だった。私は彼の活動が――チェコスロヴァキア国民会議のチェコ人代表者たちと協力して――二つの兄弟民族の共同国家創設をめざしていたことを示した。それゆえ、今日であればいくつかの個所を違った風に表現するかもしれないが、二十年後〔の今日〕でも、本書を書年たちのなかで、スロヴァキア史への関心と尊敬をかき立てて欲しいと私は願っている。

〔ヤーン・ユリーチェク〕

訳者あとがき

本書の主人公ミラン・ラスチスラウ・シチェファーニク（一八八〇―一九一九年）は、スロヴァキアではだれもが知っているナショナル・ヒーローだが、我が国ではほぼ無名の人物と言っていい。チェコとスロヴァキアの近現代史に関心をお持ちの方に、T・G・マサリクやE・ベネシュとならぶ第一次世界大戦中の独立運動家として記憶されている程度だろうか。丹念に探せば、日本語文献のなかにも断片的な記述は見つかるのだが（たとえば、一九三一年（昭和六年）に出版されたマサリクの著作の翻訳『チエツクスロワキヤ国　建国と理想』（参考文献18）には、シチェファーニクに捧げられた一節がある）、一九一八年十月から翌年一月までの彼の日本とシベリア滞在期を扱った三編の拙論（参考文献の補遺95、98、100）を除けば、まとまった紹介は本書が嚆矢であろう。

訳者がシチェファーニクという人物にはじめて関心を持ったのは、一九七九―八一年にブラチスラヴァ（スロヴァキアの首都）のコメンスキー大学に留学していた頃のことである（この顚末については、拙文「M・R・シチェファーニクの記念写真の謎」（成文社ホームページ「リレーエッセイ」第三十九回、二〇〇一年四月一日）を参照）。帰国後に徐々に資料を集めて、彼の日本滞在をテーマとした論文を執筆する過程で、本書の第二版を入手して通読し、日本滞在を含む第十六章とシベリア滞在を扱った第十七章を、参考資料として訳出した。しかし全体の翻訳に着手したのは二〇〇九年になってからである。

つまり訳者は本書の第二版（一九六九年）、第三版（一九九〇年）、そして最新の第四版（二〇〇六年）の記述内容を、詳細に比較検討する機会を持ったわけだが、細部の修正、部分的削除などは散見されるものの、全体の構成と記述の姿勢は、基本的に変更なく引き継がれている。著者ヤーン・ユリーチェク自身が第三版（一九九〇年）への「序言」のなかで（おそらく密かな誇りの気持ちを込めて）、「今日であればいくつかの個所を違った風に表現するかもしれないが、二十年後〔の今日〕でも、本書を書き直す必要があるとは見なしていない」と書いている（本書の二六六—二六七頁参照）。一九八九年のチェコスロヴァキアにおける体制転換（社会主義体制から民主主義体制へ）と、それに伴う歴史叙述の「基本的枠組み」の大転換（後述するように、シチェファーニク自身がそれを端的に象徴している）を念頭に置くと、本書の記述にほとんど「ブレ」が見られないことは大きな驚きと言っていい。シチェファーニクの複雑な生涯と人柄を、バランスよく、対象に対して適度な距離を置いて、過不足なく描き出した本書は、伝記として出色の出来であり、今日にいたるまで本書をしのぐシチェファーニク伝は書かれていない。

シチェファーニクの生涯については、プロフェショナルな伝記作者ユリーチェクの巧みな筆致に屋上屋を架すつもりはないが、補足の意味で三点だけ触れておきたい。

まず本書の第十六章で触れられている一九一八年（大正七年）秋の彼の日本滞在についてである（二三三—二三八頁参照）。本書の記述はもっぱら、副官フェルディナント・ピーセツキーの『私の日記のなかのM・R・シチェファーニク』（参考文献23）に基づいており、十月十四日の内田康哉外相、十六日の原敬首相への表敬訪問と、十一月五日の大正天皇の謁見について簡単に触れているだけである（この時期の彼の足跡について、さらに詳しくお知りになりたい方は、さしあたり前述の三編の拙論を参照されたい）。現在訳者はモノグラフ『ミラン・ラスチスラウ・シチェファーニクと日本（仮題）』を準備中であるが、彼の日本滞在中の活動は、本書で描かれている以上に多彩で多面的である。十月十五日に幣原喜重郎外務次官に陳情し、十六日の原首相訪問の前には、陸軍参謀本部で参謀総長上原勇作と会談している。政治家や軍人たちだけでなく、十九日には東京で病没したチェコスロヴァキア軍団兵士カレル・クニトルの葬儀に参列した。十一月六日にはジャーナリスト頭本元貞主催の国際新聞協会の午餐会、八日には東京帝国大学で数学者藤澤利喜太郎主催の会食会に出席し、十一日には京都で稲畑勝太郎の別邸和楽庵を訪問している（二三七頁の記念写真を参照。詳しくは拙文「M・R・シチェファーニクの記念写真の謎」）。

シチェファーニクの日本滞在の目的は、ユリーチェクが的確に指摘しているように、「シベリアのチェコスロヴァキア軍団のために、連合諸国の効果的援助を獲得すること」にあった。そのために首相、外務省、陸軍参謀本部、大正天皇、さらには言論界や学界にも、日本軍のシベリア干渉拡大を促す陳情宣伝活動を行なっている。シチェファーニクのこうした活動については、日本のシベリア出兵の歴史的評価に関連して、慎重な吟味が必要だが、彼の活動と、日本の政府、外務省、軍部の思惑との関わりは、二つのナショナル・インタレストの相互利用とせめぎあいとして理解するのが妥当なように思われる。

二点めは、第一点とも関連するが、日本訪問に続くシチェファーニクのシベリア滞在に関わる問題である。この時期はロシア内戦の渦中で、新生チェコスロヴァキア共和国の陸軍大臣として、文字通りボリシェヴィキ派と「敵対」した時期であり、社会主義期の一九五〇年代には「シチェファーニクの反革命活動」を立証する「動かぬ証拠」とされていた。一九六〇年代の「短期間の政治的自由化」の時期（ユリーチェクの伝記はこの時期に執筆・出版された）でも、ボリシェヴィキ派の「歴史的進歩性」が前提とされて、「不本意な敵対」という解釈が行われ、本書も基本的にはこの立場に立っていると見ていい。一九八九年の体制転換に関連して行われた「歴史の再評価」プロセスのなかで、スロヴァキア（とチェコ）の歴史学においては、チェコスロヴァキア在外独立運動の「正当性」にふたたび強い比重が置かれるようになった。それに関連してシベリア滞在期のシチェファーニクの活動もふたたび「全面肯定」に向かう傾向があり、この時期の彼の活動を評価する際に「自己批判性」が薄れている印象を受けるが、訳者としてはユリーチェクのためらいがちな「葛藤」の姿勢のほうを、むしろ好ましく感じる。

三点めは、一九一九年五月のシチェファーニクの死をめぐる顛末である。事実経過を確認しておくと、一行（シチェファーニクと三人のイタリア人パイロット、操縦したのはイタリア人パイロット）は、一九一九年五月四日早朝にイタリアのカムポ・フォルミドでカプローニ四五〇型の複葉飛行機に搭乗し、同日午前十一時半頃、ブラチスラヴァ上空に達したが、着陸予定地点のヴァイノリ付近で墜落し、搭乗員全員が死亡した。本書では、現場に居合わせたスロヴァキア統治全権省の官吏や、フランス軍のフルニエ少佐の証言などが引用され、臨場感あふれる記述になっている。

本書では直接には触れられていないが、シチェファーニクの死をめぐっては諸説がある。――

①事故説――両大戦間期のチェコスロヴァキア政府筋の公式見解であり、ユリーチェクも本書中で、補佐官シェヴァ大尉の発言――「しばしば起こる飛行機事故と、戦時中に急いで設計され生産されたカプローニ型飛行機の信頼度の低さを指摘した」（二五八頁）――を引用することで、この説を暗示している。近年製作されたスロヴァキアのテレビ・ドキュメンタリー映画『祖国』第四部（二〇一〇年）も、実物大の模型を使った考証に基づいて、悪天候のもとでの失速による墜落事故と断定している。

②撃墜説――シチェファーニクの搭乗した飛行機は、（ブラチスラヴァ城に駐屯していた）チェコスロヴァキア軍守備隊に射撃されて墜落したという説。この説はさらに、イタリアの飛行機をハンガリーの飛行機（当時チェコスロヴァキア軍とハンガリー赤軍は、スロヴァキア南部で交戦状態にあった）と誤認して射撃したという誤射説と、チェコスロヴァキアの政府首脳部（おもに外務大臣ベネシュをさす）が、潜在的に手ごわい政敵になりうる人物を排除するために、故意に射撃させたという暗殺説がある。後者の説については、スロヴァキアの歴史家ドゥシャン・コヴァーチの論文「スロヴァキア歴史学とジャーナリズムにおけるシチェファーニクをめぐる闘い」（参考資料105）で詳細に分析されている。コヴァーチはこの説を、一九二〇年代の国内での政治闘争のなかで生み出された根拠のない「政治的神話」と断定しているが、スロヴァキアでは現在でも多くの人がこの説を信じている。――「そんなことはありえないように見えたが、しかし（一九二七年の大統領）選挙前の政治キャンペーンのなかで生まれた神話は、ひじょうに強力に生き延びて、スロヴァキアではあいかわらず真面目な論拠

と証拠なしに、今日にいたるまで信じられている」（コヴァーチ）。建国初期の一九一九年段階で、ベネシュらの側に「殺意」を見るのは、明らかに「うがちすぎ」と思われるが、著名人が正常でない死を遂げると、かならず「暗殺説」が囁かれる事情も、念頭に置いておく必要があるかもしれない。

③自殺説――病気がちなシチェファーニクが、意図的に飛行機を墜落させて自殺したという説で、晩年のシチェファーニクと個人的に親しかったフランスのジャナン将軍が、この説を唱えた。

すでに百年近く昔の出来事であり、今後「真相」を明らかにするような「決定的資料」が出てくることはあまり期待できない。この事件は「迷宮入り」になる可能性が高いが、訳者の個人的印象を言わせていただければ、やはり偶発的な飛行機事故だったのではないか。

シチェファーニクについての関連文献は膨大な数にのぼる。主だったものは本書巻末の「参考文献」と「参考文献の補遺」にまとめられている（詳細なビブリオについては、『個人的文献目録』（参考文献73）を参照）。そこからも読み取れるように、まず両大戦間期（一九二〇―一九三八年）に、シチェファーニク自身が書き残したもの（その数は多くない）、関係者の回想、モノグラフ、論文、評論などが大量に出版されたが、第二次世界大戦後の社会主義体制期には一転して「空白期」に入る。一九五〇年代に彼の活動をイデオロギー的に断罪しようとする「偶像破壊的な」試みが行われたが（リュドヴィート・ホロチーク『シチェファーニク伝説とチェコスロヴァキア共和国の成立』（参考文献13）がその「不幸な」実例）、一九六八年前後の「短期間の政治的自由化」（本書はその時期の「幸運な」産物）を経て、一九六九年以後の「正常化体制」期にはまた「タブー化」と「意図的沈黙」の時期が訪れる。一九八九年の体制転換を契機に、ふたたび多数のシチェファーニク関係の書籍と論文が出版・発表されるようになった（「参考文献の補遺」を参照）。

本書の作者ヤーン・ユリーチェク（一九二二―九二年）について、簡単に紹介しておきたい。彼は一九二二年にブレゾヴァー・ポド・ブラドロム村で生まれた（本書の第一章で触れられているように、シチェファーニクの故郷コシャリスカー村の隣村である）。ブラチスラヴァで中等教育と高等教育を受け、スロヴァキア（現コメンスキー）大学哲学部の歴史およびスロヴァキア語専攻を卒業した（卒業論文のテーマは「作家マルティン・ラーズスの文学的発展」）。大学在学中から文学創作の才能を発揮して、学生雑誌『エラン（飛躍）』や、当時の一流の新聞雑誌『民族新聞』、『民族の再生』、『トヴォルバ（創造）』に寄稿した。大学卒業後、短期間ブラチスラヴァのギムナジウムの教師を勤め、後にスロヴァキア情報文化全権代表部（文化省の前身）で働く。一九四八年の共産党の権力掌握後、一九五一年に生産現場に放逐され、補助（未熟練）労働者として働いた。健康状態が悪化したため、二年後に生産現場から放免され、トヴァル（形態）出版社にポストを得る。

ヤーン・ユリーチェク

一九六〇—八〇年代ブラチスラヴァのオブゾル（地平線）出版社の責任編集者として、『世界文学史』（オスヴェタ（啓蒙）出版社、第一、二巻、一九六三年）、『スロヴァキアの文化財総覧』（第一～三巻、一九六七—六九年）、百科事典的著作『スロヴァキア1　歴史』（一九七一年、改訂第二版、一九七八年）、『スロヴァキア2　自然』（一九七二年）、『スロヴァキア3　人々』（第一、二部、一九七四—七五年）、『スロヴァキア4　文化』（第一、二部、一九七九—八〇年）、『スロヴァキア文学アルバム』（一九六八年）、『スロヴァキア作家事典』（第一、二巻、一九八四年）、『スロヴァキア文学史』（一九八四年）のような大部の総合的出版物の編集に携わった。郷土史研究『ブレゾヴァー・ポド・ブラドロム　歴史・民俗学・方言・文学』（一九七〇年）と『世界作家事典』（一九八七年）には執筆者としても名前を連ねた。

「ユリーチェクは一九六八年に著作『M・R・シチェファーニク　伝記風のスケッチ』（ムラデー・レター出版社、一九六八年）を上梓したが、同書は〔一九一八年の〕チェコスロヴァキア成立に先立つ歴史の『禁断の部屋』への扉を、はじめて開いた。社会主義期のチェコスロヴァキアでは、M・R・シチェファーニクの名前は政治的理由からタブー視されていた。シチェファーニクは民主的なチェコスロヴァキア共和国の創始者で、チェコスロヴァキア軍の在外軍団の組織者であり、彼の政治的方向性は明確に民主主義的なものだった。こうした人物は一九四八年二月〔の共産党の権力掌握〕以降、ソ連邦の従属国としてのチェコスロヴァキアの歴史の図式に収まらなかった。この著作が出版できたのは、一九六八年の短期間の政治的自由化のおかげである。作者の処女作であり、文学史的にも画期的なこの著作の意義と人気はたちまち明らかになった。――本書は書店の店頭からあっと言う間に消え失せ、ただちに第二版がしかるべく増刷された部数で準備された〔訳者の手元にある第二版の出版部数は一万千部、当時のスロヴァキアの人口は約四百五十四万〕。残念なことに、それはもう読者の手に届かなかった。一九六八年八月のチェコスロヴァキアへのソ連軍侵入後に、本書の出版は停止され、準備された冊数は破砕されてしまったからである」（ヤナ・ケプロヴァーさん提供の伝記資料）

その後彼は「正常化」体制下（一九六九―八九年）で、『リュドヴィート・シトゥール略伝』（ムラデー・レター出版社、一九七一年）、『マルティン・ククチーン　ある巡礼の生涯』（ムラデー・レター出版社、一九七五年）、『L・N・トルストイ』（オブゾル出版社、一九八〇年）と『ヴァヤンスキー　勇者の肖像』（オブゾル出版社、一九八八年）など、著名な民族運動家や作家の伝記を出版した。

一九八九年の体制転換後、すぐに本書の第三版（参考文献65）が出版されただけでなく〔第三版の出版部数は四万五千部〕、ユリーチェクが長年準備していて「正常化の時期には受け入れられなかった」『マルティン・ラーズス　詩人と政治家』（スティムル出版社、一九九三年）と『ミラン・ホジャ　スロヴァキアとチェコスロヴァキアとヨーロッパ政治史の一章』（スティムル出版社、一九九四年）の二冊の伝記が相次いで出版されたが、それは一九九二年の著者の急死後のことだった。――「ヤーン・ユリーチェクの著作のユニークさと価値は、ファクトの選択と組み立ての厳密さにある。とくに上述の三冊の伝記〔シチェファーニク、ラーズス、ホジャ〕の場合、こうした資質が際立っているが、今日にいたるまで、スロヴァキアの文芸批評界によって十分に評価されているとは言えない」(前述の伝記資料)

「凡例」にも記したが、本書は最新の第四版に基づいている。しかし巻頭の印象的な献辞(ミラン・ラスチスラウ・シチェファーニクが何者だったかを、学校で習わなかった私の娘ヤナへ)については、ヤーン・ユリーチェクの娘ヤナ・ケプロヴァーさんの希望によって、彼女の名前を残した。ヤナさんとは、二〇〇九年夏に共通の友人を介して知り合い、シチェファーニクの生地コシャリスカー村にあるM・R・シチェファーニク博物館と、ブラドロの丘の上にそびえる壮大な墳墓を一緒に訪問した。その折に本書の訳出を約束してから、ずいぶん時が経ってしまったが、やっと責務を果たすことができて、ほっとしている。本書の著者ヤーン・ユリーチェクの生涯を紹介して、写真を掲載することができたのも彼女の好意による。

本書の訳稿は二〇一一年から一四年度まで、訳者の勤務先の早稲田大学オープン教育センター(現グローバル・エデュケーション・センター)の演習科目「民族問題と平和」のテクストとして使用した。シチェファーニクの生涯にはじめて触れる学生諸君とともに、彼の活動の意味を「戦争と平和」という視点から再考する良い機会になった。シチェファーニクのダイナミックな生涯に圧倒され、チェコスロヴァキア独立運動への献身に感嘆しつつも、「民族独立」のためには戦争を肯定し、第一次世界大戦の渦中に「喜び勇んで」飛び込んでいく(ように見える)彼の姿勢に対する、ある種の違和感ととまどいが表明されたこともある。私はそれを、各時代の思考の「基本的枠組み」の違い、という観点から説明したが、納得してもらえただろうか。本書中に散見される「マジャール人」や「マジャール政府」に対する偏狭と思われる態度も、それによって理解できるように思う。

三十年以上にわたるチェコとスロヴァキア研究の仲間である林忠行氏(チェコ政治史・京都女子大学)と木村英明氏(スロヴァキア文学・早稲田大学)には、翻訳全体に目を通していただき、数々の貴重なコメントと提案をいただいた。橋本ダナさんは、スロヴァキア語の翻訳をめぐる多数の疑問点に丁寧に答えてくださった。原章二氏（早稲田大学）にはフランス語の表記について、山本真司氏（東京外国語大学）にはイタリア語の表記について、周到なコメントをいただいた。原暉之氏（北海道大学名誉教授）は、帝政ロシアの軍人に関する資料の所在について教えてくださった。記して各氏に深く感謝する。シチェファーニクの活動範囲は分野の面でも地理的にも多岐にわたっている。残っているかもしれない誤訳や不適訳の責任はすべて訳者にある。ご指摘いただければ、喜んで訂正する。最後に、訳稿の完成を辛抱強く待っていてくださった成文社社長南里功氏にも厚くお礼を申し上げたい。

索　引

（太字イタリックのページは訳注があることを示す）

事項索引

あ

か

さ

た

な

ま

や

ら

わ

人名索引

あ

か

さ

た

な

は

わ

地名索引

あ

か

た

ま

や

ら

わ

注

1　パヴォル・オルサーク＝フヴィエズドスラウ（1849-1921 年）―「スロヴァキアの詩人。1870-72 年プレショウの法律専門学校で学び、数年間各地で実習を経たのち、1879 年からオラヴァ県のナーメストヴォで弁護士をしながら詩作を続けた。スロヴァキア民族運動にも積極的に加わった。第一次大戦中は独立運動に共感し、1918 年 10 月のチェコスロヴァキア独立後、革命的国民議会の議員に選出された。彼はスロヴァキアのリアリズム文学の最大の詩人とされている」（抄）『集英社世界文学大事典』、第 3 巻（1997 年）。本書の第三章ではシチェファーニクと詩人の文通の顛末が語られている。そのときは両者のあいだに感情の行き違いがあったようだが、20 年後に詩人はシチェファーニクの頌詩を書く巡りあわせになった。

2　ユライ・フライノハ ― 18 世紀前半に実在した盗賊団の頭目。西部スロヴァキア出身で、ビエレ・カルパティ山地一帯の封建所領を荒らしまわった。1738 年に処刑。似たような経歴を持った北部スロヴァキアのヤーノシーク（1713 年に処刑）とともに、後年「義賊」として伝説化された。

3　プレシポロク ― スロヴァキアの首都ブラチスラヴァの当時のスロヴァキア語名。この街はドイツ語ではプレスブルク、マジャール語ではポジョニと呼ばれた。

4　ヴィリアム・シュレク（1825-48 年）― 1848 年のスロヴァキア蜂起参加者。兄リュドヴィートとともに民族運動指導者Ｊ・Ｍ・フルバンの側近の一人。1848 年 9 月にスロヴァキア民族会議の全権代表としてクライネー村に派遣され、反ハンガリー武装蜂起を指揮した。蜂起鎮圧後フロホヴェツで投獄され、絞首刑に処された。

5　リュドヴィート・シュレク（1822-49 年）― 1848 年のスロヴァキア民族運動の参加者。神学を学び、フルボケーのＪ・Ｍ・フルバンの教区の助任牧師。1848 年春にフルバンの側近の一人として、ポドヤヴォリエ地方で啓蒙活動に従事し、ブレゾヴァー村で民衆集会を組織した。ニトラで投獄され、コマールノの要塞監獄に移送されて、そこでコレラのために死亡（死因が本書の記述と食い違うが、『スロヴァキア百科事典』（ブラチスラヴァ、1981 年）にはこうある）。

6　ヨゼフ・ミロスラウ・フルバン（1817-88 年）―「スロヴァキアの民族覚醒運動の指導者。西部スロヴァキアのベツコウで福音派牧師の家に生まれる。ブラチスラヴァの福音派高等学校で学び、1835 年頃からシトゥール派民族運動の中心メンバーの一人となった。1840 年にブレゾヴァーの福音派牧師となり、1843 年フルボケーに移って、死ぬまでその地の牧師を務めた。1848 年革命の諸事件にはリュドヴィート・シトゥールと共に積極的に参加し、反ハンガリー軍事遠征の政治的指導者と

して活躍した。革命後は自らの革命体験に基づいた小説『スロヴァキアの学生たち』(1853年)、歴史小説『ゴットシャルク』(1861年)などを執筆したほか、1861年の覚書に基づくスロヴァキア人の自治要求運動や、1863年の民族文化団体マチツァ・スロヴェンスカー創設に加わった」(抄)『集英社世界文学大事典』、第3巻(1997年)

7 ディオニース・シトゥール(1827-93年)— スロヴァキア出身の著名な地質学者。1844-46年ウィーンの工業専門学校で学び、1850-92年、同地の帝立地質学研究所に勤務(1885-92年、同研究所長)。ハプスブルク帝国全域の地理学調査と地図作成の分野で著名な功績を重ね、ドイツ語とフランス語で300編以上の学術論文を執筆した。スロヴァキアの学術文化活動とも緊密な接触を保ち、マルティンの覚書集会や民族文化団体マチツァ・スロヴェンスカー創設など、スロヴァキア民族運動にも参加。

8 シチェファン・ファイノル(1844-1909年)— スロヴァキアの弁護士、音楽学者。プレシポロク〔現ブラチスラヴァ〕の福音派高等学校を卒業して、ペシュト〔ブダペシュトの一部〕とプレシポロクで法律と音楽を学ぶ。1869年にセニツァで弁護士事務所を開き(詩人フヴィエズドスラウも一時期働いた)、生涯その地で弁護士活動を続け、「政治的に迫害された」スロヴァキア人の裁判を担当した。そのかたわらスロヴァキア民謡を収集・採譜し、ピアノ曲を作曲した。ミラン・シチェファーニクの名付け親だった。

9 リュドミラ・ポドヤヴォリンスカー(1872-1951年)— スロヴァキアの女性作家。幼少の頃から文才を発揮し、1895年に詩集『人生の春から』でデビュー。1909年から赤十字職員として働きつつ、文学的リアリズムに則った社会小説と児童文学を執筆した。女性運動にも積極的に参加。

10 スヴェトザール・フルバン=ヴァヤンスキー(1847-1916年)—「スロヴァキアの詩人、作家、民族運動家。J・M・フルバンの息子。幼年時代から世界文学に親しみ、詩集『タトリと海』(1880年)、小説『飛ぶ影』(1883年)、『枯れ枝』(1884年)などによってリアリズム世代の旗手となった。長年『民族新聞』、雑誌『スロヴァキア展望』の編集に携わり、19世紀末から20世紀初頭のスロヴァキア民族運動の中心人物であった。思想的には親ロシア主義の立場をとった」『集英社世界文学大事典』、第1巻(1996年)

11 ヤーン・クヴァチャラ(1862-1934年)— スロヴァキア出身の文献学者。コメニウスとカンパネラの研究者。「彼は南部ハンガリーにおけるスロヴァキア人福音派教師の息子だった。……1880年からはブラチスラヴァの福音派神学校で、その後にライプツィヒの大学の哲学部で学び、1886年から93年にかけてブラチスラヴァの福音派中等学校の教師となり、古典文献学とスロヴァキア語を教えた。1893年か

ら1920年までロシア帝国領内のタルトゥ大学で教鞭を取ったが、1920年に帰国してブラチスラヴァの福音派神学校教授になった。……教会中心の視点からではあるが、この時代の政治的発展にも関心を抱いた。保守的で教会的なクヴァチャラの見解は、世紀転換期の若いスロヴァキア人知識人から強く批判され、マサリクとも対立した。……クヴァチャラは祖国の問題群から離れて、はるかに広範囲なヨーロッパの地平に視野を広げた最初のスロヴァキア人歴史家だった。狭い祖国の問題や政治的問題への矮小化には、興味を示さなかった。(彼は生まれ故郷では好まれなかった。)クヴァチャラにはヨーロッパ的視野とヨーロッパ的水準が備わっていた」ニーデルハウゼル・エミル『総覧　東欧ロシア史学史』(北海道大学出版会、2013年、564-565頁)

12 ヤーン・ライチアク(1875-1918年)— リプトウ県プリビリナ生まれ。聖書文献学者。1895-98年プレショウの福音派神学校で学び、1899年にドイツのエルランゲン大学を卒業。1900-02年ライプツィヒで東洋文献学を、1904-05年パリ大学(ソルボンヌ)で神学を学ぶ。1899-1900年、1902-04年ブダペシュトで牧師、1905年からヴィシナー・ボツァ(リプトウスキー・フラードク近郊の村)の教区牧師。独仏の雑誌に学術論文を発表し、聖書のギリシャ語とヘブライ語テクストをスロヴァキア語に翻訳した。著作に『セム語の名詞類における複数と双数接尾辞』(ドイツ語、ライプツィヒ、1902年)、『詩篇(旧約聖書)』(スロヴァキア語、ブダペシュト、1904年)、『エゼキエル　その人柄と教養』(フランス語、パリ、1905年)、『スロヴァキアと文化』(スロヴァキア語、ミヤヴァ、1921年)がある。

13 チェコスラヴ統一協会 — プラハを拠点とした民族啓蒙団体。1895年に同地で開かれた民俗学博覧会を機会に、翌年創設。初期にはシレジア、モラヴィア、下オーストリアも対象としていたが、1908年以降関心領域はもっぱらスロヴァキアに絞られた。スロヴァキア人学生のチェコ留学支援、スロヴァキアを紹介する講演会や催し、雑誌・書籍の刊行、ルハチョヴィツェでの定期会合、スロヴァキア語書籍の出版助成などを行った。1912年に2361名の会員を擁し、そのうちスロヴァキア人は140名。F・パストルネク、I・ロトナーグルなど著名なチェコ人学者が会長を務め、チェコ側の主要メンバーはJ・ヴルチェク、B・パヴルー、F・ビーリー、K・カーラルら、スロヴァキア側ではV・シロバール、P・ブラホ、A・シチェファーニェク。第一次大戦勃発(1914年)後に活動を停止した。

14 ヤーン・ボット(1828-81年)—「スロヴァキアの詩人。レヴォチャの高等中学校時代から、民衆文学を題材にして詩作を始めた。実在の義賊を民衆の英雄としてうたった長編詩『ヤーノシークの死』(1862年)は、スロヴァキアのロマン主義文学の代表作の一つに数えられている。民族運動やスラヴ意識を称揚する作品も数多く書いた」『集英社世界文学大事典』、第4巻(1997年)

15　コラールの『スラーヴァの娘』― スロヴァキア出身の詩人ヤーン・コラール（1793-1852年）の代表作。チェコ語で書かれた150編のソネット（14行詩）からなる1824年版は、スラヴ人の守護女神スラーヴァの娘ミーナに捧げられた恋愛詩集で、滅亡したスラヴ人へのロマン主義的哀悼感を表現した「序詩」はとくに有名。32年版で大幅に書き足されて、文献学的知識をちりばめたスラヴ賛歌に性格を変えた。45年版、52年版でも増補されて、最終的には645編のソネットからなる大作となった。19世紀前半から20世紀初頭のスロヴァキアとチェコの民族派知識人の必読書のひとつだった。

16　ジェトヴァン ― プラハのスロヴァキア人学生団体。名称はスロヴァキア語で「青年、若い世代」を意味するアルハイズム（古風な用法）。ハンガリー王国領内に住むスロヴァキア人青年のプラハでの勉学を援助する目的で、1882年に設立。本書中に描かれているように、相互親睦と啓蒙のための講演会や催しも行った。メンバーの多くはマルティンのスロヴァキア国民党の支持者だったが、マサリクの思想に傾斜したグループ（フラス派）も一定の影響力を持った。初代会長はチェコ人文芸学者J・ヴルチェク、著名なメンバーとしてはV・シロバール、L・ナーダシ、J・G・タヨウスキー、M・R・シチェファーニクら。チェコスロヴァキア独立後も存続したが、1948年に解散。

17　ヴァヴロ・シロバール（1867-1950年）― スロヴァキアの医師、政治家。プラハで医学を修め、ルジョムベロクで開業するかたわら、フラス派の雑誌編集やチェコスラヴ統一協会の活動に携わる。本書でも繰り返し触れられているように、シチェファーニクとはプラハ留学時代から親交があり、両者の信頼関係はシチェファーニクの死まで続いた。第一次大戦勃発後チェコの国内秘密組織（いわゆるマフィア）と繋がりを持ち、1918年5月のリプトウスキー・スヴェティー・ミクラーシのメーデー集会で、国内ではじめてチェコスロヴァキア的方向性を明言。同年10月の独立宣言文に唯一人のスロヴァキア人として名前を連ね、12月にはスロヴァキア統治全権大臣に任命され、スロヴァキア全土、とくにブラチスラヴァの掌握に主導権を発揮した。両大戦間期にいくつかの内閣の大臣、国会議員、上院議員を務め、一貫して「チェコスロヴァキア主義」を擁護した。第二次大戦中の1944年夏のスロヴァキア民族蜂起の際は、スロヴァキア民族会議の議長の一人となり、戦後は自由党を組織して国民戦線に参加した。彼について詳しくは拙論「シロバール博士の多忙な日々――スロヴァキア　1918年―1919年」羽場久浘子編『ロシア革命と東欧』（彩流社、1990年）を参照。

18　トマーシュ・ガリグ・マサリク（1850-1937年）―「チェコスロヴァキアの政治家、哲学者。モラヴィアのホドニーンで貧農の家に生まれ、ウィーン、ライプツィヒの両大学で哲学を学び、プラハ大学のチェコ部で社会学、哲学を教授（1882-1911年）、

『アテネウム』誌（1883年)、『我らの時代』誌（1893年）を編集。〔オーストリア〕帝国議会議員となり（1891-93、1907年)、帝国内でのチェコ人の地位強化に尽力。第一次大戦勃発とともに国外に逃れ、各国を歴訪してチェコのハプスブルク家からの解放を説き（1914-18年)、E・ベネシュ等とチェコスロヴァキア独立運動を推進した。チェコスロヴァキア共和国初代大統領となり（1918/35年)、その間、小協商を結成、親仏政策を指導した」『岩波世界人名大辞典』(2013年)。彼について詳しくは林忠行『中欧の分裂と統合——マサリクとチェコスロヴァキア建国』(中公新書、1993年）を参照。

19 スロヴァキア国民党 — ハンガリー王国で1871年に創設された唯一のスロヴァキア人政党。1861年の「スロヴァキア民族の覚書」に基づいて、同王国内にスロヴァキア人の自治地域（オコリエ）を設置することを目標とした。中部スロヴァキアのマルティンに本拠を置き、機関紙『民族新聞』を刊行するなど民族語による文化・出版・啓蒙活動に携わったが、政治的には消極策（選挙ボイコット）を取った。19世紀末に党内に「反対派」(リベラルなフラス派、カトリック系の人民党運動）が生まれ、消極策を批判したこともあって積極策に転じ、1901年選挙で4名、05年選挙で7名、10年選挙で3名の議員をハンガリー議会に送り出した。第一次大戦中はふたたび消極的待機策を取ったが、大戦末期の1918年5月の審議会で、チェコスロヴァキア的方向性を支持する姿勢を明確にし、同年10月30日のマルティンでのスロヴァキア民族宣言によって、新生国家への加盟を支持した。同国成立後は福音派系ナショナリスト政党になり、自治運動を支持した。1938年秋フリンカ・スロヴァキア人民党などと単一政党（スロヴァキア国民統一党）を組んで解党した。体制転換後の1990年に同名のナショナリスト政党が結成された。

20 人民党運動 — ハンガリー王国のカトリック人民党の枠内で、19世紀末からスロヴァキア人のローマ・カトリック聖職者が中心となって組織した政治運動。1905年にスロヴァキア国民党の枠内でスロヴァキア人民党を結成し、1913年に独立政党になる。おもな指導者はアンドレイ・フリンカとフェルディシ・ユリガ。チェコスロヴァキア独立後の1918年12月に本格的な政党活動を開始し、スロヴァキア自治運動の主要な提唱者になった（1925年にフリンカ・スロヴァキア人民党と改称)。1938-39年の第一次国家解体期に、スロヴァキア自治政府、次いで独立国家形成のおもな担い手になった。1938年秋に他政党を吸収して単一のスロヴァキア民族統一党を形成し、1939-45年の独立スロヴァキア国期の政治活動を独占的に担った。大戦後の1945年に禁止。

21 パヴェル・ブラホ（1867-1927年）— スロヴァキアの医師、政治家。ウィーンで医学を修め、故郷のスカリツァで開業。1898年V・シロバールとともに雑誌『フラス』を創刊。1908-14年ルハチョヴィツェの温泉保養地の専属医師となり、チェコ

スラヴ統一協会の活動の一環として、この地で毎年定期会合を開いた。1906-18 年ハンガリー議会の議員。チェコスロヴァキア独立後はスロヴァキア統治全権省の経済問題担当官、国民議会議員を務め、スロヴァキアにおける農業党運動の指導者の一人となった。

22 ヨゼフ・グレゴル＝タヨウスキー（1874-1940 年）—「スロヴァキアの作家。学生時代に革新的青年知識人グループ〈フラス〉派の影響を受け、当時の社会問題に取材した喜劇『女の掟』（1900 年）、短編集『小作品集』（1904 年）、『大鎌の下から』（1910 年）などを、批判的リアリズムの手法で執筆した。第一次大戦中ロシア側に投降してチェコスロヴァキア独立運動に参加し、のちに体験記『在露チェコスロヴァキア軍団物語』（1920 年）を書いた。独立後は歴史をテーマにした戯曲などを出版した」『集英社世界文学大事典』、第２巻（1997 年）

23 ヨゼフ・ドゥルジーク（1837-1902 年）— カレル大学教授、近代チェコ哲学の創始者。著作『一般美学』の著者。自著において、より高い教養と全面的な進歩を強く支持した。〔原文注〕

24 ドヴール・クラーロヴェー手稿とゼレナー・ホラ手稿 — 古チェコ語韻文集で、13 世紀のものとされたが、実際は 19 世紀の偽造文書。ヴァーツラフ・ハンカの指導下でひじょうに巧みに作成されたので、ドブロフスキー、ユングマン、シャファーリク、パラツキーのような学者でさえ本物と見なした。チェコの学者たちを二つの陣営に分断した手稿の真偽をめぐる論争は、1859 年から 1880 年代まで続いたが、最終的に両手稿は偽造と判定された。T・G・マサリクは、作者〔ハンカをさす〕がいかに良かれと考えたとしても、偽造によってみずから〔チェコ民族〕の過去を証明することはできないという見解に立った。〔原文注〕

25 自由意志 — 哲学史においてしばしば論議された問題のひとつ。これは、選択の際に我々の主観的願望のみから生じる意志ではなくて、それによって我々が、客観的現実と一致して決定する意志である。正しく決定する能力と、それに基づいて行動し、開始した事柄を最後まで遂行する能力は、認識された経験と教育の結果である。〔原文注〕

26 ミツキエヴィチのコレージュ・ド・フランスにおけるスラヴ文学講義 — アダム・ミツキエヴィチ（1798-1855 年）はポーランドのロマン主義詩人。代表作は『父祖たちの祭り』（初演 1901 年）と『パン・タデウシュ』（1834 年）。「1840 年にはパリのコレージュ・ド・フランスでスラヴ文学を講じ始めるが、1841 年に知り合ったトヴィヤンスキの神秘思想に傾倒し、講義でもその思想を宣伝したため 1844 年に教授職を解雇される」『集英社世界文学事典』（2002 年）

27 ストア派哲学 — 古代ギリシャ哲学の一傾向で、自然の合法則性の認識、道徳的理想の実践的実現と、意志による情熱の克服を強調する。〔原文注〕

28 ミクラーシ・ドフナーニ（1824-52 年）— 詩人、翻訳者、歴史家。トレンチーン、ラープ、プレシポロク（現ブラチスラヴァ）、レヴォチャで学ぶ。1844 年、プレシポロクの福音派リツェウムのチェコ・スラヴ言語文化講座からのリュドヴィート・シトゥールの解任に抗議して、他の学生たちとともにレヴォチャに去る。同地のリツェウムのもっとも積極的なシトゥール派で、スロヴァキア青年組織のメンバー。1848 年のスロヴァキア民族運動を支持し、1848-49 年のスロヴァキア義勇兵遠征に参加。著作『スロヴァキア蜂起の歴史』（1850 年）のなかで、民族運動の意義と目的を考察した。雑誌『スロヴァキア展望』を編集し、人生の意味を探求する内省的な詩と演劇を執筆。世界文学（ホメロス、シェークスピア、バイロンなど）の作品を翻訳し、同時代の文学作品（A・スラートコヴィチの「マリーナ」）を書評し、理論的考察（「スロヴァキア演劇についての発言」）を書いた。言語的才能に恵まれ、10 か国語を習得した。

29 サモ・ツァムベル（1856-1909 年）— スロヴァキア出身の言語学者、ハンガリー政府の官僚。「1902 年に出版された S・ツァムベルの『スロヴァキア文章語の手引き』はいくつも版を重ねた。同書でツァムベルは、スロヴァキア語が西スラヴ語ではなく南スラヴ語的な特徴を持ち、したがってスロヴァキア人は南スラヴ人であると述べた。……1902 年にツァムベルはチェコ＝スロヴァキアという国民単位の過去、現在、未来についての本をハンガリー語で書いた。同書でスロヴァキア語やスロヴァキア人に対するチェコの影響はフス派時代に始まるが、18 世紀末にはチェコ人からの区別が進み、チェコ語に代えて独自のスロヴァキア文章語が導入されたことは自然で正しい試みだったと記した。……ツァムベルの文法書は有用なものだったのに、同時代人は彼を国民の裏切り者と見なした。しかしスロヴァキア国民を独自だと見る彼の考えは評価しうるものであり、のちも、チェコスロヴァキア主義に対抗してツァムベルが言及された」ニーデルハウゼル・エミル『総覧　東欧ロシア史学史』（北海道大学出版会、2013 年、561 頁）

30 ドゥシャン・マコヴィツキー（1866-1921 年）—「スロヴァキアの医師。プラハでの医学生時代からレフ・トルストイに傾倒し、翻訳や出版活動、著作『トルストイ訪問』（1896 年）などでその思想を広めた。1904 年ロシアのヤースナヤ・ポリャーナに移住して、トルストイの主治医となった。作家の日常を詳細に記録した『ヤースナヤ・ポリャーナ日記』（1922-23 年、没後 1979 年刊）は、トルストイ研究の基本文献となっている。1920 年にスロヴァキアへ戻ったが、翌年自殺した」『集英社世界文学大事典』、第 4 巻（1997 年）

31 ミクラーシ・シネイデル＝トルナウスキー（1881-1958 年）— スロヴァキアの作曲家。ブダペシュト、ウィーン、プラハで作曲を学ぶ。1906-08 年 B・ウミロフとともにドイツとフランスでコンサート旅行を行い、スロヴァキア民謡を紹介した。

1908年から死ぬまでトルナヴァの聖ミクラーシ大聖堂の聖歌隊指揮者、1918-39年スロヴァキアの音楽教育の監督官。プラハ学派、とくにA・ドヴォジャークの影響のもとで、民謡の編曲や創作歌謡の作曲に携わった。回想録『微笑みと涙』(1958年)を残した。

32 ヤロスラフ・ヴルフリツキー(1853-1912年)—「チェコの詩人、劇作家、翻訳家。プラハ大学哲学部に学び、イタリアに滞在(1875-76年)、フランスやイタリアなどの文学に親しんだ。帰国後チェコ文壇における西欧志向でコスモポリタン的な〈ルミール派〉の代表者として活動、プラハ大学教授(1893年)、諸外国のアカデミー会員となり、ノーベル文学賞候補にもなった」『岩波世界人名大辞典』(2013年)

33 カミーユ・フラマリオン(1842-1925年)—「フランスの天文学者。徒弟からパリ天文台職員となり、優れた一般むけ天文書を多く出版するなど、天文学の普及に大きな貢献をなした」『岩波世界人名大辞典』(2013年)

34 イヴァン・クラスコ(1876-1958年)—「スロヴァキアの詩人。ギムナジウム時代から詩作を始め、ルーマニアの詩人ミハイ・エミネスクの影響を受けた。化学技師として働きながら、処女詩集『夜と孤独』(1909年)によって、スロヴァキアのモダニズムを代表する詩人となった。なかでも『詩集』(1912年)に収められた「奴隷」、「父の畑」、「坑夫たち」は傑作とされている。チェコスロヴァキア独立後は政治活動に携わり、詩作から遠ざかった」『集英社世界文学大事典』、第1巻(1996年)

35 フランチシェク・ビーリー(1854-1920年)— チェコの教育者、文芸史家、文芸批評家。プラハの大学の哲学部を卒業し、同地のチェコ語実業学校の補助教員、プシェロフの中等学校教員、プラハの実業学校教員、1898年以後ジシコフの実業学校校長。同時に領邦教育委員会委員、領邦視学官、チェコ科学芸術アカデミー会員、チェコ語正書法改訂委員会議長などを務めた。プラハとモラヴィアの雑誌に文芸史と文芸批評関係の論文を発表し、詩人F・L・チェラコフスキーと教育学者J・A・コメンスキーの著作集編集にも携わった。

36 ボフダン・パヴルー(1883-1938年)— チェコ出身のジャーナリスト、政治活動家、外交官。プラハ、ウィーン、ブダペシュトで法律を学び、『潮流〔プルーディ〕』、『スロヴァキア週刊新聞』、『時代〔チャス〕』などで新聞記者として働く。第一次大戦中ロシアでチェコスロヴァキア独立運動に参加し、同国民会議ロシア支部副議長。『チェコスロヴァキア人』、『チェコスロヴァキア日刊新聞』の編集長を務め、軍団の政治指導を担当した。本書中にもあるように、シチェファーニクとはプラハの学生時代からの友人で、後に独立運動に携わるなかで劇的に再会し、シベリアでも彼の忠実な補佐官を務めた。帰国後1922-27年ブルガリア公使、1927-32年デンマー

ク公使、1935-37年初代ソヴィエト公使。モスクワから帰国後、外務次官に任命されたが、ユーゴスラヴィア（ボスニア）で自動車事故により死去。

37 ジュール・ジャンサン（1824-1907年）―「フランスの天体物理学者。パリ大学に学び、ムードン天文台の初代台長として終生活動し、同天文台の研究方針の基礎をつくった。観測のためにペルー、イタリア、アゾレス諸島などに赴いた。惑星大気組成の分光による研究を創始するなど天体物理学の先駆者の一人。スペクトロ・ヘリオスコープを開発して、日蝕時以外でも太陽プロミネンスを観測することに成功した」『岩波世界人名大辞典』（2013年）

38 スペクトル ― プリズムや格子によって個々の波長（色）に分解された光源の放射。〔原文注〕

39 真空ポンプ ― 閉ざされた空間内で真空状態を作り出すために、空気を汲み出す装置。〔原文注〕

40 ガストン・ミロショ（1866-没年不詳）― フランスの天文学者。1899-1903年ムードン天文台で火星を観察。当時の他の観察者とは対照的に、火星の表面に運河状のものを認めなかった。火星のクレーターのひとつに彼の名前が付けられている。

41 スペクトロスコープ〔分光器〕― スペクトルを研究するためのプリズム状の装置。光を色の構成要素に分解する。〔原文注〕

42 ヘリオスタット〔日光反射鏡〕― 太陽を観察するための装置。時計装置の助けによって、鏡に映る太陽の像が同一方向に反射するように回転する鏡から構成される。〔原文注〕

43 コロナ ― 太陽の大気の外側の部分。太陽を取り囲むひじょうに希薄なガス状の環境と、部分的には塵状の環境で、光線状の輝きとして出現する。その微弱な光線は、太陽核の光線のかたわらで完全に消え失せてしまうので、観察できるのは皆既日蝕のときに限られる。コロナの光線がスペクトロスコープ〔分光器〕を通過するとき、そのスペクトルのなかに緑色の輪状の線が際立つが、それは太陽に、地球上では知られていない要素があることを意味する。〔原文注〕

44 アンリ・デランドル（1853-1948年）―「フランスの天体物理学者。パリ天文台を経て、パリ付近のムードン天文台長。太陽物理学および太陽のスペクトル分析を研究、太陽分光写真の開発を進め、それによって『帯スペクトル』の理論を発展させた」『岩波世界人名大辞典』（2013年）。本書ではシチェファーニクの「敵役」だが、天体物理学の分野では著名な人物で、来日経験もある。

45 スペクトロヘリオグラフ〔太陽分光写真儀〕― ひとつのスペクトルの線のなかで、太陽の写真撮影を可能にする装置。これはそもそも、第二の隙間によって補われたスペクトログラフ〔分光写真儀〕である。〔原文注〕

46 ヘリオメータ〔太陽儀〕― 天空の微細な距離を厳密に測定するための装置。〔原文

注〕

47 紅炎 — 日輪の縁の赤い突起物。灼熱したガスの巨大なかたまりの爆発である。〔原文注〕

48 マシシュ — 20 世紀初頭に流行したブラジル起源のダンス。

49 ケーキウォーク — 同じ頃はやったアメリカ系黒人のステップダンス。

50 フランチシェク・クサヴェル・シャルダ（1867-1937 年）—「チェコの文芸批評家、作家。カレル大学の西欧文学教授で、近代チェコ文芸批評の創始者。20 世紀の初めには創造美術に関心の中心があり、芸術月刊誌『自由潮流』を中心に論陣を張った（1902-07 年）。その後マッハルやヴォダークと共にチェコ精神文化紙『ノヴィナ』で活躍し、43 歳の時博士の資格を取って、1916 年助教授、1919 年にはカレル大学の正教授となった。その後も『創造（トヴォルバ）』などで文化欄を担当、1928 年から死ぬまで『シャルダ手帳』という独特なタイプの雑誌を刊行し、この全 9 巻にわたって批評のほかエッセイ、研究、詩などを書いて、30 年もの間チェコ文化に影響を与え続けた」（抄）『集英社世界文学大事典』、第 2 巻（1997 年）

51 フィルター — 特定部分のスペクトルだけを通す光学装置。スペクトログラフ〔分光写真儀〕の隙間の前に挿入される。〔原文注〕

52 大気差 — 地球の大気を通過する光線の偏差。それを作り出すのは大気中の光線の連続した屈折で、天体の位置の見かけ上の変化を生み出す。〔原文注〕

53 イゴル・ブラニスラウ・シチェファーニク（1873-1940 年）— 福音派牧師、ミラン・ラスチスラウ・シチェファーニクの兄。20 世紀前半、低地地方のバーチカに住むスロヴァキア系住民のあいだで、民族文化・経済・政治活動を展開した。1903 年バーチスカ・パランカ（現在セルビア領）の教区牧師として赴任し、牧師の職務以外に、各種の講義を組織し、若者と成人を教育し、民族意識覚醒活動に積極的に参加した。戯曲と論争文を執筆し、雑誌『民族の統一』、『スロヴァキア展望』、ノヴィ・サドの『旗（ザースタヴァ）』などに定期的に寄稿。ナドラク（ルーマニア領）、ペトロヴァツ、ベオグラード、ノヴィ・サド（ユーゴスラヴィア領）でも活動し、ノヴィ・サドで亡くなって葬られた。

54 R・W・シートン＝ワトソン（1879-1951 年）—「イギリスの歴史家。イギリスのスラヴ・バルカン研究創始者。オックスフォード大学で近代史を学んだあと、ベルリン大学やウィーン大学に留学。オーストリア＝ハンガリー二重君主国内で自治を求める民族運動を展開していたチェコ人や南スラヴ人に多大な関心をよせ、ハンガリー語、チェコ語、セルビア・クロアチア語を学ぶ。第一次大戦期には二重君主国からロンドンやパリに亡命したチェコ人や南スラヴ人の政治家を支援し、『ニュー・ヨーロッパ』誌を発行して（1916 年）チェコスロヴァキアやユーゴスラヴィアの独立問題を広く伝えた。戦後、スラヴ研究講座が設置されたロンドン大学で中欧史

を講じ（1922-45年）、スラヴ研究の学術誌『スラヴォニック・レヴュー』を刊行、編集。第二次大戦後、オックスフォード大学のチェコスロヴァキア研究講座教授（1945-49年）、王立歴史協会会長（1946-49年）を歴任した」『岩波世界人名大辞典』（2013年）。シートン＝ワトソンはスロヴァキア問題にも大きな関心を払い、『ハンガリーにおける人種問題』（ロンドン、1908年）はスコトゥス・ヴィアトルというペンネームでチェコ語訳された。チェコスロヴァキア独立後も『新しいスロヴァキア』（1924年）、『スロヴァキア　昔と今』（1931年）などで英語による啓蒙活動を続けた。

55　ロテル — 西部スロヴァキアの方言で「悪漢」という意味。標準語では「ロトル」。

56　サイモン・ニューカム（1835-1909年）—「アメリカ（カナダ生まれ）の理論天文学者。アメリカに渡り（1853年）、ハーヴァード大学を卒業（1858年）。アメリカ天文航海暦編纂の基礎を確立するため、天文定数の決定、諸惑星の運動表の更新、基礎恒星表の製作等に貢献した。アメリカの標準時設定、リック天文台の設立などにも功がある」（抄）『岩波世界人名大辞典』（2013年）

57　スタトスコープ〔微気圧計〕— 大気圧のごくわずかな変化も記録できる、ひじょうに敏感な気圧計。〔原文注〕

58　メテオログラフ〔自記気象計〕— いくつかの数値（温度・気圧・湿度・風速と風向）を、自動的に同時に記録する複雑な装置。〔原文注〕

59　ハレー彗星 — 肉眼で見えるもっとも有名な定期的彗星で、76年の平均周期を持つ。イギリスの天文学者A・ハレーにちなんで命名されたが、彼は1705年にその軌道を計算して、1758年に戻ってくると予言した。最近では1986年に戻ってきた。〔原文注〕

60　A・Š・アムブロゼ（1867-1941年）— 在米同郷人団体の役員、企業家。1882年にアメリカに移民。1901-12年、同郷人団体スロヴァキア民族協会の議長。ロウニアニェクの協力者。1904年ハンガリー王国におけるスロヴァキア人の地位に関する覚書を発表し、第一次大戦中はチェコスロヴァキア独立運動を支援。両大戦間期はプラハでチェコスロヴァキア政府の報道担当官。

61　M・I・ピューピン（プーピン）（1858-1935年）—「アメリカ（セルビア生まれ）の物理学者、発明家。アメリカに移住（1874年）。コロンビア大学数理物理学講師（1890-92年）、同力学助教授（1892-1901年）、同電気工学科教授（1901-31年）。電気に関する研究、発明で知られ、電気共振の応用による多重電信の完成（1894年）、長距離電話の使用距離を延長した誘導負荷コイルの発明、蛍光膜によるX線写真術の改良などがあり、また文才にも恵まれ、自叙伝『ミカエル・ピューピン自伝——ある発明家の生涯』（1923年）はピュリッツァー賞を受けた（1924年）」『岩波世界人名大辞典』（2013年）

62 フランツ・フェルディナント（1863-1914年）—「オーストリアの大公、皇位継承者。皇帝フランツ・ヨーゼフ一世の甥。オーストリア国家をドイツ・ハンガリー・スラブ系の三要素で安定させることを目指し、外交においてもドイツと結びロシアとの了解を深めようとしたが、ボスニアの首都サラエヴォで夫妻ともセルビア青年プリンツィプに射殺された。これが第一次大戦の口火となった」（抄）『岩波世界人名大辞典』（2013年）

63 ヤン・ハヴラサ（1883-1964年）— チェコ人旅行作家。世界各地を旅行して、75冊に及ぶ旅行記と創作小説を出版した。シチェファーニクとは1910年にタヒチ島で遭遇し、旅行記『熱帯の息吹』のなかで彼との出会いについて書いている。その後日本にも1年間滞在し（1912-13年）、一連の日本関係の著作を残した。彼について詳しくは、ヤン・ハヴラサ『アイヌの秋　日本の先住民族を訪ねて』（未来社、1988年）を参照。

64 クロノメータ〔経線儀〕— ひじょうに正確な携帯時計。天体観測と海上航行の際に（地理的距離を特定するために）用いられる。〔原文注〕

65 ハロー現象 — 太陽や月の周囲の光学的大気現象で、雲の細かな氷状の結晶に、光線が屈折して反射することによって生じる。〔原文注〕

66 第二の接触 — 皆既日食のはじまり。太陽と月の両方の輪の左側の端が接触する瞬間に生じる。〔原文注〕

67 ツェロスタット — 太陽を観察するための装置。主要な鏡と補助鏡からなる。太陽光線が回転する主要な鏡から固定された補助鏡に反射して、そこから光線を任意に方向づけることができる。〔原文注〕

68 カミーユ・モークレール（1872-1945年）— フランスの作家。「小説、詩、批評など、その才筆の及ぶところは多岐にわたるが、なかでも『ヨーロッパ音楽史』（1914）、『印象派の巨匠たち』（1923）の著者として知られる。第二次世界大戦後、対独協力者として処刑された」（抄）『集英社世界文学事典』（2002年）

69 雨量計ステーション — 降雨量を測定する装置である雨量計を備えた場所。〔原文注〕

70 モンロー・ドクトリン — 第5代アメリカ合衆国大統領ジェームズ・モンロー（1758-1831年）にちなんで命名された政治綱領。ヨーロッパ諸国（神聖同盟）が中南米諸国の独立戦争の過程で、アメリカ合衆国への干渉を準備していた1823年に宣言された。同ドクトリンによると、もっぱらアメリカ大陸に関係する事柄に干渉しようとする欧州列強のあらゆる試みを、合衆国は自国の独立と安全に対する脅威と見なすだろう。〔原文注〕

71 赤道儀 — 取り付け方式の望遠鏡で、垂直軸が地軸と平行になるように傾けられている。その利点は、星々を追跡する際に、主軸の周囲に回転させるだけで足りるこ

とである。〔原文注〕

72　三国同盟 — ドイツ、オーストリア＝ハンガリー、イタリアの同盟関係。ただしイタリアは1915年5月に協商側に立って参戦した。

73　ロマノフ家 — ロシアの王朝。創始者はミハイル・ロマノフ（〔在位〕1613-45）で、この支配者一族の最後の皇帝はニコライ二世（〔在位〕1894-1917）。〔原文注〕

74　カミーユ・バレール（1851-1940年）— フランスの外交官。カイロ駐在総領事（1883-85年）、ストックホルム駐在全権大臣（1885-86年）、ミュンヘン駐在代理公使（1888-96年）、ローマ駐在大使（1897-1924年）。

75　G・シドニー・ソンニーノ（1847-1922年）—「イタリアの経済学者、政治家。20世紀初頭ジョリッティに対抗する自由主義右派の中心として二度首相となり、第一次大戦に際しては外相としてロンドン秘密条約（1915年）を結んで英仏側で参戦した」（抄）『岩波世界人名大辞典』（2013年）

76　ジュール・ソウエルヴァイン（1880-1957年）— フランスの著名なジャーナリスト。ドイツの軍国主義と拡張政策を批判した欧州の地政学についての著作で有名。

77　エドヴァルト・ベネシュ（1884-1948年）—「チェコスロヴァキアの政治家。ボヘミアに生まれる。プラハ商業専門学校経済学講師（1909-11年）、プラハ大学（チェコ語）哲学部助教授（1912-15年）。第一次大戦中亡命し、フランスで『チェコ国民』誌を編集（1915年）、チェコスロヴァキア国民会議の書記長としてT・G・マサリク等と独立運動を指導し連合国に協力した。戦後チェコスロヴァキア新共和国の外相（1918-35年）、ついで首相を兼ねた（1921-22年）。プラハ大学社会学教授（1921年）、国際連盟ではチェコスロヴァキア代表として小国の利益を擁護し、小協商結成（1923年）、ロカルノ条約を締結（1925年）。ドイツ、オーストリアの脅威には仏ソとの同盟により対処した。大統領となり（1935年）ズデーテン問題でナチスに反対し、ミュンヘン協定成立により辞職（1938年）、ロンドンに亡命。第二次大戦に際しチェコスロヴァキア民族委員会（亡命政権）を組織（1939年）、共和国再建をめざし、モスクワでソ連と同盟（1943年）、赤軍のプラハ解放と共に帰国し（1945年）、共産党との連立政権をつくり大統領に再選、ドイツ人追放に関する大統領令を公布したほか、重要産業国有化法に署名した。共産党政権樹立（1948年2月）後に新憲法への署名を拒否し、辞職（1948年6月）」『岩波世界人名大辞典』（2013年）

78　マサリクのリアリズム — 哲学と芸術における一傾向。歴史の過大評価に対して客観性を、ロマン主義性に対して学術性と批判性を強調する文化・政治運動。T・G・マサリク指導下のリアリストたちは、民族政治における保守主義に反対して、オーストリア＝ハンガリー君主国の土壌においてチェコ国法を適用するために闘った。〔原文注〕

79 歴史権 — 国家的独立を奪われた諸民族が、昔の国法制度の復興要求を強調するために用いた。歴史権理論はチェコ民族解放運動を励ますものだった。〔原文注〕

80 エルネスト・ドニ（1849-1921 年） — フランスの歴史家、スラヴ学者。1872-75 年プラハでスラヴ諸語と歴史を学び、フランスの諸大学で講義（1896 年からソルボンヌ）。ドイツ史とチェコ史を研究し、ヤン・フスとフス派戦争、ビーラー・ホラ前後の時期を扱った著作は有名。第一次大戦中は文筆活動を通じてチェコスロヴァキア独立運動を支援し、1915 年にフランス語で雑誌『チェコ国民』を創刊して、世論に働きかけた。

81 P・E・L・デシャネル（1855-1922 年） —「フランスの政治家。代議士となり（1885 年）、進歩派の指導者として代議院（下院）副議長（1896-98 年）、同議長（1898-1902 年、1912-20 年）を歴任して、第三共和政第 10 代大統領となった（1920 年）が、健康問題のため辞して（同年）元老院に入った（1921 年）。雄弁家としても知られる」（抄）『岩波世界人名大辞典』（2013 年）

82 アンドレ・シェラダム（1871-1948 年） — フランスのジャーナリスト、学者。ドイツの軍国主義と拡張政策を批判した欧州の地政学についての著作で有名。

83 ヨゼフ・ドゥリフ（1847-1927 年） — チェコの文化人、政治家。1870 年代にチェコの文化活動に加わり、詩や演劇の執筆や雑誌編集に携わった。1884-91 年は老チェコ党の、1907-17 年はチェコ農業党選出のオーストリア帝国議会議員。第一次世界大戦勃発後の 1915 年 5 月スイスに出国して、マサリクとともに在外抵抗運動を組織。同年 11 月チェコ在外委員会設立に加わり、1916 年 2 月チェコスロヴァキア国民会議の副議長。同年 6 月にチェコスロヴァキア軍団創設交渉のためにロシアに派遣され、同年 9 月にキエフ覚書に署名。親ロシア派のドゥリフが、帝政ロシアに支援されたチェコ王国の復興をめざし、シチェファーニクとのあいだに激しい路線対立があったことは、本書でも詳しく述べられている。独自の組織（国民評議会）の立ち上げを意図して、チェコスロヴァキア国民会議から除名された。1919 年帰国後は田舎に蟄居し、みずからの行動を弁明する回想録『チェコに奉仕して』（1921 年）を出版した。

84 シチェファン・オススキー（1889-1973 年） — スロヴァキアの政治活動家、外交官。1905 年アメリカに移住し、シカゴ大学で法律などを学ぶ。スロヴァキア同郷人組織で働き、1916 年に在米スロヴァキア人連盟代表として欧州に派遣され、チェコスロヴァキア国民会議の活動の一端を担う。独立後はパリ講和会議の同国代表団の主要メンバー。両大戦間期は外交官として活動し（1919-20 年駐英公使、1920-40 年駐仏大使）、小協商の創設に尽力、外交面ではフランスとの連携をめざした。1939 年チェコスロヴァキア解体後はロンドンの亡命政府に参加したが、ベネシュとの意見不一致のため 1942 年に罷免。1945 年以後アメリカに居住し、亡命組織の

活動に加わった。

85　レフ・シフラヴァ（1887-1958年）― チェコの法律家、ジャーナリスト、政治家。第一次大戦勃発前はプラハの弁護士事務所員、新聞『チェコの言葉』と『進歩レヴュー』の記者。同僚だったベネシュの勧めで1914年にスイスに出国し、独立チェコ国家の宣伝活動を展開。1916年ジュネーヴからパリに移り、隔週刊誌『チェコスロヴァキア独立』を出版し、国民会議の秘書課でベネシュの主要な協力者となる。イタリアでシチェファーニクとともに軍団創設交渉を行った。独立後初代駐仏大使、新聞『民族解放』の編集者になり、チェコスロヴァキア軍団兵士協会の代表者。第二次大戦期の1939-45年ブーヘンヴァルト強制収容所に監禁。1945-48年チェコスロヴァキア人権連盟のメンバーを務め、1948年イギリスに亡命。1958年の死の直前に帰国。

86　ポトカルパツカー・ルス ― ハンガリー王国北東部のルシーン／ウクライナ人居住地域から形成された政治的単位。1919年9月に新生チェコスロヴァキア国家への編入が決定され、この名称を得た（「カルパチアの麓のルーシ人の地」という意味）。1939年3月の第一次国家解体時に独立を宣言したが、すぐにハンガリーに併合。第二次大戦終了後チェコスロヴァキアからソ連に「譲渡」され、ザカルパツカヤ・ウクライナ（カルパチアの彼方のウクライナ）州となった。1991年のソ連解体後は独立国家ウクライナのザカルパッチャ州。州都はウジホロト。

87　ガブリエレ・ダヌンツィオ（1863-1938年）―「イタリアの詩人、作家。詩や短編小説を発表する一方で、ジャーナリストとして社交界を活写し、文芸評論を行った。耽美主義的な小説『快楽』（1889年）や超人主義的な小説『死の勝利』（1894年）などで国際的に有名になる。第一次大戦に際して〔フランスから〕帰国し（1915年）、自ら前線に赴いて軍功を挙げる。戦後、志願兵を率いる司令官としてフィウメの町を占領し、イタリアへの併合を訴えた（1919-20年）。晩年はガルダ湖畔の「イタリア人たちの栄光の館」と名付けた邸宅に隠棲」（抄）『岩波世界人名大辞典』（2013年）

88　ルイジ・カドルナ（1850-1928年）―「イタリアの軍人。第一次大戦で国防最高長官だったが、カポレットの大敗（1917年10月）で更迭される（後任はディアツ将軍）。ファシズム政権の下で元帥に昇進（1924年）」『岩波世界人名大辞典』（2013年）

89　ミハイル・ニコラエヴィチ・ギールス（1856-1932年）― ロシアの外交官。スウェーデン系の由緒あるロシア貴族の出身。陸軍幼年学校で学び、露土戦争（1877-78年）に従軍後、外務省に入省。ブラジル公使（1895-98年）、中国公使（1898-1901年、義和団事件鎮圧の功績で叙勲）、ルーマニア公使（1902-12年）、トルコ公使（1912-14年）、イタリア公使（1915-17年）を歴任。ローマ外交使節団の団長を

務めた。ロシア革命後は国外に留まり、パリで死去。

90 カレル・クラマーシュ（1860-1937年）―「チェコスロヴァキアの政治家。週刊誌『時代（チャス）』を創刊（1889年）、〔オーストリア〕帝国議会議員（1891年）、ボヘミア州議会議員（1894年）。チェコの国民運動を指導し、全スラヴ民族の統一を唱道した。第一次大戦にはチェコ国民委員会議長となり、反逆罪のかどで死刑の宣告を受けた（1916年）が大赦され、戦後チェコスロヴァキア共和国最初の首相となる（1918-19年）。パリ講和会議に列席した（1919年）が、やがて失脚した。のちファシズムに接近してE・ベネシュに対抗し、ソ連とチェコスロヴァキアとの接近に反対した」『岩波世界人名大辞典』（2013年）

91 『ロシアとヨーロッパ』― 邦訳がある。T・G・マサリク『ロシアとヨーロッパ　ロシアにおける精神潮流の研究』、全3巻、成文社、2002-05年。

92 モーリス・ジャナン（1862-1946年）― フランスの軍人。ロレーヌ地方の軍人家庭の出身。1892年フランス総参謀部アカデミー修了。ロシアのニコライ軍事アカデミーに留学。第一次大戦中は1916年春以来、フランス軍事使節団長としてロシアの最高総司令部に派遣。1917年末に一旦帰国。1918年8月、在露連合国軍総司令官に任命され、シチェファーニクとともにアメリカと日本を経由してシベリアに派遣。1919年1月のシチェファーニク帰国後も同地に残って、チェコスロヴァキア軍団を統率した。本書ではシチェファーニクの良き理解者として描かれているが、1920年1月イルクーツクで白軍指導者コルチャーク提督を革命派に引き渡した責任者とされる（最近のロシア映画『提督の戦艦』でも臆病な司令官として描かれた）。同年フランスに帰国。チェコ語に翻訳された彼の回想録『自由をめざすチェコスロヴァキアの闘いへの私の参加』（巻末の参考文献14）は、シチェファーニク研究だけでなく軍団研究の基本文献のひとつである。

93 A・M・アレクセーエフ（1857-1918年）―「帝政ロシアの将軍。露土戦争（1877-78年）に従軍、参謀本部アカデミー軍事史講座教授（1898-1904年）。日露戦争（1904-05年）には第三軍参謀長、第一次大戦（1914-18年）には西南軍参謀長、北西軍司令官、ニコライ二世の幕僚長として実質上全軍を指揮した。二月革命（1917年）後は臨時政府顧問となり、十月革命期にはノヴォチェルカスクへ逃れて、反革命義勇軍を組織。L・G・コルニーロフらと共にドン・クバン地方で戦闘中に没」『岩波世界人名大辞典』（2013年）

94 J・V・チェルヴィンカ（1848-1933年）― チェコ生まれの軍人。はじめオーストリア軍に勤務したが、1878年から帝政ロシア軍に移籍。1908年少将に昇進して翌年いったん退役したが、第一次大戦勃発とともに現役復帰し、1917年3月からチェコスロヴァキア軍団編成のための委員会議長。同年末にキエフで同軍団の予備旅団司令官、1918年2月に軍団少将。後に白軍に参加して亡命し、チェコで死去。

95　四国協商 — フランス、イギリス、ロシアにイタリアを加えた連合国をさす。

96　在米スロヴァキア人連盟 — 1907年にクリーヴランド（オハイオ州）で創設されたアメリカ合衆国居住のスロヴァキア同郷人組織で、カトリックとプロテスタントの宗派の違いを越えた最初の超宗派団体。スロヴァキア系移民の互助・啓蒙・親睦組織だが、ハンガリー王国におけるスロヴァキア人の政治的権利擁護にも尽力した。第一次大戦勃発後にスロヴァキア人の民族自決権を求める覚書（1914年）を発表し、在米チェコ人民族同盟と共同して、クリーヴランド協定（1915年）とピッツバーグ協定（1918年）でチェコスロヴァキア国家形成の方向性を支持した。本書でも詳述されているように、在外独立運動を物心両面で支えた。独立国家形成後はスロヴァキア自治運動を支持する方向にシフトし、フリンカ・スロヴァキア人民党を支援した。1939年の独立スロヴァキア国成立を支持したが、41年12月に同国が日独伊三国同盟に基づいて対米宣戦布告すると、合衆国への忠誠を再確認した。

97　ビョルンスチェルネ・ビョルンソン（1832-1910年）—「ノルウェーの詩人、作家。牧師の子としてクヴィクネに生まれる。モッレで中等教育を受け、当時すでに古代北欧伝説に親しんだ。首都クリスチャニア（現オスロ）に出て（1850年）、大学予備校でイプセンと同級となる。大学時代から演劇界革新を志し、雄大な自然を背景にした清純な農民小説によって注目された。新聞の編集長を務める（1866-71年）かたわら、国民の意識高揚のため雄弁をふるい、政治的に大きな役割を演じた。ノルウェー国歌の作者でもある。ドイツ、イタリアに旅行、特にローマ滞在（1860-63年）は彼の創作に一転機を与えた。道徳問題、社会問題など多くの論争に関わった。のちパリに住み（1882-88年）、ノーベル文学賞を受賞（1903年）。パリで客死」（抄）『岩波世界人名大辞典』（2013年）

98　フェルディナント・ピーセツキー（1879-1934年）— チェコの教育者、作家、独立運動参加者。プラハの貧しい裁縫師の家に生まれ、カレル大学哲学部で学ぶ。中等学校や師範学校で教員として働き、第一次大戦初期にロシアの捕虜になる。アストラハンでの捕虜生活後、オデッサの南スラヴ軍団に加わり、後にペトログラードでチェコスロヴァキア独立運動に参加。1917年3月シチェファーニクとともにムルマンスク経由でイギリスに赴き、同年5月アメリカに渡ってチェコスロヴァキア国民会議の宣伝活動に従事。1918年アメリカから欧州に戻り、イタリアでシチェファーニクと再会、彼の副官に任命された。同年8月一緒にフランスを出発し、アメリカと日本での彼の活動を補佐。ウラジヴォストークでシチェファーニクと別れて、1919年初頭に独立した祖国に帰国。以後はモドラ（西スロヴァキア）で師範学校校長、師範学校視学官、ブラチスラヴァの教育国民啓蒙省官吏を務めた。著作『私の日記のなかのＭ・Ｒ・シチェファーニク』（巻末の参考文献23）は、日本滞在を含むこの時期のシチェファーニクの足取りと考え方を詳細に記録した重要な基

本文献である。

99 V・I・グールコ（1864-1937年）— 帝政ロシアの将軍。軍人家庭の出身で、陸軍幼年学校、ニコライ軍事アカデミー卒。南アフリカの第二次ボーア戦争（1899-1902年）でボーア側の出向武官。日露戦争（1904-05年）には佐官、後に少将として従軍し、1906-11年、日露戦争を記録するための軍事史委員会議長。第一次大戦では第6軍団、第5軍を指揮、1916年11月―翌年2月には参謀本部次長。1917年二月革命後は西部戦線を指揮したが、同年5月に辞任し、廃帝ニコライ二世と文通したために逮捕され、臨時政府によりペトロパヴロフスカヤ要塞に拘禁。同年10月にイギリスに出国し、イタリアに居住して亡命組織の活動に参加。

100 N・N・ポクロフスキー（1865-1930年）— 貴族出身のロシアの官僚。ペテルブルク大学法学部卒業後、大蔵省に入省。大蔵省次官（1906-14年）、帝政ロシア最後の外務大臣（1916年11月―17年3月）。ロシア革命後は亡命し、カウナス（リトアニア）で死去。

101 P・N・ミリュコーフ（1859-1943年）—「ロシアの政治家、歴史家。モスクワ大学でクリュチェフスキーらに学び、卒業後歴史学講師（1886-95年）。『ロシア文化史概観』3巻（1896-1903年）を著すが、リベラルであるとしてその地位を追われ、ヨーロッパ諸国を遊歴、アメリカに渡り（1901年）、シカゴ大学でも講義した。第一次ロシア革命（1905年）で帰国後、立憲民主党（カデット）を組織、中央委員会議長（1907年）、第一、第二国会（ドゥーマ）には院外から政府反対派を指導、ついで第三、第四国会の議員として野党のリーダーとなる。二月革命（1917年）後、第一次リヴォフ内閣の中心人物として外相となったが、ソヴィエトと対立し、辞職した。十月革命（同年）後キエフに逃れ、旧臨時政府復活を図るが失敗、イギリスやパリで反ソ運動を継続し、晩年はロシア史の著述に専念した」『新版ロシアを知る事典』（平凡社、2004年）

102 ハルシキ — 典型的なスロヴァキア料理で、すりおろしたジャガイモと小麦粉の団子を茹でて作るダンプリング。ふつうブリンザ（羊乳のチーズ）をまぶして食べる。

103 ウィッカム・H・スティード（1871-1956年）—「イギリスのジャーナリスト。ドイツのイェナ大学、ベルリン大学、フランスのパリ大学で学ぶ。『タイムズ』紙のベルリン通信員（1896年）を振り出しに、同紙特派員としてローマ、ウィーンに駐在、第一次大戦中は同紙の外報部長（1914-19年）、ついで編集局長（1919-22年）。『タイムズ』社退職後、『レヴュー・オブ・レヴューズ』誌の発行人（1923-30年）、第二次大戦中はBBC（英国放送協会）の海外事情解説者となった（1937-47年）」『岩波世界人名大辞典』（2013年）

104 H・フランクリン＝ブイヨン（1870-1937年）— フランスの政治家、急進社会主義党の右派党員、1910-36年フランス第三共和国の国会議員、1917年9-11月に国務

大臣。

105 ミラン・A・ゲティンク（1878-1951年）— 在米スロヴァキア語新聞のジャーナリスト、大使館員。1900年にアメリカに移民し、ピッツバーグで雑誌『スロヴァキアのソコル』の編集者、1911年からニューヨークで『ニューヨーク日報』の創始者兼編集者。第一次大戦期にはチェコスロヴァキア独立運動を支援。1919年からワシントン駐在チェコスロヴァキア大使館で報道担当官として働く。1923-33年は同国のピッツバーグ領事、スロヴァキア人体育団体ソコルの役員。

106 ペテル・ヴィーチャゾスラウ・ロウニアニェク（1867-1933年）— 在米スロヴァキア人団体の役員、ジャーナリスト、企業家。1888年にアメリカに移民し、同郷人団体活動に参加。在米スロヴァキア語出版物のパイオニアで、各種の新聞雑誌を刊行した。1890年スロヴァキア民族協会の創設に携わり、1901年まで同協会議長。1894年にスロヴァキア人入植会社を立ち上げ、アーカンソー州に入植地スロヴァコタウンを設立したが、1910年の経済恐慌の際に同社が破産。彼は財産を失っただけでなく多額の負債を負い、残りの人生をネヴァダ、コロラド、カリフォルニアでの金鉱探しに費やした。自伝『生きながら葬られた者の覚書』（1924年）がある。

107 ジャン・ジュール・ジュセラン（1855-1932年）— フランスの外交官。リヨン大学で学び、パリで博士号（歴史・法律）を取得。1876年に外交勤務に入り、78年ロンドン駐在領事。フランスの保護国チュニジアで活動後、87年にロンドンに戻ってフランス大使館勤務。90年コペンハーゲン駐在公使。1902年ワシントンに移り、以後1925年まで駐米大使。セオドア・ルーズベルト大統領の親友。1919年のヴェルサイユ条約に関与し、翌20年のソヴィエト・ポーランド戦争の際にポーランド派遣フランス外交使節団に参加。

108 アルベルト・パヴォル・ママテイ（1870-1923年）— 在米スロヴァキア人団体の役員。1893年にアメリカに移民。カーネギー技術研究所で働きつつ、同郷人団体活動に加わり、1911-20年、在米スロヴァキア人連盟議長を務めた。第一次大戦中はチェコスロヴァキア独立運動を支援し、1915年のクリーヴランド協定、1918年のピッツバーグ協定に参加。独立後は同国のピッツバーグ領事。歴史家ヴィクター・サミュエル・ママテイは彼の息子。

109 ミハル・ボサーク（1869-1937年）— スロヴァキア出身のアメリカの銀行家。ルシーン人の家庭に生まれ、1886年に渡米。炭坑夫などさまざまな職業を経て、1897年にペンシルヴァニア州オリファントで私設銀行と汽船会社の代理店を開業。1912年に同州ウィルクス・バリでスラヴ・ディポジット銀行を設立。1915年に同州スクラントン（スロヴァキア系移民の中心地）でボサック州法銀行を設立し、同行はアメリカ合衆国最大のスロヴァキア系銀行になった。銀行経営のかたわら同郷人運動にも関わり、第一カトリック・スロヴァキア統一協会の財政委員会長、第一

次世界大戦中は独立支援の募金活動を組織し、1918年5月ピッツバーグ協定に署名。1920年から新聞『スロヴァキアの防衛』の所有者（同紙はスロヴァキア自治運動を支持)。ボサック州法銀行は1931年に経済大恐慌のために破産。1937年にスクラントンで死去。

110 ヨゼフ・ムルガシ（英語読みではジョーゼフ・マーガス）(1864-1929年) — スロヴァキア出身の在米カトリック神父、発明家、無線通信開発のパイオニア。スロヴァキア中部のタヨウ村で生まれ、1876-80年バンスカー・ビストリツァのギムナジウムで学ぶ。1880-82年プレシポロク（現ブラチスラヴァ)、1884-86年オストリホム（エステルゴム、現ハンガリー領）の神学校で学ぶ。1888年ローマ・カトリック神父に叙任。1889-90年ブダペシュトで絵画を学び、1890-93年ミュンヘンの造形美術アカデミーに在学。1896年アメリカ合衆国ペンシルヴァニア州の炭鉱町ウィルクス・バリに神父として赴任。この地で本格的に電子技術に関心を持ち、無線電信装置、無線電信によるニュース伝達法などの改良で特許を獲得し、フィラデルフィアで彼の発明を実用化するための株式会社ユニバーサル・エーテル・テレグラフが設立された。多くの特許を獲得したが、もっとも有名な業績は、1905年の遠隔地との無線通信の成功である。第一次大戦中チェコスロヴァキア独立運動を支持し、1918年5月ピッツバーグ協定に署名。1920年いったんスロヴァキアに帰国したが、失意のうちにアメリカに戻り、1929年にウィルクス・バリで死去。

111 H・P・B・O・J・ペタン（1856-1951年）―「フランスの陸軍軍人、政治家。第一次大戦中のヴェルダンの戦い（1916年）で勝利に貢献して国民的英雄となり、陸軍総司令官に就任（1917年)。大戦終結直後に元帥に叙せられた（1918年)。第二次大戦でフランス軍の敗色が濃くなると、首相（1940年）に就任してドイツと休戦協定を結び、政府をヴィシーに移した。大戦中は対独協力を進め、国家主席（1942-44年）に就任。大戦終結後逮捕され（1945年)、国家反逆罪に問われて死刑を宣告されたが、終身刑に減じられて服役中に死亡した」(抄)『岩波世界人名大辞典』(2013年)

112 トリデント — 現イタリア領トレントのドイツ語名。1918年までオーストリア領だった。

113 V・E・オルランド（1860-1952年）―「イタリアの政治家、法学者。大学教授との兼務で下院議員を続け（1897年 -)、法相などを経て首相（1917年10月―19年6月）となり、第一次大戦でイタリアを勝利に導くが、パリ講和会議で主張が認められずに辞任。はじめムッソリーニ内閣を支持したが、のちファシズム批判に転じて政治から身を引き（1925年)、ファシズム崩壊後、制憲議会議員となる」(抄)『岩波世界人名大辞典』(2013年)

114 アルマンド・V・ディアツ（1861-1928年）―「イタリアの将軍。第一次大戦中、

カポレットにおける大敗（1917年）で更迭されたL・カドルナ将軍に代わって国防最高長官となり、ヴィットーリオ・ヴェーネトの戦いでオーストリア軍を破り（1918年）、イタリアを勝利に導く。戦後、ファシズムを支持して、ムッソリーニ内閣の軍事相となった」『岩波世界人名大辞典』（2013年）

115 ルドルフ・ガブリシ（1889-1969年）— 西部スロヴァキア出身。第一次大戦中の1915年、イタリア戦線で捕虜になり、在外抵抗運動に参加。1917年からローマのチェコスロヴァキア国民会議事務局の捕虜担当部門を統括し、1918年4月にオーストリア＝ハンガリー隷属諸民族会議に出席。チェコスロヴァキア独立後の同年12月に帰国し、スロヴァキア統治全権省に勤務して、軍事問題を担当。両大戦間期は金融業界で働き、スロヴァキア人軍団兵士協会の初代会長を務めた。

116 ピエトロ・ガスパッリ（1852-1934年）—「イタリアのカトリック教理学者、教会法学者。パリのカトリック学院の教会法教授（1880年）、エクアドル、ボリビア、ペルーの教皇使節（1898年）、帰国して枢機卿（1907年）、教皇庁国務長官（1914-30年）、教皇庁会計院長官（1916年）等を歴任。その間多くのコンコルダート（政教条約）、特にラテラノ条約（1929年）の締結に関係した」『岩波世界人名大辞典』（2013年）

117 当時の外務大臣は内田康哉（うちだ・やすや）（1865-1936年）—「1916（大正5）年12月、ロシア大使となり、翌年2月ペトログラード着任、二月革命、十月革命の勃発に処して、情報を蒐集しロシア情勢の把握に努め、翌年2月国交断絶に伴い帰国。ロシア在勤の経験からシベリア出兵には反対の立場をとったが、大勢に押し切られる。1918年9月、原敬内閣の外相となり、以後、高橋是清、加藤友三郎内閣にもそのまま外相として留任し、パリ講和会議、ワシントン会議、シベリア撤兵問題等の処理に努力した」『新版日本外交史辞典』（山川出版社、1992年）。シチェファーニクは10月14日に内田外相を表敬訪問した。

118 原敬（はら・たかし）（1856-1921年）—「1918年8月ほとんど全国に及んだ米騒動は、原の期待通りに寺内内閣を自壊させ、同年9月原は後継首相に推された。原は内政面においては政友会の地方的拠点の培養、貴族院の掌握、陪審制の立法化等に努めながら、外交面においては、第一次大戦後の国際政治秩序の変動に対応して、日本外交の方向を転換させた。第一に外交の基本線が対米協調におかれるようになり、それに伴って対中国政策が内政不干渉の方向に転換した。第二に1920年の対華四国借款団加入に象徴されるような経済外交の方針を打出した。こうして原内閣の外交は、その後ほぼ10年間にわたって極東の平和を保障したワシントン体制といわれるものの前提条件をつくったといえよう」『新版日本外交史辞典』（山川出版社、1992年）。本書で引用されているシチェファーニクの発言の出典はピーセツキー『私の日記のなかのM・R・シチェファーニク』。一方『原敬日記』の大正

7年10月16日の項には「チェック・スローバック國民協會副會長ミラン・ラスチスラフ・ステワァニク博士」来訪についての記述が見出される。双方の内容はかなり食い違っている。この点についてはさしあたり拙論「ミラン・ラスチスラウ・シチェファーニクの日本滞在―― 1918年秋」(巻末の参考文献95)を参照。

119 R・S・モリス(1874-1945年)―「アメリカの弁護士。駐日大使として来日し(1917-20年)、移民問題や日米のシベリア出兵に関する交渉に従事した」『岩波世界人名大辞典』(2013年)

120 ヤン・シロヴィー(1888-1970年)― チェコの軍人、政治家。1906年ブルノの工業学校を卒業後、1912年以降ワルシャワ(当時ロシア帝国領)で建築技師として働く。第一次大戦勃発後ロシア軍に志願、チェコ人義勇隊(チェスカー・ドルジナ)で戦い、軍人としての頭角を現す。1917年7月ズボロフの戦闘で負傷して右目を失う。1918-20年在露チェコスロヴァキア軍団司令官を勤め、1920年6月に帰国。軍人としてのキャリアを積み、1925-33年参謀本部長、その間1927年に元帥に昇進。ミュンヘン危機の時期の1938年9-11月に首相を、同年9月から翌年4月まで国防大臣を務める。ボヘミア=モラヴィア保護領期には政治に関与しなかったが、戦後1945年5月に逮捕され、国家反逆罪で禁錮20年を宣告される。1960年に恩赦で釈放され、その後死ぬまで夜警を勤めた。

121 天皇 ― この記述もピーセツキー『私の日記のなかのM・R・シチェファーニク』に基づく。当時は大正天皇嘉仁(よしひと)(1879-1926年)。日本側の記録としては『大正天皇實録』巻71に、「十一時三十分再ビ鳳凰間ニ出御、今次來朝ニ當リ敬意ヲ表シテ參内セルちぇっく・すろゔぁっく軍總司令官佛蘭西國陸軍中將じやなん・ちぇっく・すろゔぁっく國民委員會副會長蘭西國陸軍少將すてふぁにっくヲ引見アラセラル」という簡潔な記述がある。

122 ラドラ・ガイダ(本名ルドルフ・ガイドル)(1892-1948年)― チェコの軍人、政治家。ダルマチアのコトル(当時オーストリア領、現在はモンテネグロ領)で生まれ、第一次大戦中にバルカン戦線でセルビア軍の捕虜になり、ロシアに渡ってチェコスロヴァキア軍団に加わる。軍人としての頭角を現し、1917年7月のズボロフの戦闘に第一大隊司令官として参加。1919年初頭にコルチャーク提督のロシア軍に移籍するが、同年11月ウラジヴォストークでのエスエルの反コルチャーク蜂起に加担。1920年1月帰国後、職業軍人としてのキャリアを積んだが(1926年に参謀本部長)、ファシズムを支持したため同年夏に降格されて軍隊から除隊。その後、イタリアを手本にした国民ファシズム協会を創設して党首となり、1933年の同協会メンバーによるクーデター未遂事件に関係した容疑で、裁判で禁固6か月。1938-39年の第二共和国では国民統一党の副党首、1939年3月にチェコ国民委員会結成に参加。ボヘミア=モラヴィア保護領期にはドイツに協力しなかったが、戦後

の1945年5月に投獄。1947年に懲役2年を宣告されたが釈放され、翌年4月に死去。

123 G・M・セミョーノフ（1890-1946年）—「ロシアの白系コサック将校、反革命家。極東でコサックの士官の子として生まれ、〔ロシアの〕二月革命（1917年）後の臨時政府の下では、生地ザバイカル地方で特別部隊の養成に従事、十月革命後は反ソヴィエトの白軍を組織し、日本からの武器や兵力の援助の下にザバイカル政府を樹立してチタに拠ったものの、コルチャークらとは必ずしも協力しなかった。コルチャークの没後（1920年）もなおシベリアで反革命の孤塁を守ったが、赤軍に決定的に破れ（1920年）、日本の支持も弱まったので、旅順に退去した。この後も反ソ運動を画策、満州事変に協力した。第二次大戦終戦（1945年）の際ソ連に捕らえられ、モスクワで死刑に処せられた」『岩波世界人名大辞典』（2013年）

124 A・V・コルチャーク提督（1874-1920年）—「帝政ロシアの提督、反革命指導者。ペテルブルク生まれ。海軍兵学校卒業（1894年）。日露戦争（1904-05年）に従軍、敗戦後、海軍の再建に重要な役割を演じた。第一次大戦中は、黒海艦隊司令官（1916年）。〔ロシアの〕二月革命（1917年）後この年に参戦したアメリカに派遣された。帰路日本に到着する頃に十月革命（1917年）が起こりソヴィエト政権が成立。ロシアの駐華大使の委嘱によって東支鉄道沿線の軍事的管理に従事し、その後シベリアのオムスクに反革命政府を樹立（1918年11月）。日本政府とも交渉を持ったが、主としてイギリスの勢力下にあり、アメリカの派遣軍、日本の支持するG・M・セミョーノフ等の反革命勢力との関係は円滑でなかった。その勢力は一時ヨーロッパ・ロシアにも及ぶかと思われたが、次第に革命軍に圧せられ、オムスクも陥落（1919年）。イルクーツクで革命派に捕らえられ（1920年）、銃殺された。ソ連崩壊後、映画〔『提督の戦艦』、2008年〕などに取り上げられ積極的に再評価されている」『岩波世界人名大辞典』（2013年）

125 M・K・ジーチェリフス将軍（1874-1937年）— 貴族出身の帝政ロシアの軍人。陸軍幼年学校を経て、ニコライ軍事アカデミー卒。佐官で日露戦争に従軍。第一次大戦勃発後は第三軍参謀部長、バルカン半島のサロニカ戦線に派遣され、1916年10月仏露連合師団長。革命後の1918年3月、キエフでチェコスロヴァキア軍団参謀部長、翌年1月まで同軍団を指揮。1919年1月からコルチャーク提督指揮下のロシア軍に勤務し、エカチェリンブルクでのニコライ皇帝一家殺害事件の審議を監督。1919年6-11月、ロシア軍の東部戦線総司令官、1922月6-8月、沿アムール臨時政府の司令官、同年8-11月「郷土の防人」軍の司令官。同軍の壊滅後、中国に亡命し、上海で仏華銀行の主任出納係。反ソヴィエト活動にも従事。

126 スタニスラフ・チェチェク（1886-1930年）— チェコ生まれだが、第一次大戦勃発以前にロシアに移住。開戦直後の1914年8月にロシア軍に志願して、チェコ人義

勇隊に入隊。司令官としての頭角を現し、1917年7月のズボロフの戦いで大隊を、翌年3月のバフマチの戦いでは第四連隊を指揮した。1918年5月チェリャビンスクのチェコスロヴァキア軍団代表会議で、ガイダ、ヴォイツェホフスキーとともに軍団司令官に選出された。沿ヴォルガ戦線、後にウラジヴォストークの極東集団の司令官。1920年に帰国後フランスの軍事大学で学び、高級将校としてのキャリアを積んだが、1930年に病没。

127 ヤンコ・イェセンスキー（1874-1945年）—「スロヴァキアの詩人、作家。弁護士を務めながら、恋愛のモチーフを陽気で軽妙にうたった『詩集』(1905年）でデビューした。第一次大戦中ロシア側に投降してチェコスロヴァキア独立運動に参加し、独立後は政治行政にも携わった。短編集『小都市物語』(1913年)、ロシア体験をテーマにした詩集『囚われの身から』(1919年）と回想録『自由への旅路』(1933年)、両大戦間期のスロヴァキア小市民社会をユーモラスに風刺した長編小説『民主主義者たち』(1934、38年）が代表作である」『集英社世界文学大事典』、第1巻（1996年）(一部加筆)。軍団体験をユーモラスな筆致で回想した『自由への旅路』では、シチェファーニクを「偉人化」せずに、生身の人間として描いて、その冷静な観察と記述は本書でも生かされている。

128「〔1918年〕11月22日にオムスクで〔革命派の〕武装蜂起があり、監獄から134名の政治囚が実力で解放されたが蜂起は鎮圧され、ボリシェヴィキ地下組織の活動家100名を含む900名が犠牲となった。このときフォーミンらエスエルとメンシェヴィキの多くの政治囚が惨殺された。過酷な制裁がボリシェヴィキだけでなく、中道派にも加えられたことはコルチャークに幻想を抱いていた住民に衝撃的な印象を与えた」原暉之『シベリア出兵　革命と干渉　1917-1922』(筑摩書房、1989年、454頁)

129 ヴァーツラフ・クロファーチ（1868-1942年）— チェコのジャーナリスト、政治家。カレル大学哲学科を卒業し、青年チェコ党のジャーナリストとして、1890-99年『国民新聞』の記者。1899年からチェコ国民社会党の党首。1908年チェコ領邦議会の議員。第一次大戦勃発直後に拘禁され、1917年5月に国家反逆罪で告訴されたが、同年7月、新皇帝カール一世の大赦で釈放。チェコスロヴァキア独立後は1918-20年革命的国民議会の議員、初代国防大臣（1918年11月—1920年5月)、1920-39年は上院議員（1926年には上院議長)。1938年まで国民社会党の党首。

130 ヨゼフ・シクルテーティ（1853-1948年）— スロヴァキアの文芸評論家、歴史家、言語学者。「福音派の手工業職人の息子として生まれたシクルテーティは、何年か教師をしたのち、ブダペシュトで歴史の講義を聴講したが、従来〔のスロヴァキアの歴史家〕と同様、シクルテーティも実質的には独学者だった。1881年からマルティンで『民族新聞』の編集者となり、1890年から『スロヴァキア展望』もシク

ルテーティが編集した。政治活動にも携わり、残った時間で言語学や文学史、やがて歴史についての研究を著した。シクルテーティは保守的なスロヴァキア国民党指導者の一人だったが、まずもってスロヴァキア学界の偉人だった」ニーデルハウゼル・エミル『総覧　東欧ロシア史学史』(北海道大学出版会、2013 年、571 頁)

131 アドルフ・チェルニー（1864-1952 年）— チェコの詩人、スラヴ学者。師範学校で学び、教師を務めつつ 1898 年に雑誌『スラヴ展望』を創刊して編集（1898-1914 年、1925-32 年)。主な研究テーマはルジツェ・スルプ（ソルブ）人の言語・歴史・文化・フォークロア。1901 年からプラハの大学でポーランド語、ソルブ語、セルビア・クロアチア語を教える。1919 年パリ講和会議のチェコスロヴァキア代表団付きスラヴ問題専門家。1927 年に引退。

132 ルジツェ・スルプ人 — ソルブ人とも呼ぶ。ドイツ東南部のポーランドとチェコ国境付近の、シュプレー川沿岸に居住する西スラヴ系エスニック集団。言語的には高地ソルブ語（南部）と低地ソルブ語（北部）に分かれる。中心都市は南部のバウツェン（ブディシン）と北部のコトブス（ホシェブス)。人口は約 6 万とされる。第一次大戦と第二次大戦後にチェコスロヴァキアへの併合要求の動きがあったが、いずれも実現しなかった。

133 ピエトロ・バドリオ（1871-1956 年）—「イタリアの政治家、軍人。第一次大戦中、デイアツ国防最高長官の下で副長官。ファシズム政権下で駐ブラジル大使、総合参謀長、リビア総督、エチオピア帝国副王。第二次大戦中ムッソリーニ失脚（1943 年 7 月）後、首相に任命されて連合軍と休戦協定を結び、君主制国家の再建を図った」(抄)『岩波世界人名大辞典』(2013 年)

134 ヤーン・ハラ（1885-1955 年）— モラヴィア出身の詩人、政治家。スロヴァキアで育つ。1919 年スロヴァキア統治全権省の秘書、1925 年ポフロニエ県の県長、1929 年からブラチスラヴァの地方官庁の役人を務め、1938 年プラハに去る。ペンネーム（イヴァン・ガル）でスロヴァキア語により執筆した詩作は、スロヴァキア・モダニズムの重要な一部である。詩集『沈黙した詩人イヴァン・ガル』(1935 年）と『落葉するとき』(1973 年)、作品集『遺産』(1956 年）がある。

135 ミラン・イヴァンカ（1876-1950 年）— スロヴァキアの法律家、政治家。プレショウとブダペシュトで法律を学び、1904 年からトルナヴァで、1920-40 年ブラチスラヴァで弁護士を開業。1907 年にスロヴァキア国民党選出のハンガリー議会議員となるが、1909 年に国家反逆罪で一年間投獄。チェコスロヴァキア独立後スロヴァキア統治全権省の内務問題担当官、国民議会議員などを務め、国民民主党のスロヴァキアにおける指導者となった。第二次大戦中はプラハに住み、一時期テレジーン収容所に監禁。

参考文献

単行本

1 Aragon L., Maurois A.: Súbežné dejiny ZSSR a USA, 1917-1960. Bratislava 1966.〔L・アラゴン、A・モーロワ『ソ連邦とアメリカ合衆国の平行史 1917-1960年』、ブラチスラヴァ、1966年〕

2 Bareš A. (red.): Štefánikův memoriál. Praha 1929.〔A・バレシ（編）『シチェファーニクの備忘録』、プラハ、1929年〕

3 Bartůšek J., Boháč J. (vydav.): Zápisníky M. R. Štefánika. Praha 1935.〔J・バルトゥーシェク、J・ボハーチ（出版）『M・R・シチェファーニクの手帳』、プラハ、1935年〕

4 Bartůšek J. (red.): Štefánik, kniha druhá. Praha/Bratislava 1938.〔J・バルトゥーシェク（編）『シチェファーニク』、第2巻、プラハ／ブラチスラヴァ、1938年〕

5 Bartůšek J.: Generál Dr. M. R. Štefánik. Praha 1938.〔J・バルトゥーシェク『将軍M・R・シチェファーニク博士』、プラハ、1938年〕

6 Bartůšek J.: O M. R. Štefánika. Praha 1934.〔J・バルトゥーシェク『M・R・シチェファーニクを求めて』、プラハ、1934年〕

7 Beneš E.: Světová válka a naše revoluce. I-III. Praha 1927.〔E・ベネシュ『世界大戦と我らの革命』、第1-3巻、プラハ、1927年〕（邦訳：エドワード・ベネシユ、竹山安太郎訳『大戦と建国奮闘秘録』、東京、日東出版社、1934年）

8 Bodnár J.: Dr. M. R. Štefánik, československý národný hrdina. Bratislava 1921.〔J・ボドナール『M・R・シチェファーニク博士、チェコスロヴァキアの民族英雄』、ブラチスラヴァ、1921年〕

9 Bradlan B.: Štefánik hrdina - osloboditeľ. Bratislava 1923.〔B・ブラドラン『シチェファーニク、英雄――解放者』、ブラチスラヴァ、1923年〕

10 Cruz F.: Dr. M. R. Štefánik v mojich spomienkach. Praha 1937.〔F・クルズ『私の追憶のなかのM・R・シチェファーニク博士』、プラハ、1937年〕

11 Getting M.: Americkí Slováci a vývin československej myšlienky v rokoch 1914-1918. Sokol v Amerike 1933.〔M・ゲティンク『1914-1918年における在米スロヴァキア人とチェコスロヴァキア構想の発展』、在米体育団体ソコル、1933年〕

12 Gregor-Tajovský J.: Rozprávky o československých légiách v Rusku. Bratislava 1920.〔J・グレゴル＝タヨウスキー『在露チェコスロヴァキア軍団物語』、ブラチスラヴァ、1920年〕

13 Holotík Ľ.: Štefánikovská legenda a vznik ČSR. 2. vydanie, Bratislava 1960.〔Ľ・ホロチーク『シチェファーニク伝説とチェコスロヴァキア共和国の成立』、第２版、ブラチスラヴァ、1960 年〕

14 Janin M.: Moje účast na československém boji za svobodu. Praha.(rok neudaný)〔M・ジャナン『自由をめざすチェコスロヴァキアの闘いへの私の参加』、プラハ、出版年不詳〕

15 Janšák Š.: Život Štefana Fajnora. Bratislava 1935.〔Š・ヤンシャーク『シチェファン・ファイノル伝』、ブラチスラヴァ、1935 年〕

16 Jesenský J.: Cestou k slobode. Turč. Sv. Martin 1933.〔J・イェセンスキー『自由への旅路』、トゥルチヤンスキ・スヴェティー・マルティン、1933 年〕

17 Kopta J.: Štefánik. Praha 1923.〔J・コプタ『シチェファーニク』、プラハ、1923 年〕

18 Masaryk T. G.: Světová revoluce. Praha 1925.〔T・G・マサリク『世界革命』、プラハ、1925 年〕（邦訳：テイ・ジー・マサリック、竹山安太郎訳『チエツクスロワキヤ国建国と理想』、東京、日東出版社、1931 年）

19 Mečiar S. (red.): Detvan 50 rokov v Prahe. Turč. Sv. Martin 1932.〔S・メチアル（編）『プラハにおける学生団体ジェトヴァンの 50 年』、トゥルチヤンスキ・スヴェティー・マルティン、1932 年〕

20 Osuský Š. - Pavlů B. (red.): Štefánik, kniha prvá. Praha/Bratislava 1938.〔Š・オススキー、B・パヴルー（編）『シチェファーニク』、第 1 巻、プラハ／ブラチスラヴァ、1938 年〕

21 Pajdušáková Ľ.: M.R.Štefánik astronóm. Bratislava 1970.〔Ľ・パイドゥシャーコヴァー『天文学者M・R・シチェファーニク』、ブラチスラヴァ、1970 年〕

22 Parma J. O.: Slovenský maj. Praha 1929.〔J・O・パルマ『スロヴァキアの五月』、プラハ、1929 年〕

23 Písecký F.: M. R. Štefánik v mém deníku. Bratislava 1934.〔F・ピーセツキー『私の日記のなかのM・R・シチェファーニク』、ブラチスラヴァ、1934 年〕

24 Polívka V.: Zápisník Dr. M. R. Štefánika z Equadoru z roku 1913. Banská Bystrica 1933.〔V・ポリーウカ『1913 年のエクアドル滞在期のM・R・シチェファーニク博士の手帳』、バンスカー・ビストリツァ、1933 年〕

25 Polívka V.: Korešpondencia M. R. Štefánika. Banská Bystrica 1928.〔V・ポリーウカ『M・R・シチェファーニク書簡集』、バンスカー・ビストリツァ、1928 年〕

26 Polívka V.: Pamiatke Štefánikovej. Lučenec 1929.〔V・ポリーウカ『シチェファーニクの記念に』、ルチェニェツ、1929 年〕

27 Polívka V.: Z básní Pavla Štefánika. Bratislava 1932.〔V・ポリーウカ『パヴェル・シチェファーニク詩選』、ブラチスラヴァ、1932 年〕

28 Priehradník J. (zostav.): Za hviezdami. Sborník poézie o M. R. Š. Bratislava 1944.〔J・プリエフラドニーク（編）『星々のかなたに　ミラン・ラスチスラウ・シチェファー

ニクについての詩集』、ブラチスラヴァ、1944 年〕
29 Rajchl R.: Štefánikova pařížská léta. Praha 1937.〔R・ライフル『シチェファーニクのパリ時代』、プラハ、1937 年〕
30 Rajchl R.: M. R. Štefánik. Praha 1947.〔R・ライフル『M・R・シチェファーニク』、プラハ、1947 年〕
31 Sychrava L.: Z mých spomínek na Štefánika. Praha 1929.〔L・シフラヴァ『私のシチェファーニクの思い出から』、プラハ、1929 年〕
32 Šalda F. X.: Časové i nadčasové. Praha 1936.〔F・X・シャルダ『時間的なものと超時間的なもの』、プラハ、1936 年〕
33 Šetelíková L.: É Morto. Praha 1920.〔L・シェテリーコヴァー『エンモルト（彼は死んだ）』、プラハ、1920 年〕
34 Šujan J.: Milan Rastislav Štefánik. Vek mladosti. Praha 1929.〔J・シュヤン『ミラン・ラスチスラウ・シチェファーニク　青年時代』、プラハ、1929 年〕
35 Šujan J.: Hlasistické články Milana R. Štefánika. Praha 1929.〔J・シュヤン『ミラン・R・シチェファーニクのフラス派論考』、プラハ、1929 年〕
36 Šujan J.: Mladý Štefánik a mladé Slovensko. Praha 1932.〔J・シュヤン『若きシチェファーニクと青年スロヴァキア』、プラハ、1932 年〕
37 Varsík B.: Husiti a reformácia na Slovensku do Žilinskej synody. Bratislava 1932.〔B・ヴァルシーク『ジリナ宗教会議までのスロヴァキアにおけるフス派と宗教改革』、ブラチスラヴァ、1932 年〕
38 Vávra J.: Vzpomínky na Milana Štefánika. České Velenice 1930.〔J・ヴァーヴラ『ミラン・シチェファーニクの思い出』、チェスケー・ヴェレニツェ、1930 年〕
39 Zákoucký K. J. (zostav.): Národní hrdina gen. Dr. M. R. Štefánik. České Budějovice 1919.〔K・J・ザーコウツキー（編）『民族英雄 将軍M・R・シチェファーニク博士』、チェスケー・ブジェヨヴィツェ、1919 年〕

論文

40 Beneš E.: Milan Rastislav Štefánik. Naše revoluce, II, Praha 1924, ss. 1-17.〔E・ベネシュ「ミラン・ラスチスラウ・シチェファーニク」、『我らの革命』、第 II 巻、プラハ、1924 年、1 -17 頁〕
41 Borovička J.: Racionalismus osobnosti Štefánikovy. Jednota, 1937.〔J・ボロヴィチカ「シチェファーニクの人格の合理主義」、『統一』、1937 年〕
42 Borovička J.: Štefánik o své návstěvě u generála Gurka v Rusku v lednu 1917. Naše revoluce, II, Praha 1924, ss. 25-34.〔J・ボロヴィチカ「シチェファーニク、1917 年 1 月

のロシアでのグールコ将軍訪問について語る」、『我らの革命』、第II巻、プラハ、1924年、25-34頁〕

43 Bourdon M.: Z deníku Štefánikova mechanika. Naše revoluce, V, Praha 1928, ss. 274-294.〔M・ブルドン「シチェファーニクの専属技師の日記から」、『我らの革命』、第V巻、プラハ、1928年、274-294頁〕

44 Gregor-Tajovský J.: Zimník za 90 grajčiarov. Kalendár roľníckych vzájomných pokladníc, 1929.〔J・グレゴル＝タヨウスキー「90グライツィアルの冬物コート」、『農民相互信用金庫年暦』、1929年〕

45 Haluzický B.: Ivan Krasko. Slovenské dielo, I, 1929, ss. 73-80.〔B・ハルジツキー「イヴァン・クラスコ」、『スロヴァキアの作品』、第I巻、1929年、73-80頁〕

46 Herben J.: M. R. Štefánik. Slovenská čítanka, II. vydanie, Praha 1925.〔J・ヘルベン「M・R・シチェファーニク」、『スロヴァキア読本』、第2版、プラハ、1925年〕

47 Josko M.: Posledni dopis M. R. Štefánika. Livodé noviny, 30. srpna 1936.〔M・ヨスコ「M・R・シチェファーニクの最後の手紙」、『民衆新聞』、1936年8月30日〕

48 Matuška A.: Štefánik, Profily. Bratislava 1946.〔A・マトゥシカ「シチェファーニク」、『プロフィール』、ブラチスラヴァ、1946年〕

49 Mencl V. E.: První láska M. R. Štefánika. Pestrý týden, XI, 1936, č. 19-23.〔V・E・メンツル「M・R・シチェファーニクの初恋」、『多彩な一週間』、第XI巻、1936年、19-23号〕

50 Mesároš J.: Kríza feudalizmu a slovenské národné hnutie v deväťdesiatych rokoch. Historický časopis, XIV, Bratislava 1966.〔J・メサーロシ「封建体制の危機と1890年代のスロヴァキア民族運動」、『歴史学雑誌』、第XIV巻、ブラチスラヴァ、1966年〕

51 Osuský Š.: Milan Rastislav Štefánik. Kniha československej jednoty. Praha 1925.〔Š・オススキー「ミラン・ラスチスラウ・シチェファーニク」、『チェコスロヴァキア統一の書』、プラハ、1925年〕

52 Pajdušáková Ľ.: Legenda a skutočnosť. Kultúrny život, Bratislava 1967, č. 31, 10.〔Ľ・パイドゥシャーコヴァー「伝説と現実」、『文化生活』、ブラチスラヴァ、1967年、第31号、10面〕

53 Peroutka F.: Štefánikova smrt. Lidové noviny, 2. prosince 1933.〔F・ペロウトカ「シチェファーニクの死」、『民衆新聞』、1933年12月2日〕

54 Šimon Z. T.: Štefánik po Gauguinových stopách na Tahiti. Hollar, XIII, 1937, ss. 1-10.〔Z・T・シモン「タヒチ島におけるゴーギャンの足跡を追うシチェファーニク」、『ホラル』、第XIII巻、1937年、1-10頁〕

55 Štefánik I. B.: Rod Milana Rastislava Štefánika. Slovenské pohľady, 1929, ss. 500-502.〔I・B・シチェファーニク「ミラン・ラスチスラウ・シチェファーニクの一族」、『スロ

ヴァキア展望』、1929 年、500-502 頁〕
56 Štefánik M.: Pol mesiaca na vrchu Mont Blancu. Tranovský evanjelický kalendár, 1907, ss. 85-93.〔M・シチェファーニク「モンブラン山頂での半か月」、『トラノウスキー福音派年暦』、1907 年、85-93 頁〕
57 Štefánik M.: Z cesty po severnej Afrike. Tranovský evanjelický kalendár, 1910, ss. 131-137.〔M・シチェファーニク「北アフリカ旅行から」、『トラノウスキー福音派年暦』、1910 年、131-137 頁〕
58 Štefánik M.R.: Kto za pravdu horí. [Prevolanie o národnej mobilizácii v Amerike]. Naše revoluce, II, Praha 1924, ss. 46-49.〔M・シチェファーニク「真理のために燃える者は——アメリカにおける民族的動員の呼びかけ」、『我らの革命』、第 II 巻、プラハ、1924 年、46-49 頁〕
59 Varsik. B.: Príspevok ku genealogii rodu Milana Rastislava Štefánika. Historica Slovaca, III-IV, Bratislava 1945-46, ss. 202-222.〔B・ヴァルシク「ミラン・ラスチスラウ・シチェファーニクの一族の系譜に寄せる論考」、「ヒストリカ・スロヴァカ」、第 III-IV 巻、ブラチスラヴァ、1945-46 年、202-222 頁〕
60 Vrchlická E.: Mladý Štefánik. Lípa, II, 1919, ss. 501-502.〔E・ヴルフリツカー「若きシチェファーニク」、『リーパ〔菩提樹〕』、第 II 巻、1919 年、501-502 頁〕
61 Werstadt J.: Zápisy o Štefánikově pobytu u naší armády v Sibiři koncem roku 1918. Naše revoluce, II. Praha 1924, ss. 57-85.〔J・ヴェルスタット「1918 年末のシチェファーニクのシベリアにおける我が軍滞在についての記録」、『我らの革命』、第 II 巻、プラハ、1924 年、57-85 頁〕
62 Werstadt J.: K revoluční činnosti M. R. Štefánika. Naše revoluce, VI, Praha 1929/30, ss. 160-165.〔J・ヴェルスタット「M・R・シチェファーニクの革命活動によせて」、『我らの革命』、第 VI 巻、プラハ、1929/30 年、160-165 頁〕
63 Zvěřina L. N.: Rod Milana Rastislava Štefánika. [zborník] Bratislava, IV, Bratislava 1930, ss. 85-86.〔L・N・ズヴェジナ「ミラン・ラスチスラウ・シチェファーニクの一族」、〔論集〕『ブラチスラヴァ』、第 IV 巻、ブラチスラヴァ、1930 年、85-86 頁〕

この書籍と記事と論文のリストは、全体としてであれ、部分的・周辺的にであれ、M・R・シチェファーニクの生涯と業績を扱った豊富な文献を網羅してはいない。私がここで挙げたのは、典拠として役立った単行本と論文、シチェファーニクの伝記作者が目を通さないわけにはいかなかった単行本と論文にかぎられる。私は主人公シチェファーニクに、できるだけみずから語らせるかたちで伝記資料を配置した。対話、表明、宣言、インタヴューなどの直接の発言と併せて、文学とジャーナリズム、往復書簡、メモラン

ダム、ビラ、軍事命令のような書面の資料を使って、シチェファーニクの人格を多面的に際立たせるように努めた。その折にしばしば、西部スロヴァキア方言とチェコ語的用法が目立つシチェファーニクの言語表現をどのように扱うか、という問題に直面した。私は、現代スロヴァキア語の慣用語法にあわせた個所に、ことさら注をつける必要はないと考えた。当然のことながら学術的（歴史的）典拠に立脚しているとはいえ、本書が専門書ではないことを考慮したからである。

著者〔ヤーン・ユリーチェク〕

参考文献の補遺

上記の参考文献には、1970 年までに刊行されたシチェファーニク関係の書籍と論文が挙げられている。その後 1970―1980 年代を通じて、チェコスロヴァキア国内では彼に関係する書籍と論文は発表できなかった。共産党体制末期の 1988 年頃から雑誌論文や新聞記事のかたちで、シチェファーニクの歴史的役割を「再評価」する試みがはじまったが、本格的な「名誉回復」プロセスの開始は 1989 年暮れの体制転換以降のことである。以下、その時期以降に出版・発表されたおもな関連書籍と論文を、年代順に列挙する。データ掲載の形式はユリーチェクに準じた。詳細なビブリオについては、2000 年に刊行された『個人的文献目録』（参考文献 73）を参照されたい。

〔訳者作成〕

単行本

64 Štvrtecký Š.: Náš Milan Rastislav Štefánik. Vydavateľstvo Smena, Bratislava 1990, 310 s.〔Š・シトヴルチェツキー『我らのミラン・ラスチスラウ・シチェファーニク』、スメナ出版社、ブラチスラヴァ、1990 年、310 頁〕

65 Juríček J.: M. R. Štefánik. Životopisný náčrt. Mladé letá, 3. vydanie Bratislava 1990, 176 s.〔J・ユリーチェク『M・R・シチェファーニク　伝記風のスケッチ』、ムラデー・レター出版社、第 3 版、ブラチスラヴァ、1990 年、176 頁〕（本書の第 3 版）

66 Rašin V.: M. R. Štefánik. Slovenský astronóm. Vydavateľstvo Alfa, Bratislava 1991, 112 s.〔V・ラシン『M・R・シチェファーニク　スロヴァキアの天文学者』、アルファ出版社、ブラチスラヴァ、1991 年、112 頁〕

67 Városš M.: Posledný let generála Štefánika. Vydavateľstvo Obzor, Bratislava 1991, 192 s.〔M・ヴァーロシ『シチェファーニク将軍の最後の飛行』、オブゾル出版社、ブラチスラヴァ、1991 年、192 頁〕

68 Varoš M.: Posledný let generála Štefánika. NVK International. 2. vydanie, Bratislava 1994, 200 s.〔M・ヴァーロシ『シチェファーニク将軍の最後の飛行』、ＮＶＫインターナショナル、第２版、ブラチスラヴァ、1994 年、200 頁〕

69 Kováč D.: Milan Rastislav Štefánik. Vydavateľstvo Rak. Budmerice 1996, 82 s.〔Ｄ・コヴァーチ『ミラン・ラスチスラウ・シチェファーニク』、ラク出版社、ブドメリツェ、1996 年、82 頁〕

70 Ďurica M. S: Milan Rastislav Štefánik vo svetle talianskych dokumentov. Vydavateľská a tlačiarenská spoločnosť THB. Bratislava 1998, 94 s.〔M・S・ジュリツァ『イタリア側資料に見るミラン・ラスチスラウ・シチェファーニク』、ＴＨＢ出版印刷協会、ブラチスラヴァ、1998 年、94 頁〕

71 Generál dr. Milan Rastislav Štefánik – vojak a diplomat. Zborník príspevkov a materiálov z vedeckej konferencie v Bratislave 4. - 5. mája 1999. Vojenský historický ústav. Bratislava 1999, 248 s.〔『将軍ミラン・ラスチスラウ・シチェファーニク博士―兵士にして外交官。1999 年 5 月 4-5 日のブラチスラヴァにおける学術会議の論文資料集』、軍事歴史研究所、ブラチスラヴァ、1999 年、248 頁〕

72 Fuska J. a kolektív: M. R. Štefánik v myšlienkach a obrazoch. Vydavateľstvo Elán, Bratislava 1999, 132 s.〔Ｊ・フスカ他『思想と図像で見るM・R・シチェファーニク』、エラーン出版社、ブラチスラヴァ、1999 年、132 頁〕

73 Klímová A. a iné (ed.): Milan Rastislav Štefánik 1880-1919. Personálna bibliografia. Štátna vedecká knižnica. Banská Bystrica 2000, 304 s.〔A・クリーモヴァー他（編集）『ミラン・ラスチスラウ・シチェファーニク　1880-1919 年　個人的文献目録』、国立学術図書館、バンスカー・ビストリツァ、2000 年、304 頁〕

74 Husár J.: Musel generál M. R. Štefánik zahynúť? (Fakty, svedectvá, dokumenty). Tlačiareň IRIS. Bratislava 2000, 204 s.〔J・フサール『M・R・シチェファーニク将軍は非業の死を遂げなければならなかったか？（事実・証言・文書）』、IRIS 印刷所、ブラチスラヴァ、2000 年、204 頁〕

75 John M.: Milan Rastislav Štefánik. Život a smrt národního hrdiny. Nakladatelství Votobia, Olomouc 2000, 144 s.〔M・ヨフン『ミラン・ラスチスラウ・シチェファーニク　民族英雄の生と死』、ヴォトビア出版社、オロモウツ、2000 年、144 頁〕

76 Kováč D: Štefánik a Janin. Príbeh priateľstva. Vydavateľstvo Dilema, Bratislava 2001, 164 s.〔D・コヴァーチ『シチェファーニクとジャナン　ある友情の物語』、ディレマ出版社、ブラチスラヴァ、2001 年、164 頁〕

77 Волков В. К. (ред.): Милан Растислав Штефаник. Новый взгляд. Российская Академия наук и другие, Martin 2001, 176 s.〔B.・K・ヴォルコフ（編集）『ミラン・ラスチスラウ・シチェファーニク　新たな観点』、ロシア科学アカデミー他、マルティン、2001 年、

176頁〕

78 Kováč D., Králiková E., Pauer M.: Obrazopis sveta objektívom Milana Rastislava Štefánika. Vydavateľstvo Osveta, Martin 2004, 136 s.〔D・コヴァーチ、E・クラーリコヴァー、M・パウエル『ミラン・ラスチスラウ・シチェファーニクの写真機を通して見た世界図絵』、オスヴェタ出版社、マルティン、2004年、136頁〕

79 Varga L.: Hviezdny generál. Tajomstvá života a smrti M. R. Štefánika. Knižné centrum, Žilina 2005, 148 s.〔L・ヴァルガ『星の将軍　M・R・シチェファーニクの生と死の謎』、書籍センター、ジリナ、2005年、148頁〕

80 Juríček J.: Milan Rastislav Štefánik vedec・politik・diplomat・letec・generál・minister・človek. Vydavateľstvo Q 111, 4. vydanie, Bratislava 2006, 168 s.〔J・ユリーチェク『ミラン・ラスチスラウ・シチェファーニク　学者・政治家・外交官・飛行士・将軍・大臣・人間』、Q111出版社、第4版、ブラチスラヴァ、2006年、168頁〕(本書の底本)

81 Rychlík J. (ed.): Korespondence TGM. T. G. Masaryk – slovenští veřejní činitelé [do r. 1918]. Masarykův ústav a Archiv AV ČR, [Praha] 2007, 192 s.〔J・リフリーク(編集)『TGM書簡集。T・G・マサリク－スロヴァキアの公共活動家たち(1918年まで)』、マサリク研究所・チェコ共和国科学アカデミー文書館、〔プラハ〕2007年、192頁〕

82 Kautský E. K.: Kauza Štefánik (Legendy, fakty a otázniky okolo vzniku Česko-Slovenskej republiky). Vydavateľstvo Matice slovenskej. 2. vydanie, Martin 2007, 312 s.〔E・K・カウツキー『シチェファーニク事件(チェコ＝スロヴァキア共和国成立をめぐる伝説と事実と疑問符)』、マチツァ・スロヴェンスカー出版社、第2版、マルティン、2007年、312頁〕

83 Duffack J. J.: Štefánik a Československo. Nakladatelství Naše vojsko, Praha 2007, 204 s.〔J・J・ドゥファク『シチェファーニクとチェコスロヴァキア』、ナシェ・ヴォイスコ〔我が軍〕出版社、プラハ、2007年、204頁〕

84 Čaplovič M. a iné (ed.): Milan Rastislav Štefánik v zrkadle prameňov a najnovších poznatkov historiografie. Vojenský historický ústav – Ministerstvo obrany Slovenskej republiky. Bratislava 2010, 288 s.〔M・チャプロヴィチ他(編集)『資料と歴史学の最新の認識に映じたミラン・ラスチスラウ・シチェファーニク』、軍事歴史研究所―スロヴァキア共和国国防省、ブラチスラヴァ、2010年、288頁〕

85 Fuska J. a kolektív: M. R. Štefánik v myšlienkach a obrazoch. Vydavateľstvo Elán, 2. vydanie, Bratislava [2009], 140 s.〔J・フスカ他『思想と図像で見るM・R・シチェファーニク』、エラーン出版社、第2版、ブラチスラヴァ、〔2009年〕、140頁〕

86 Guelton F., Braud E. a Kšiňan M.: Generál Milan Rastislav Štefánik v archívnych dokumentoch Historickej služby francúzskeho ministerstva obrany. Vojenský historický ústav – Min-

isterstvo obrany SR. Bratislava 2009, 180 s.〔F・ゲルトン、E・ブロド、M・クシニャン『フランス国防省歴史部門の文書館資料におけるミラン・ラスチスラウ・シチェファーニク将軍』、軍事歴史研究所―スロヴァキア共和国国防省、ブラチスラヴァ、2009 年、180 頁〕

87 Rašin V.: Astronóm Milan Rastislav Štefánik. Veda, vydavateľstvo Slovenskej akadémie vied, Bratislava 2009, 164 s.〔V・ラシン『天文学者ミラン・ラスチスラウ・シチェファーニク』、ヴェダ・スロヴァキア科学アカデミー出版社、ブラチスラヴァ、2009 年、164 頁〕

88 Fuska J. a kolektív: Pamätník Milana Rastislava Štefánika v Bratislave. Vznik a znovupostavenie. Vydavateľstvo Elán, Bratislava [2010], 136 s.〔J・フスカ他『ブラチスラヴァにおけるミラン・ラスチスラウ・シチェファーニク記念像　成立と再建』、エラーン出版社、ブラチスラヴァ、〔2010 年〕、136 頁〕

89 Musil M. Biagini A.: Milan Rastislav Štefánik vo svelte talianskych archívov. Nadácia pre záchranu kultúrneho dedičstva. 2. vydanie, [Bratislava] 2011, 234 s.〔M・ムシル、A・ビアジニ『イタリアの文書館資料に見るミラン・ラスチスラウ・シチェファーニク』、文化遺産保護財団、第２版、〔ブラチスラヴァ〕、2011 年、234 頁〕

90 Kšiňan M.: Milan Rastislav Štefánik. Vydavateľstvo CPress, Slovenský národný archív v Brne, Albatros Media. Praha 2012, 64 s.〔M・クシニャン『ミラン・ラスチスラウ・シチェファーニク』、C プレス出版社、アルバトロス・メディア、プラハ、2012 年、64 頁〕

91 Podhorský D.: Štefánikov svet. Cesty priestorom a časom po stopách Milana Rastislava Štefánika. Veda, vydavateľstvo Slovenskej akadémie vied, Bratislava 2013, 384 s.〔D・ポドホルスキー『シチェファーニクの世界　空間と時間でミラン・ラスチスラウ・シチェファーニクの足跡をたどる旅』、ヴェダ・スロヴァキア科学アカデミー出版社、ブラチスラヴァ、2013 年、384 頁〕

92 Ferenčuhová B. a kol.: Milan Rastislav Štefánik a česko-slovenské zahraničné vojsko [légie]. Kapitoly a príspevky. Spoločnosť Pro Historia, Bratislava 2014, 142 s.〔B・フェレンチュホヴァー他『ミラン・ラスチスラウ・シチェファーニクとチェコ＝スロヴァキア国外軍〔軍団〕 諸章と論考』、プロ・ヒストリア協会、ブラチスラヴァ、2014 年、142 頁〕

論文

93 Štvrtecký Š.: Štefánikova misia v Rusku a československé problémy. Historický časopis, Bratislava 1990, ročník 38, s. 154-177.〔Š・シトヴルチェツキー「ロシアにおけるシチェファーニクの使命とチェコスロヴァキア問題」、『歴史学雑誌』、ブラチスラヴァ、

1990 年、第 38 年度、154-177 頁〕
94 Mlynárik J.: Milan Rastislav Štefánik v historiografii (1948-1988). Historický časopis, Bratislava 1990, ročník 38, s. 398-419.〔J・ムリナーリク「歴史学におけるミラン・ラスチスラウ・シチェファーニク（1948-1988 年）」、『歴史学雑誌』、ブラチスラヴァ、1990 年、第 38 年度、398-419 頁〕
95 長與進「ミラン・ラスチスラウ・シチェファーニクの日本滞在―1918 年秋」、『共同研究ロシアと日本』、第 2 集、1990 年、132-144 頁
96 Susumu Nagayo: Pobyt Milana Rastislava Štefánika v Japonsku (jeseň 1918). Historický časopis, Bratislava 1993, ročník 41, číslo 2, s.161-170.〔長與進「ミラン・ラスチスラウ・シチェファーニクの日本滞在（1918 年秋）」、『歴史学雑誌』、ブラチスラヴァ、1993 年、第 41 年度、第 2 号、161-170 頁〕（論文 95 のスロヴァキア語訳）
97 Stanová M., Šeďová B. (ed.): Milan Rastislav Štefánik (Výberová bibliografia). Vojenská história, [Bratislava] 1999, č. 2, s. 145-161.〔M・スタノヴァー、B・シェジョヴァー（編集）「ミラン・ラスチスラウ・シチェファーニク（抜粋文献目録）」、『軍事史』、〔ブラチスラヴァ〕、1999 年、第 2 号、145-161 頁〕
98 長與進「ミラン・ラスチスラウ・シチェファーニクの日本滞在―再論」、『異郷に生きる―来日ロシア人の足跡』、成文社、2001 年、91-103 頁
99 Susumu Nagayo: Záhada Štefánikových fotografií v Japonsku. Historická revue. Časopis o dejinách spoločnosti. Bratislava 2001, ročník XII, nr. 8, s. 28-29.〔長與進「日本におけるシチェファーニクの写真の謎」、『歴史レヴュー　社会歴史雑誌』、ブラチスラヴァ、2001 年、第 12 年度、第 8 号、28-29 頁〕
100 長與進「極東地域とシベリアにおけるミラン・ラスチスラウ・シチェファーニク（1918 年 11 月―1919 年 1 月）―日本との関わりを中心として」、『異郷に生きるII―来日ロシア人の足跡』、成文社、2003 年、175-186 頁
101 Macho P.: Milan Rastislav Štefánik – bohatier a mučenik? In: Krekovič E. a iní (red.): Mýty naše slovenské. Academic Electronic Press, Bratislava 2005, s. 163-173.〔P・マホ「ミラン・ラスチスラウ・シチェファーニク―英雄で殉教者？」、E・クレコヴィチ他（編集）『我らのスロヴァキアの神話』、アカデミック・エレクトロニック・プレス、ブラチスラヴァ、2005 年、163-173 頁〕
102 Ferenčuhová B.: Vízie a diplomacia: Štefánik medzi vojnou a mierom (1914-1919). In: Ferenčuhová B.: Francúzsko a slovenská otázka. 1789-1989. Veda, vydavateľstvo Slovenskej akadémie vied, Bratislava 2008, s. 130-163.〔B・フェレンチュホヴァー「ヴィジョンと外交：戦争と平和のあいだのシチェファーニク（1914-1919 年）」、B・フェレンチュホヴァー『フランスとスロヴァキア問題　1789-1989 年』、ヴェダ・スロヴァキア科学アカデミー出版社、ブラチスラヴァ、2008 年、130-163 頁〕

103 Ferenčuhová B.: Předčasný let do nebe. In: Co kdyby to dopadlo jinak? Křižovatky českých dějin. Nakladatelství Dokořán, Praha 2008, s. 82-91.〔B・フェレンチュホヴァー「早すぎた天への飛行」、『別の結果に終わっていたら　チェコ史の岐路』、ドコジャーン出版社、プラハ、2008 年、82-91 頁〕

104 Susumu Nagayo: Nové poznatky z pobytu Milana Rastislava Štefánika v Japonsku (október - november 1918). Historický časopis, Bratislava 2008, ročník 56, číslo 1, s.137-145.〔長與進「ミラン・ラスチスラウ・シチェファーニクの日本滞在期の新資料（1918 年 10-11 月）」、『歴史学雑誌』、ブラチスラヴァ、2008 年、第 56 年度、第 1 号、137-145 頁〕（論文 98 のスロヴァキア語訳）

105 Kováč D.: Zápas o Štefánika v slovenskej historiografii a publicistike. In: Kováč D.: O historiografii a spoločnosti. Historický ústav Slovenskej akadémie vied, Vydavateľstvo Prodama. Bratislava 2010, s. 213-223.〔D・コヴァーチ「スロヴァキア歴史学とジャーナリズムにおけるシチェファーニクをめぐる闘い」、D・コヴァーチ『歴史学と社会について』、スロヴァキア科学アカデミー歴史学研究所、プロダマ出版社、ブラチスラヴァ、2010 年、213-223 頁〕

訳者紹介

長與　進（ながよ・すすむ）

1948年生まれ。同志社大学文学部卒、早稲田大学大学院文学研究科博士課程満期退学、チェコスロヴァキア（当時）・ブラチスラヴァのコメンスキー大学哲学部に留学、1991年から早稲田大学政治経済学部に勤務。現在、同学術院教授。専攻はスロヴァキアの歴史と文化。主著『スロヴァキア語文法』（大学書林、2004年）。

彗星と飛行機と幻の祖国と
ミラン・ラスチスラウ・シチェファーニクの生涯

2015年11月25日　初版第1刷発行

訳　者　長與　進
装幀者　山田英春
発行者　南里　功

発行所　成　文　社
〒240-0003　横浜市保土ヶ谷区天王町2-42-2
電話 045 (332) 6515
振替 00110 5 363630
http://www.seibunsha.net/

組版　編集工房 dos.
印刷・製本　モリモト印刷

落丁・乱丁はお取替えします

ISBN978-4-86520-012-6 C0023

歴史・思想

石川達夫著

マサリクとチェコの精神

アイデンティティと自律性を求めて

A5判上製　310頁　3800円
978-4-915730-10-8

マサリクの思想が養分を吸い取り、根を下ろす土壌となったチェコの精神史とはいかなるものであり、彼はそれをいかに見て何を汲み取ったのか？　宗教改革から現代までのチェコ精神史をマサリクの思想を織糸として読み解く。サントリー学芸賞・木村彰一賞同時受賞。　1995

歴史・文学

カレル・チャペック著　石川達夫訳

マサリクとの対話

哲人大統領の生涯と思想

A5判上製　344頁　3800円
978-4-915730-03-0

チェコスロヴァキアを建国させ、両大戦間の時代に奇跡的な繁栄と民主主義を現出させた哲人大統領の生涯と思想を、「ロボット」の造語で知られるチャペックが描いた大ベストセラー。伝記文学の傑作として名高い原著に、詳細な訳注をつけ初訳。各紙誌絶賛。　1993

歴史・思想

T・G・マサリク著　石川達夫訳

ロシアとヨーロッパⅠ

ロシアにおける精神潮流の研究

A5判上製　376頁　4800円
978-4-915730-34-4

第1部「ロシアの歴史哲学と宗教哲学の諸問題」では、ロシア精神を理解するために、ロシア国家の起源から第一次革命に至るまでのロシア史を概観する。第2部「ロシアの歴史哲学と宗教哲学の概略」では、チャアダーエフからゲルツェンまでの思想家たちを検討する。　2002

歴史・思想

T・G・マサリク著　石川達夫・長與進訳

ロシアとヨーロッパⅡ

ロシアにおける精神潮流の研究

A5判上製　512頁　6900円
978-4-915730-35-1

第2部「ロシアの歴史哲学と宗教哲学の概略」（続き）では、バクーニンからミハイローフスキーまでの思想家、反動家、新しい思想潮流を検討。第3部第1編「神権政治対民主主義」では、西欧哲学と比較したロシア哲学の特徴を析出し、ロシアの歴史哲学的分析を行う。　2004

歴史・思想

T・G・マサリク著　石川達夫・長與進訳

ロシアとヨーロッパⅢ

ロシアにおける精神潮流の研究

A5判上製　480頁　6400円
978-4-915730-36-8

第3部第2編「神をめぐる闘い。ドストエフスキー」は、本書全体の核となるドストエフスキー論であり、ドストエフスキーの思想を批判的に分析する。第3編「巨人主義かヒューマニズムか。プーシキンからゴーリキーへ」では、ドストエフスキー以外の作家たちを論じる。　2005

文学

飯島周、小原雅俊編

ポケットのなかの東欧文学

ルネッサンスから現代まで

四六判上製　560頁　5000円
978-4-915730-56-6

隠れた原石が放つもうひとつのヨーロッパの息吹。49人の著者による詩、小説、エッセイを一堂に集めたアンソロジー。目を閉じてページをめくると、そこは、どこか懐かしい、それでいて新しい世界。ポケットから語りかける、知られざる名作がここにある。　2006

価格は全て本体価格です。